Paul Schmitz
Werner Dinkelbach (Hrsg.)

# Arbeitsbuch
## zum
## Macintosh

Software Trainer Grundstufe

Paul Schmitz
Werner Dinkelbach (Hrsg.)

# Arbeitsbuch zum Macintosh

Betriebswirtschaftlich erfolgreich
mit Software-Anwendungen

Springer Fachmedien Wiesbaden GmbH

CIP-Kurztitelaufnahme der Deutschen Bibliothek

**Arbeitsbuch zum Macintosh:** betriebswirtschaftl.
erfolgreich mit Software-Anwendungen / Paul
Schmitz; Werner Dinkelbach (Hrsg.). —
Braunschweig; Wiesbaden: Vieweg, 1987.
(Software-Trainer: Grundstufe)
ISBN 978-3-528-04552-4    ISBN 978-3-663-14237-9 (eBook)
DOI 10.1007/978-3-663-14237-9

NE: Schmitz, Paul [Hrsg.]

Das in diesem Buch enthaltene Programm-Material ist mit keiner Verpflichtung oder Garantie irgend-
einer Art verbunden. Die Herausgeber, die Autoren und der Verlag übernehmen infolgedessen keine
Verantwortung und werden keine daraus folgende oder sonstige Haftung übernehmen, die auf irgend-
eine Art aus der Benutzung dieses Programm-Materials oder Teilen davon entsteht.

1987

Umschlaggestaltung: Ludwig Markgraf, Wiesbaden

# Vorwort der Herausgeber

Das vorliegende Buch ist ein Übungsbuch zur Einarbeitung in die gebräuchlichsten Macintosh-Anwendungsprogramme. Es richtet sich in erster Linie an Anwender aus der Wirtschaftspraxis und an Studenten, die Leistungsumfang und Einsatzmöglichkeiten kommerzieller Standardsoftware auf Mikrocomputern kennenlernen wollen.

Anhand der Übungsbeispiele werden die wichtigsten Funktionen der vorgestellten Programme erarbeitet. Die Beispiele sind so aufgebaut, daß nach der Durcharbeitung selbständig die meisten programmspezifischen Probleme angegangen werden können.

Kapitel 2 bis 8 des Übungsbuches basieren auf Hausarbeiten, die im Rahmen einer Arbeitsgemeinschaft erstellt wurden, die der Lehrstuhl für Informatik an der Universität zu Köln im Wintersemester 1985/86 veranstaltet hat. Das Engagement und die vielen kritischen Hinweise von Seiten der Teilnehmer haben entscheidend zum Gelingen des Buches beigetragen.

Bedanken möchten wir uns insbesondere bei der Apple Computer GmbH, die der Wirtschafts- und Sozialwissenschaftlichen Fakultät der Universität zu Köln die Systeme in Form einer Spende zur Verfügung gestellt hat. Unser Dank gilt besonders auch unseren Mitarbeitern Herrn stud. rer. pol. Dirk Gierlach und Herrn stud. rer. pol. Bernd Kater für die sorgfältige Erstellung des Manuskriptes.

Redaktionelle Überarbeitung der Einzelbeiträge:
Werner Dinkelbach, Irmhild Pieper, Frank Schwöbel.

Köln, im März 1987

P. Schmitz
W. Dinkelbach

# Inhaltsverzeichnis


Vorwort der Herausgeber .................................... V

**Kapitel 1:** Einführung .................................... 1
von *Werner Dinkelbach*

**Kapitel 2:** Mac Paint .................................... 5
von *Thomas Martin Peters, Harald Kellerwessel, Sebastian Kummer,
Stefan Schwaderlapp*

**Kapitel 3:** MacWrite .................................... 27
von *Klaus Deselaers, Jürgen Ley, Reinhard Schmeichel, Alfred Steiof*

**Kapitel 4:** Filevision .................................... 45
von *Werner Dinkelbach, Dirk Gierlach, Armin Offermann, Karsten Pape,
Hans-Jörg Schurig*

**Kapitel 5:** MS Multiplan .................................... 79
von *Ursula Kitschelt, Christoph Stalz*

**Kapitel 6:** MS Chart .................................... 103
von *Ekkehard Christiani, Günther Dick*

**Kapitel 7:** MacProject .................................... 129
von *Peter Bölter, Werner Dinkelbach, Hans-Gerd Lindlahr*

**Kapitel 8:** Macintosh Pascal .................................... 149
von *Norbert Funke, Martin Hemmert, Bernd Kater, Andreas Kniesche*

**Kapitel 9:** Switcher .................................... 209
von *Werner Dinkelbach*

**Anhang:** Arbeitsorganisation und Datensicherheit .................................... 223
von *Werner Dinkelbach*


Am Ende jedes Kapitels findet der Leser den dazugehörenden Index und ein Literaturverzeichnis.

# Kapitel 1: Einführung

von Werner Dinkelbach

## Grundkonzepte des Macintosh

Der Macintosh war der erste Mikrocomputer dieser Preisklasse, der die Verbesserung des Preis-/Leistungsverhältnisses in der Mikroelektronik konsequent zur Erhöhung des Bedienungskomforts genutzt hat.

Arbeitskräfte in Büros ohne spezielle Computer-Kenntnisse sollten den Rechner als einfaches Hilfsmittel wie Taschenrechner und Schreibmaschine einsetzen können, ohne sich zuvor wie Computer-Spezialisten einarbeiten zu müssen.

Die Vereinfachung der Bedieneroberfläche beruht auf drei Grundkonzepten:

### "Zeigen statt Schreiben":

Operationen werden nicht durch verbale Kommandos, sondern weitgehend durch Markierung von Objekten mit der Maus und die Auswahl der gewünschten Aktionen aus Menüfenstern ausgelöst. Objekte sind Text- und Grafikelemente in Dokumenten und die Symbole für Dokumente und Disketten. Anstelle der verbalen Kommandos muß der Benutzer nur relativ wenige und leicht verständliche analoge Operationen erlernen.

### Einheitliche Bedienung der verschiedenen Programme:

Die Aufteilung des Bildschirms in Menüleiste und "Schreibtisch-Oberfläche", auf der die bearbeiteten Dokumente liegen, ist in allen Programmen gleich. Die folgenden Funktionen, die in allen oder zumindest mehreren Programmen benötigt werden, sind in den gleichen Menüs an der gleichen Stelle untergebracht. Sie verlangen stets die gleichen Eingaben und haben stets die gleiche Wirkung:

• Dateien öffnen, schließen und sichern

• Druckformate einstellen, Dokumente drucken

• Ausschneiden, Kopieren und Einsetzen von Teilen des Dokumentes

• Suchen und Ersetzen von Textpassagen.

**Nachbildung der Büroumgebung:**

Auf dem hochauflösenden Bildschirm werden die Symbole dargestellt, die
der Benutzer von seinem Arbeitsplatz im Büro her kennt und verwendet, um
die gewünschten Aktionen auszulösen. So findet der Macintosh-Benutzer
auf seinem Schreibtisch Taschenrechner, Disketten, Papierkorb- und Papier-
seitensymbole vor, und er kann - wie auf dem realen Schreibtisch - Dokumente
übereinander und nebeneinander legen.

Alle diese Prinzipien, die inzwischen von vielen anderen Mikrocomputer-
und Software-Anbietern übernommen wurden, erleichtern insbesondere die
Arbeit mit mehreren Programmen, wie man sie für die verschiedenen Aufgaben im Büro (Texte schreiben, Grafik erstellen, Daten verwalten, Berechnungen durchführen, Projekte planen) benötigt. Für jede dieser Aufgaben
wird in diesem Buch ein Standardprogramm vorgestellt. Zusätzlich werden
Übungen mit der Programmiersprache Pascal durchgeführt, die sowohl zum
Erlernen der Programmiermethodik als auch zum Erstellen von Programmen
mit der Macintosh-typischen Bedieneroberfläche besonders geeignet ist. Ab-
schließend wird mit einem Hilfsprogramm gearbeitet, das die Ausführung
von Aufgaben mit verschiedenen Programmen, wie z.B. die Erstellung von
Texten mit Grafiken, erheblich beschleunigt.

## Voraussetzung für die Übungen

Allgemeine Voraussetzungen für alle Übungen sind Kenntnisse des Macin-
tosh-Systems, von MacWrite und von MacPaint, die Sie sich durch Durcharbeiten des Macintosh-Systemhandbuches oder der "Guided Tour" zum
Macintosh, die jedem System beiliegen, in jeweils ein bis zwei Stunden aneig-
nen können.

Die einzelnen Übungskapitel dieses Buches sind weitgehend unabhänig voneinander, so daß Sie die Lernreihenfolge frei bestimmen oder sich nur mit
einzelnen Kapiteln beschäftigen können.

## Arbeitsorganisation und Datensicherheit

Bei der Arbeit mit dem Macintosh können gelegentlich Daten verloren gehen.
Ausführliche Tips zur Vorbeugung und Fehlerbehebung enthält Anhang 1.

Hier nur zwei Tips:

- wenn Sie Dokumente verändern, sollten sie in etwa 15-minütigem Abstand das Dokument sichern. Ansonsten müssen Sie besonders in warmen Räumen (oder wenn Sie die Lüftungsschlitze mit Ihren Manuskripten sorgfältig abgedeckt haben; der "Mac" hat keinen Ventilator) damit rechnen, mehr als 15 Arbeitsminuten und Ihre kreativen Gedankengänge wiederholen zu müssen.

- Disketten dürfen nicht sonnenbaden, mögen keinen Kaffee und reagieren allergisch auf den Magnetismus von Telefon und der linken Mac-Seite, auf der sich das Netzteil befindet. Wenn Sie wichtige Dokumente auf Diskette halten, sollten Sie nach einem Arbeitstag eine Sicherungskopie machen. Bedenken Sie: der kleinste Schaden führt dazu, daß Sie nicht einmal mehr den Titel Ihres Dokumentes lesen können, und: Speichern Sie Ihre wichtigsten Unterlagen nicht auf den preisgünstigsten Disketten, da deren Qualität erfahrungsgemäß nicht dem höchsten Standard entspricht.

# Kapitel 2: MacPaint

von  Harald Kellerwessel, Sebastian Kummer
     Thomas Martin Peters und Stefan Schwaderlapp

**Inhalt:**


1  Vorbemerkungen zur Illustrationsgrafik und zu MacPaint

2  Übung

   2.1  Aufgabe und Lernziele
   2.2  Gebrauch des Albums und der Zwischenablage
   2.3  Zeichnen von Formen und Mustern
   2.4  Bearbeiten einzelner Bildausschnitte
   2.5  Letzte Feinarbeiten

3  Einsatzmöglichkeiten

4  Menüs in MacPaint

5  Index und Literatur

# 1 Vorbemerkungen zur Illustrationsgrafik und zu MacPaint

MacPaint ist ein vielseitiges Programm zur Erstellung qualitativ hochwertiger Zeichnungen im DIN-A4-Format. Es hat größere Ähnlichkeit zu Programmen für computergestütztes Konstruieren als zu sogenannten "Geschäftsgrafik-Programmen", da es einen beliebigen Aufbau von Zeichnungen aus vorgegebenen Linienarten, Formen und Mustern gestattet. Die Verfügbarkeit mehrerer Schriftarten und -größen macht MacPaint für bürotypische Aufgaben, z.B. zum Entwurf von Präsentationsfolien für Vorträge, geeignet.

Anhand der Abbildung, die den Informationsfluß in einem Fertigungsunternehmen veranschaulicht, wird im folgenden der fortgeschrittene Einsatz der MacPaint-Möglichkeiten erläutert. Diese Übung setzt einführende MacPaint-Kenntnisse voraus (Gebrauch von Linien und Formen, Texteingabe, Benutzung des Pinsels, Ausfüllen von Flächen, Auswählen von Feldern, Anzeigen der gesamten Seite), wie sie die MacPaint-Übungsdiskette und -kassette vermitteln, die mit dem Programm zusammen geliefert werden.

# 2 Übung
## 2.1 Aufgabe und Lernziele

### Aufgabe:

Erstellen einer Überblickszeichnung "Integrierte Auftragsbearbeitung" (Abb 2.1)

### Lernziele:

- Gebrauch des Albums und der Zwischenablage
- Bildausschnitte verschieben
- Geometrische Formen mit und ohne Muster zeichnen
- Zeichnung punktweise verändern
- Bildschirmausschnitte vergrößern und verkleinern
- Bildschirmausschnitte kopieren
- Drehen, Zeichnen der Konturen und Invertieren eines Bildausschnittes

- Muster entwerfen

- Spraydose benutzen

**Zeitaufwand:**   mind. 2 Stunden

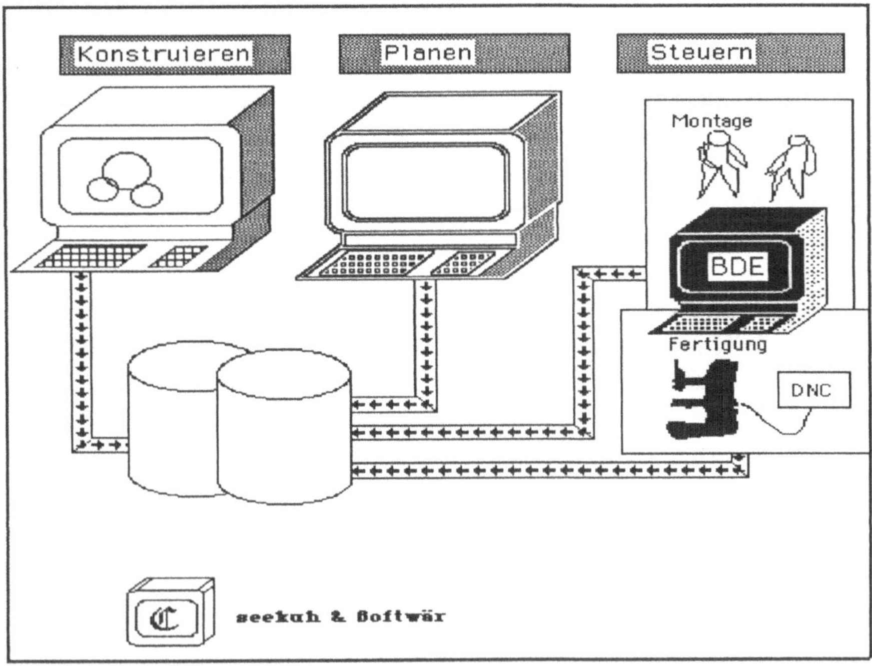


Abb. 2.1:  Integrierte Auftragsbearbeitung

Das obige Schaubild, das  die computerintegrierte Auftragsabwicklung in einem Unternehmen von der Konstruktion über die Planung bis zur Steuerung von Fertigung und Montage darstellt, soll in dieser Übung erstellt werden.

In den unterschiedlichen Bereichen werden verschiedene computergestützte Lösungen, die auf unterschiedlichen Computern implementiert sind, eingesetzt. Die Informationsflüsse zwischen den Bereichen und der zentralen Datenbank sind durch Pfeilmuster dargestellt. In der Montage verdeutlichen die skizzierten Menschen den Einsatz menschlicher Arbeit, und in der Fertigung soll die skizzierte DNC (Direct Numerical Controlled)-Maschine den Einsatz computergesteuerter Maschinen darstellen.

## 2.2 Gebrauch des Albums und der Zwischenablage

Zunächst soll der Gebrauch des Albums erlernt werden. Das Album ist eine zum Betriebssystem gehörende Datei, die es erlaubt, Teile aus Dokumenten zwischenzuspeichern und in andere Dokumente zu übertragen.

> Bitte starten Sie nun als erstes MacPaint. Legen Sie dazu die MacPaint-Diskette in das eingebaute Laufwerk und Ihre eigene in das Zusatzlaufwerk ein. Klicken Sie zweimal auf das Abbild der MacPaint-Diskette, um diese zu öffnen und starten Sie dann MacPaint durch Doppelklicken auf das Abbild des MacPaint-Programmes.
>
> Jetzt dürfen Sie Ihrer Phantasie freien Lauf lassen! Entwerfen Sie bitte einen beliebigen Briefkopf oder ein Copyright-Zeichen, mit dem Sie Ihre weiteren Entwürfe dann später schmücken können. Sichern Sie dieses "kleine Kunstwerk" anschließend bitte auf Ihrer Diskette!
>
> Danach wählen Sie es mit dem Lasso aus, indem Sie auf das Symbol ganz oben links klicken und dann - wie mit dem Stift - eine Linie um Ihre Zeichnung ziehen (vgl. Abb.2.2). Lassen Sie ruhig etwas Platz zwischen dem Lasso und Ihrer Zeichnung, denn das Lasso zieht sich von selbst zusammen.

Das Lasso braucht auch nicht ganz bis zu Ende gezeichnet zu werden, da MacPaint automatisch Anfangs- und Endpunkt mit einer geraden Linie verbindet. Sollte ihnen ein Fehler beim Lasso-Zeichnen passiert sein - z.B., daß es Ihre Zeichnung nicht ganz einschließt - zeichnen Sie es einfach noch einmal. Das Lasso ist richtig um die Zeichnung gelegt, wenn die Ränder Ihrer Zeichnung flimmern.

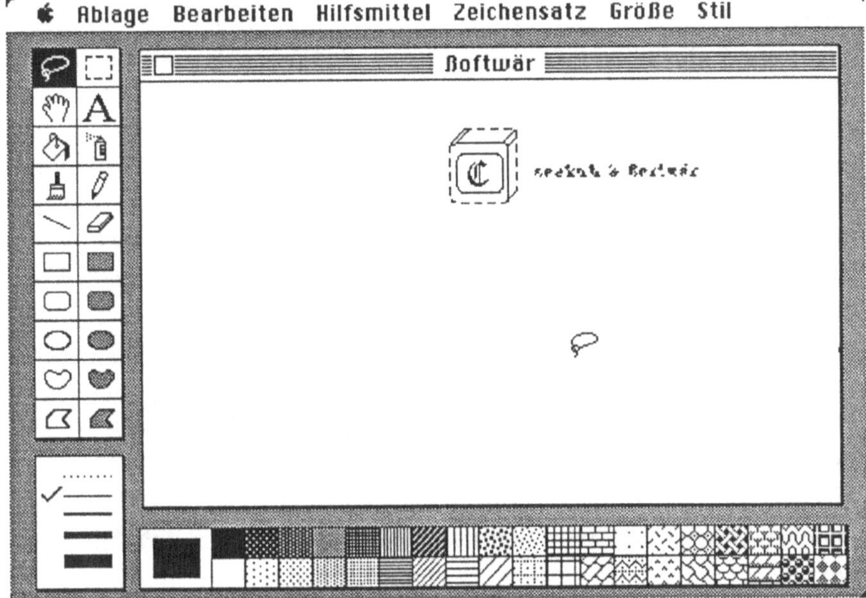


Abb. 2.2: Auswahl mit dem Lasso

Sie hätten Ihre Zeichnung auch mit dem Auswahlrechteck (Symbol rechts neben dem Lasso) einschließen können. Zwischen diesen beiden Möglichkeiten besteht jedoch ein Unterschied. Das Auswahlrechteck dient dazu, einen rechteckigen Bildausschnitt auszuwählen, also eine Zeichnung (oder einen Teil davon) **einschließlich** der sie umgebenden weißen Punkte, sofern sie nur innerhalb des Rechtecks liegen. Das Lasso wählt **nur** die Zeichnung aus, also weiße Punkte nur dann, wenn sie vollständig von schwarzen eingeschlossen sind.

Durch das Auswählen "weiß" Ihr Macintosh jetzt, worauf sich der nächste Befehl beziehen soll.

> Speichern Sie also jetzt ihre Zeichnung in der Zwischenablage, indem Sie in das Menü **Bearbeiten** gehen und die Maustaste auf dem Wort **Kopieren** wieder loslassen.

Die Zwischenablage ist nichts weiter als ein Speicher, in dem immer jeweils ein Objekt (z.B. ein Ausschnitt aus einem MacPaint-Bild oder ein

Abschnitt aus einem MacWrite-Text) enthalten sein kann. Der vorherige Inhalt der Zwischenablage geht verloren, wenn etwas Neues hineinkommt (durch einen der Befehle **Ausschneiden** oder **Kopieren**). Die Zwischenablage wird komplett gelöscht, wenn der Macintosh ausgeschaltet wird (durch den Befehl **Ausschalten** aus dem Menü **Spezial** im Finder oder durch Betätigen des Hauptschalters bzw. des Reset-Knopfes). Beim Verlassen eines Anwenderprogrammes durch den Befehl **Beenden** und sogar beim Diskettenwechsel bleibt die Zwischenablage aber erhalten. Man kann deshalb mit Hilfe der Zwischenablage bequem Teile eines Dokumentes in andere Dokumente übertragen, unabhängig davon, auf welcher Diskette sie sind und zu welchem Anwenderprogramm sie gehören, und das sogar beliebig oft, solange man nichts Neues in die Zwischenablage kopiert (bzw. "ausschneidet") oder den Macintosh ausschaltet (siehe oben!). Will man das gespeicherte Objekt jedoch auch später noch verwenden oder mehrere Objekte in einem Schritt übertragen, muß man das Album benutzen.

Auf Disketten mit Betriebssystem finden Sie das Album im Systemordner, ansonsten erscheint es neben den anderen Dokumenten im Inhaltsverzeichnis. Jede Diskette besitzt ein eigenes Album.

Objekte, die man auch dann noch braucht, wenn die Zwischenablage längst etwas anderes enthält, oder aber Objekte, die man auch nach Ausschalten des Macintosh noch benötigt, können in dem Album gespeichert werden. Das entsprechende Objekt muß dazu zunächst in der Zwischenablage enthalten sein. Ihr Copyright-Zeichen bzw. Ihr Briefkopf befindet sich bereits dort.

> Öffnen sie also jetzt einfach das Album, indem Sie auf den **Apfel** (ganz oben links auf ihrem Bildschirm) klicken, und aus diesem Menü **Album** auswählen. Auf dem Bildschirm erscheint jetzt das Fenster mit dem Titel "Album".

Das Album kann mehrere, und wie bereits erwähnt, sehr unterschiedliche Objekte enthalten. Deshalb hat das Album-Fenster unten einen Rollbalken und darunter auch noch eine Kommentar-Zeile, die beim leeren Album allerdings leer ist. Durch Klicken auf die Pfeile des Rollbalkens gelangt

man zu den einzelnen Objekten; durch Klicken auf den linken Pfeil zu denen
mit den niedrigeren, durch Klicken auf den rechten zu denen mit den höheren
Nummern. Die Nummer des Objektes wird jeweils ganz unten links in der
Kommentar-Zeile angezeigt. Die Zahl hinter dem Schrägstrich zeigt zusätzlich
die Anzahl aller Objekte, die im Album enthalten sind. (Beispiel: 1/7 bedeutet,
daß das erste von sieben Objekten im Album gerade angezeigt wird.) In der
Kommentar-Zeile rechts wird die Art des Objektes angegeben, z.B. "Pict"
wie "Picture".

> Setzen Sie jetzt bitte Ihren Briefkopf (oder Ihr Copyright-Zeichen)
> einfach in das Album ein, indem Sie den Befehl **Einsetzen** aus
> dem Menü **Bearbeiten** geben.

Ihre Zeichnung wird an der angezeigten Stelle in das Album eingesetzt (vgl.
Abb. 2.3). Sollte Ihr Album leer gewesen sein, erscheint in der vorher leeren
Kommentar-Zeile jetzt die Meldung: 1/1 ... PICT.

Abb. 2.3: Geöffnetes Album

> Schließen Sie jetzt bitte das Album und auch das Dokument mit
> Ihrer Zeichnung. Öffnen Sie dann ein neues MacPaint-Dokument
> (Menü **Ablage**, Funktion **Öffnen**).

Wenn Sie daran zweifeln, daß man auch etwas aus dem Album wieder
zurück in die Zwischenablage kopieren kann, sollten Sie diese jetzt löschen,
indem Sie irgendetwas zeichnen, mit dem Lasso oder dem Auswahlrechteck
auswählen und dann den Befehl **Ausschneiden** aus dem Menü **Bearbeiten**
geben. Die Zwischenablage enthält jetzt nicht mehr die von Ihnen erstellte
Zeichnung.

> Jetzt öffnen Sie bitte wieder das Album und suchen Ihre  Zeichnung
> aus eventuell vorhandenen anderen Objekten heraus, indem Sie auf
> die Pfeile des Rollbalkens klicken (oder das Kästchen auf dem Roll-
> balken verschieben). Geben Sie den Befehl **Ausschneiden** (und
>  nicht "Kopieren") aus dem  Menü **Bearbeiten**, damit ihre Zeich-
> nung nicht im Album verbleibt und vielleicht jemand anders "Ihr"
> Copyright-Briefkopf-Zeichen verwenden könnte. Schließen Sie
> jetzt das Album, indem Sie auf das Schließfeld des Album-Fensters
> klicken, und setzen Sie dann Ihr Copyright-Briefkopf-Zeichen aus
> der Zwischenablage in das neue Dokument ein (auf die gleiche Art
> und Weise wie Sie es zuvor in das Album eingesetzt haben).

### Positionieren des Copyright-Symbols mit Hilfe der Funktion Ganze-Seite-Zeigen

Das Copyright-Symbol befindet sich, nachdem es aus dem Album in die zu
bearbeitende Datei eingesetzt wurde, nicht an der gewünschten Stelle.

> Um es an eine Position zu verschieben, an der es die Erstellung des
> Schaubildes nicht behindert,  wird aus dem Menü **Hilfsmittel** der
> Befehl **Ganze Seite zeigen** ausgewählt. Nachdem die ganze Sei-
> te aufgebaut worden ist, kann das Copyright-Symbol bewegt wer-
> den. Mit Hilfe der Maus wird der Cursor in das umrandete Feld be-
> wegt. Durch Klicken und Festhalten der Maustaste kann  das um-
> randete Feld so bewegt werden, daß das Copyright-Symbol nicht
> mehr durch dieses Feld eingerahmt wird.

Anschließend kann nun das Copyright-Symbol durch einmaliges Klicken und Festhalten der Maustaste zu dem unteren Rand der Seite verschoben werden.

## 2.3 Zeichnen von Formen und Mustern

Die Mikrocomputer unseres Beispiels lassen sich aus den vorgegebenen Formen und Mustern zusammenstellen.

Als erstes wird der Kasten, der den Bereich Konstruieren markiert, gezeichnet. Hierzu wird  zunächst ein Muster (in diesem Beispiel das vierte Muster von links in der oberen Reihe), anschließend aus der Palette der Werkzeuge das ausgefüllte Rechteck (rechte Spalte, 6. Zeile) ausgewählt.

Beachten Sie, daß die Linienleiste die Breite der Linien kontrolliert. Dies gilt für alle geometrischen  Werkzeuge der 6.-10. Zeile und auch für das Gummiband (linke Spalte, 5. Zeile).

Positionieren Sie nun in der linken oberen Ecke durch Klicken und Festhalten der Maustaste eine Ecke des Rechtecks. Durch das Bewegen der Maus nach rechts unten kann  die Größe des Rechtecks bestimmt werden. Wenn die richtige Größe gefunden ist, wird das Rechteck durch Loslassen der Maustaste fixiert.

Der Bildschirm des Mikrocomputers wird durch zwei leere abgerundete Rechtecke gezeichnet.

Aus der Palette der Werkzeuge wird also das leere abgerundete Rechteck (linke Spalte, 7. Zeile) ausgewählt. Durch Klicken und Festhalten der Maustaste sowie einer diagonalen Bewegung entsteht der äußere Rand des Bildschirmes. Er wird wie das Rechteck durch das Loslassen der Maustaste fixiert. Der innere Rand wird genauso gezeichnet.

> Das Gehäuse des Mikrocomputers wird mit Hilfe des Werkzeuges
> zum Zeichnen schwarzer Linien (linke Spalte, 5. Zeile) gezeichnet.
> Dieses Werkzeug wird ausgewählt.

Um gerade Linien und Linien im Winkel von 45° zu zeichnen, wird, bevor
der Anfangspunkt der Linie fixiert wird, die Umschaltertaste gedrückt und
so lange festgehalten, bis die gewünschte Linie fertig gezeichnet ist.

> Positionieren Sie nun den Cursor am oberen rechten Rand des
> Bildschirms, drücken die Umschaltertaste, klicken anschließend
> die Maustaste und ziehen dann mit der Maus die Linie im Winkel
> von 45°. Durch das Loslassen der Maustaste wird die Linie fixiert.
> An diesem Endpunkt klicken Sie wiederum - die Umschaltertaste
> nicht loslassen!- und ziehen eine gerade Linie, die den oberen
> hinteren Rand des Gehäuses darstellen soll. Wenn Sie die Maus-
> taste loslassen, wird diese Linie fixiert und durch erneutes Klicken
> kann eine Linie zum Bildschirm im Winkel von 45° gezogen
> werden. In gleicher Weise kann das Gehäuse für den Bildschirm
> fertiggestellt werden.

Ohne eine Tastatur funktioniert kein Mikrocomputer- nicht einmal der
Macintosh. Eine Tastatur läßt sich durch mehrere leere Polygone (linke
Spalte, 10. Zeile) zeichnen.

> Um Polygone mit Winkeln von 45° bzw. 135° zu erhalten, wird die
> Umschaltertaste betätigt. Mit Hilfe des Umschalters läßt sich also
> z.B. ein Parallelogramm erzeugen. Durch einmaliges Klicken wird
> der Anfangspunkt des Polygons bestimmt. Um an den Ecken des
> Polygons in eine andere Richtung zu gehen, klicken Sie einmal.
> Auch zum Schließen des Polygons müssen Sie einmal klicken.
> Innerhalb dieses Parallelogramms können zwei Tastenfelder ge-
> zeichnet werden, indem wie auf eben beschriebene Weise zwei
> Parallelogramme gezeichnet werden. Mit dem Stift (rechte Spalte,
> 4. Zeile) oder mit einem dünnen Pinsel kann eine Linie zur
> Verbindung der Tastatur mit dem Bildschirm gezeichnet werden.

Bei dem Stift ist darauf zu achten, daß er auf weißem Untergrund schwarz, auf schwarzem Untergrund weiß schreibt.

Auf dem Bildschirm soll noch eine Konstruktionszeichnung skizziert werden. Wählen sie dazu aus der Werkzeugpalette das leere Oval (linke Spalte, 8. Zeile) aus.

> Durch Klicken und Festhalten der Maustaste lassen sich auf dem gezeichneten Bildschirm Ovale kreieren, die, wenn Sie die Maustaste loslassen, fixiert werden. Durch Festhalten der Umschaltertaste lassen sich in gleicher Weise Kreise erzeugen.
>
> Mit Hilfe des Farbeimers können die Tasten skizziert werden. Hierbei kann ein Gittermuster (in diesem Beispiel das 11. Muster von links in der oberen Reihe) gewählt werden. Außerdem kann die rechte Seite des Mikrocomputergehäuses dadurch, daß ein Muster (z.B. das vierte Muster von links in der oberen Reihe) in die betreffenden Felder geschüttet wird, schraffiert werden.

Ihr Mikrocomputer sollte jetzt ungefähr so aussehen (vgl. Abb. 2.4):

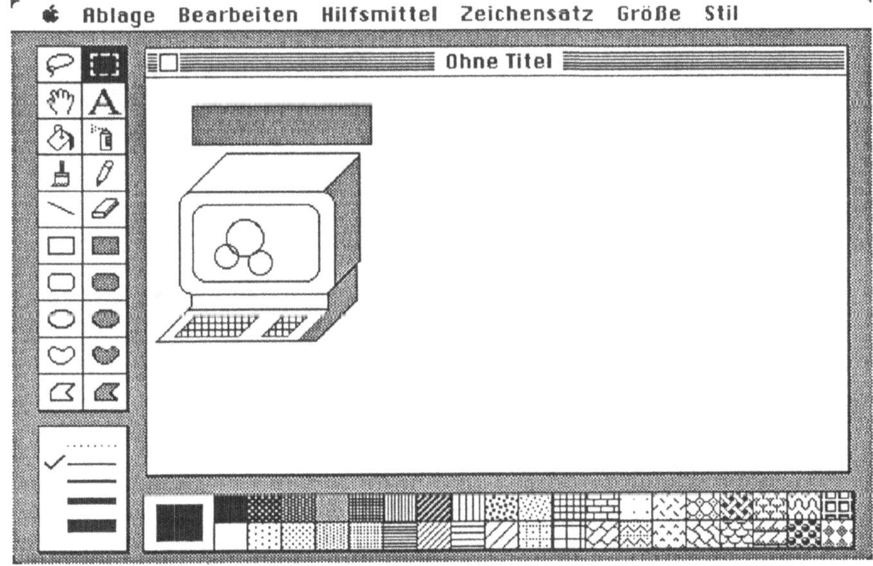


Abb. 2.4: Mikrocomputer mit Mustern

## Die Vergrößerungsfunktion

Verzweifeln Sie nicht, wenn Ihr Microcomputer einige "Schönheitsfehler" hat, mit Hilfe der Vergrößerungsfunktion (Fat-Bit) des Macintoshs lassen sich diese sehr einfach beheben. Sie können einen Ausschnitt vergrößern, indem Sie entweder aus dem Menü **Hilfsmittel** den Befehl **Vergröße-rung** auswählen oder mit der Maustaste auf dem Stift doppelklicken. Es erscheint immer der Bildausschnitt, an dem Sie als letztes gearbeitet haben (vgl. Abb. 2.5). Wollen Sie einen anderen Bildausschnitt vergrößern, so können Sie diesen mit dem Lasso (linke Spalte, 1. Zeile) oder dem gestrichel-ten Rechteck (rechte Spalte, 1. Zeile) auswählen. Mit Hilfe des Stiftes kön-nen Sie nun einzelne Bits verändern. Sie kommen zurück zum Fenster, in-dem Sie auf dem Stift doppelklicken.

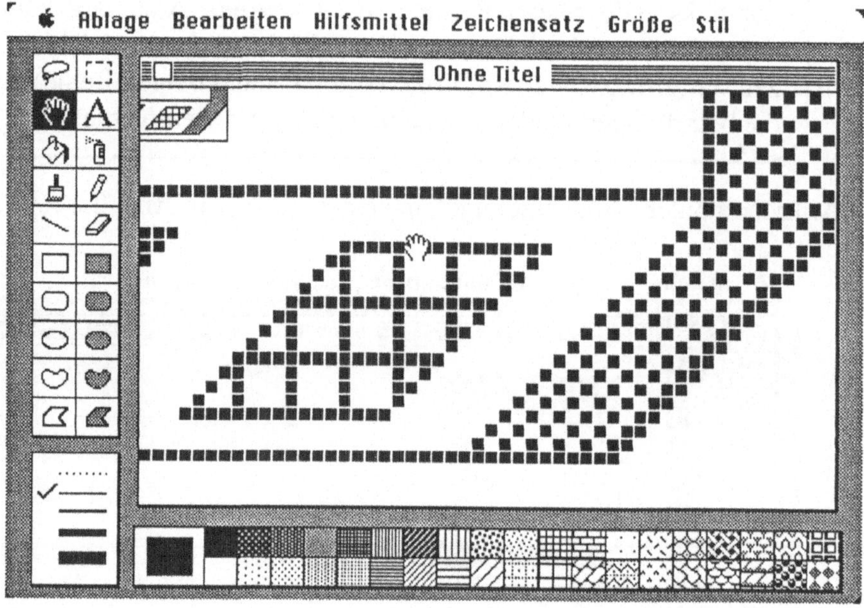


Abb. 2.5: Vergrößerter Bildausschnitt

## 2.4 Bearbeiten einzelner Bildausschnitte

### Kopieren eines Bildausschnittes

Ein Bildausschnitt, der kopiert werden soll, muß zunächst einmal ausgewählt werden. Wenn Sie mit dem gestrichelten Rechteck auswählen, so wird der gesamte Inhalt des Rechtecks kopiert. Wenn Sie das Lasso benutzen, so werden nur diejenigen Linien und umrandeten Flächen kopiert, die das Lasso einschließt.

> Kreisen Sie also nun bitte mit dem Lasso den grauen Balken ein. Wählen Sie dann aus dem Menü **Bearbeiten** den Befehl **Kopieren**. Der graue Balken ist jetzt in der Zwischenablage gespeichert. Wenn Sie nun aus dem Menü **Bearbeiten** den Befehl **Einsetzen** ausführen, wird der graue Balken in der Mitte des Fensters eingesetzt. Um den Balken an die gewünschte Stelle zu bewegen, gehen Sie mit dem Cursor auf den eingesetzten Balken, klicken die Maustaste und halten diese gedrückt. Nun können Sie den Balken mit Hilfe der Maus bewegen. Setzen Sie in gleicher Weise den dritten Balken ein und positionieren Sie ihn dann in der rechten oberen Ecke.

Einfacher und schneller können Sie allerdings mit Hilfe der **Wahltaste** kopieren.

> Kreisen Sie mit dem Lasso den Mikrocomputer ein. Wenn Sie nun die Wahltaste drücken, mit dem Cursor auf die flimmernde Fläche gehen und die Maustaste klicken und festhalten, so können sie die Kopie des Bildausschnittes zur gewünschten Stelle bewegen. Auf diese Weise kopieren Sie die benötigten Mikrocomputer. Mit dem Radiergummi können Sie nun die Konstruktionszeichnungen auf den kopierten Bildschirmen löschen.

Sie sollten jetzt drei Mikrocomputer auf Ihrem Bildschirm haben (vgl. Abb. 2.6).

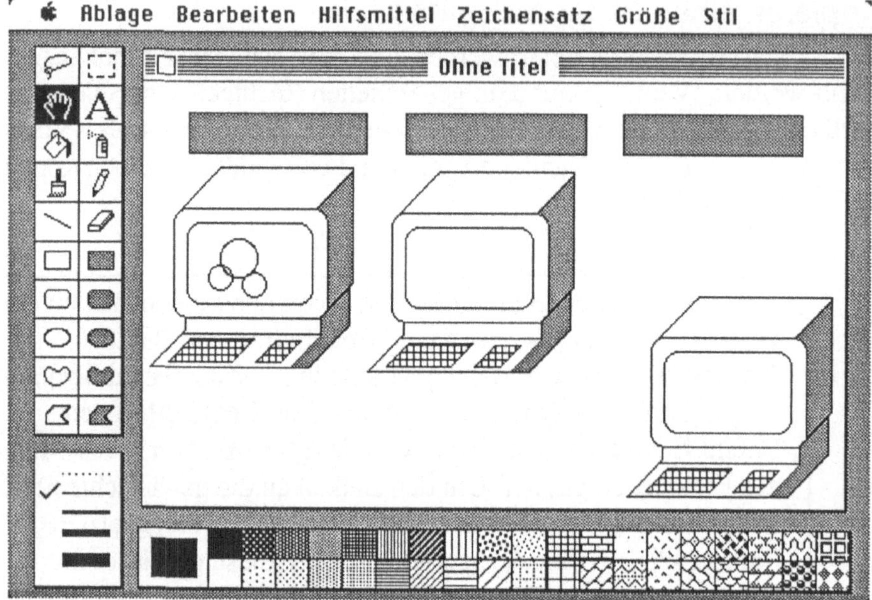


Abb. 2.6: Zeichnung nach Kopier- und Löschoperationen

## Verkleinern eines Bildausschnittes

Der rechte Mikrocomputer soll nun verkleinert werden. Zuerst muß der Bildausschnitt ausgewählt werden.

> Hierzu wird der Mikrocomputer mit dem Auswahlrechteck eingerahmt. Danach positionieren Sie den Cursor an der rechten unteren Ecke des Rechtecks und drücken die **Befehlstaste.**

Wenn Sie **proportional verkleinern** wollen, also das Verhältnis Länge/ Breite nicht verändern wollen, so müssen Sie zusätzlich noch die **Umschaltertaste** drücken. Durch Klicken und Festhalten der Maustaste und durch eine Bewegung der Maus wird nun der Bildausschnitt in die gewünschte Größe gebracht (vgl. Abb. 2.7). Bei einer Bewegung in entgegengesetzter Richtung wird der Bildausschnitt vergrößert.

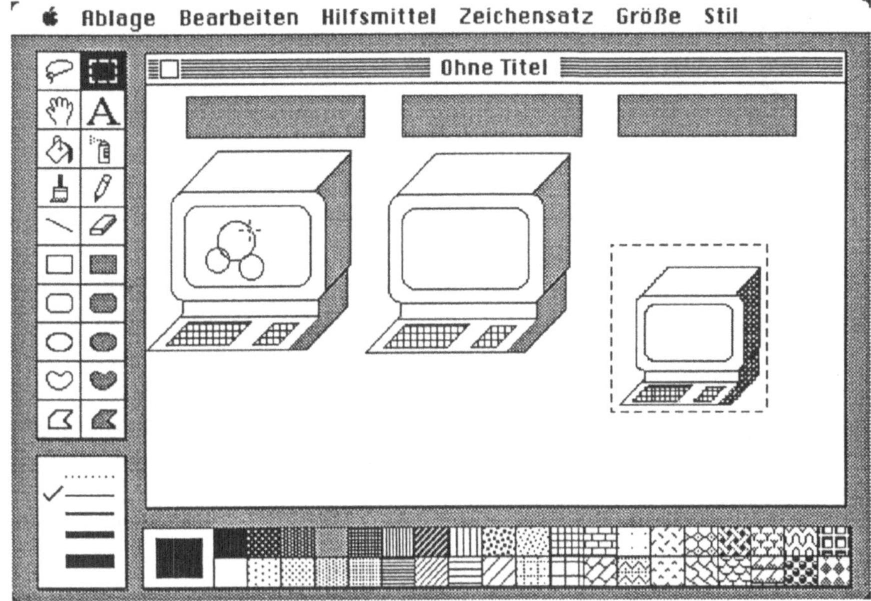


Abb. 2.7: Verkleinerter Bildausschnitt

## Drehen eines Bildausschnittes

MacPaint bietet dem Benutzer die Möglichkeit, ausgewählte Bildausschnitte
vertikal und horizontal zu drehen und verfügt außerdem noch über die Funktion **Rotieren**. Diese Befehle können im Menü **Bearbeiten** aufgerufen
werden.

Sie müssen wiederum zuerst den zu drehenden Ausschnitt - in
diesem Beispiel den mittleren Mikrocomputer - mit dem Auswahlrechteck einrahmen. Nun können Sie die oben genannten Befehle
ausprobieren. Wenn Ihnen die neue Lage des Mikrocomputers (vgl.
Abb. 2.8) nicht gefällt, so können Sie im Menü **Bearbeiten** durch
den Befehl **Widerrufen** den Bildausschnitt in die Ausgangslage
zurückversetzen.

## Konturen zeichnen

> In dem Bereich der Planung wird ein anderer Computertyp einge-
> setzt. Bei der Schaubilderstellung können Sie dies mit dem Befehl
> **Konturen** aus dem Menü **Bearbeiten** deutlich machen.

Dieser Befehl zeichnet die Konturen von allen schwarzen Punkten, Flächen
und Linien.

> Da der mittlere Mikrocomputer noch mit dem Rechteck einge-
> schlossen ist, können Sie sofort den Befehl **Konturen** ausführen
> lassen.

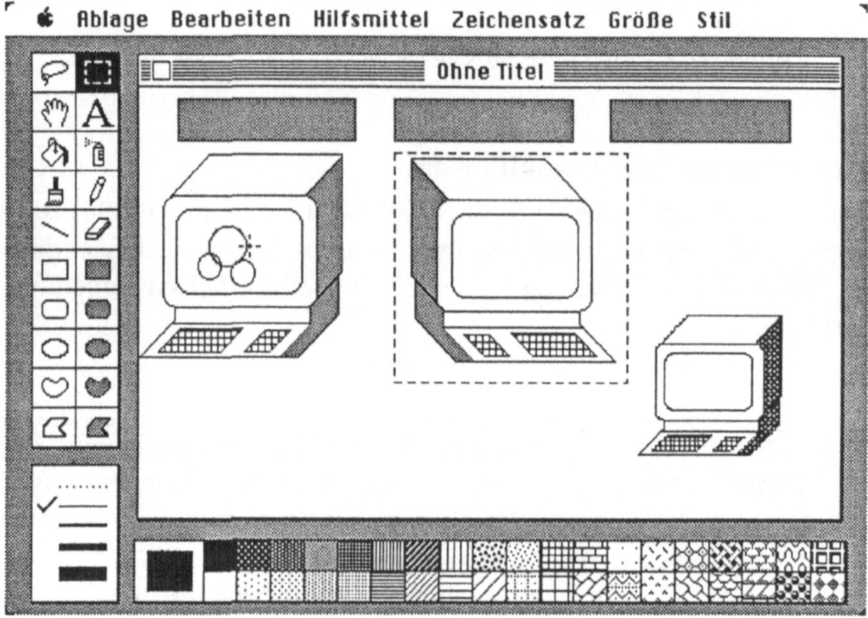


Abb. 2.8: Gedrehter Bildausschnitt

## Invertieren eines Bildausschnittes

Der Befehl **Invertieren**, den Sie im Menü **Bearbeiten** finden, ersetzt in
den ausgewählten Objekten alle weißen Punkte durch schwarze und umgekehrt.

> Um den rechten Mikrocomputer zu verändern, wird er zunächst
> mit dem Lasso eingeschlossen und anschließend der Befehl
> **Invertieren** gewählt.

# 2.5 Letzte Feinarbeiten

## Die Raster-Hilfsfunktion

In dem Fenster ist jetzt nur noch wenig Platz für die zentrale Datenbank und
für den Bereich der Fertigung. Mit Hilfe des Werkzeuges Hand (linke Spalte,
2. Zeile) kann das Arbeitsblatt unter dem Fenster verschoben werden.

> Aktivieren Sie dieses Werkzeug und positionieren Sie den Cursor,
> der jetzt die Form einer Hand hat, in dem Fenster. Durch Klicken
> und Festhalten der Maustaste können Sie jetzt das Arbeitsblatt
> unter dem Fenster nach oben verschieben.

Mit dem Befehl **Raster** aus dem Menü **Hilfsmittel** wird der Bildschirm mit einem unsichtbaren Raster unterlegt. Sie können dann den
Cursor auf dem Bildschirm sowohl vertikal als auch horizontal nur sprung-
weise bewegen.

> Zum Zeichnen der zentralen Datenbank wird zuerst der Befehl
> **Raster** ausgeführt. Dann wird ein leeres Oval in dem unteren
> Drittel des Fensters gezeichnet. Kopieren Sie nun mit Hilfe der
> Wahltaste dieses Oval und verschieben Sie es genau senkrecht
> nach unten. Dies wird durch die Rasterfunktion wesentlich erleich-
> tert. Nun verbinden Sie die beiden Ovale mit senkrechten Linien.
> Sie können den oberen Bogen des unteren Ovals ausradieren.
> Außerdem können Sie dieses Dateisymbol kopieren und nach rechts
> verschieben, so daß sich die beiden Symbole überlappen.

Falls Sie noch nicht die Rechtecke, die die Bereiche Montage und
Fertigung abgrenzen, gezeichnet haben, müssen Sie diese nun
unter Verwendung des Werkzeuges "leeres Rechteck" hinzufügen.
Außerdem müssen noch mit Hilfe des Gummibandes Linien als
Verbindungen zwischen den linken und mittleren Mikrocomputern
und der Datenbank sowie den Bereichen Montage und Fertigung
und der Datenbank gezeichnet werden. Da Sie das Raster nun nicht
mehr benötigen,  wird diese Funktion ausgeschaltet, indem Sie auf
dem Befehl **Raster** klicken.

## Muster entwerfen

Die Richtung der Informationsflüsse soll durch ein Pfeilmuster dargestellt
werden. Ein solches Muster findet sich jedoch nicht unter den vorgegebenen
Mustern. Mit Hilfe des Befehls **Muster bearbeiten** aus dem Menü **Hilfsmittel** kann der Benutzer Muster entwerfen, die den spezifischen Anforde-
rungen gerecht werden. Das zuvor aktivierte Muster erscheint in einem Fenster, das auf der Zeichnung liegt (Abb. 2.9) und kann jetzt verändert werden.
Durch Klicken der Maustaste im linken Feld des Fensters werden weiße Felder
zu schwarzen und umgekehrt (Sie arbeiten hier wieder auf Bit-Ebene!). Mit
Hilfe dieser Funktion können beliebige Muster entworfen werden.

Für dieses Beispiel benötigen wir Pfeilmuster, und zwar Pfeile, die
nach links, nach rechts und nach unten zeigen.

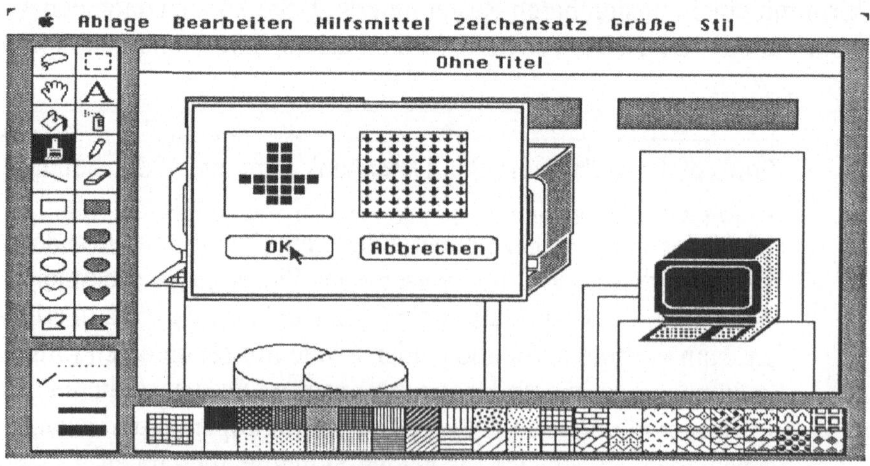


Abb. 2.9: Fenster zum Musterentwurf

Durch Klicken auf OK wird das Muster in die Musterleiste übernommen. Bevor Sie die Informationsverbindungen mit den Pfeil-
mustern ausfüllen, müssen Sie bei einer Richtungsänderung des
Informationskanals mit dem Gumiband oder dem Pinsel eine Linie
zeichnen.

## Freies Zeichnen mit verschiedenen Pinselformen

Zwei Menschen stellen in diesem Beispiel den Einsatz menschlicher Arbeit
bei der Montage dar. Sie werden unter Verwendung des Pinsels gezeichnet.
Die Auswahl der Pinselform und das Ergebnis der Zeichnung richtet sich
nach dem künstlerischen Talent des Benutzers. Mit Hilfe der Vergrößerung
eines Bildausschnittes (Fat-Bit) können Korrekturen  vorgenommen werden.
Die DNC-Maschine in diesem Beispiel wurde ebenfalls mit einem Pinsel
gezeichnet.

## Beschriften der Zeichnung

Jetzt können Sie die Zeichnung mit Hilfe des Textinstrumentes beschriften.
Bei der Beschriftung der grauen Kästen umgibt das Programm jeden Buch-
staben mit einem weißen Kasten. Das gleiche gilt für die Beschriftung des
Mikrocomputers für die Betriebsdatenerfassung (BDE). Die Beschriftung der
Montage, der Fertigung sowie der DNC-Maschine erfolgt in einer kleineren
Schriftgröße, z. B. 9 Punkt.

## Gebrauch der Spraydose

Das Zeichenwerkzeug Spraydose (rechte Spalte, 3. Zeile) funktioniert wie
eine **richtige** Spraydose. Sprüht man länger auf eine Stelle, so  wird "mehr
Farbe" auf diese Stelle aufgetragen. Bewegt man die Spraydose schnell über
eine große Fläche,  so wird nur wenig Farbe versprüht. Außerdem ist zu
beachten, daß die Spraydose jeweils das Muster versprüht, das aktiviert ist.
Falls Ihnen ihre Zeichnung nicht gefällt und Sie nichts von Computer Inte-
grated Manufactoring (CIM) halten, so können Sie nun zur Spraydose greifen
und Ihr Kunstwerk "zerstören".

Aber bitte nicht, ohne es vorher gesichert zu haben!

# 3  Einsatzmöglichkeiten

MacPaint ist besonders dort geeignet, wo Grafiken "aus der Hand" gezeichnet werden, d.h. der Anteil vordefinierter grafischer Objekte (Rechtecke, sonstige Vielecke, Ovale, gerade Linien) gering ist und kaum Text in der Grafik verwendet wird. Logos für den firmenexternen Schriftverkehr und Werbegrafiken kommen primär als kommerzielle Anwendungen in Betracht.

Für stärker strukturierte Grafiken mit hohem Standardobjekt- und Textanteilen sind Programme besser geeignet, die nicht punkt-orientiert wie MacPaint, sondern objekt-orientiert arbeiten. Beispiele sind MacDraw und MacDraft. Linien, Vielecke, Ovale und Kurven bleiben als solche erhalten, auch wenn sie aufeinander gelegt werden. Auch nachträglich können dann Dimensionen, Muster und Texte jedes Zeichnungselementes einfach geändert werden, da man jedes Element einzeln auswählen kann. In MacPaint dagegen kann ein Element, das einmal mit einem anderen kombiniert wurde, nur unter erheblichem Aufwand durch sorgfältige Punkt-für-Punkt-Bearbeitung verändert werden. Andererseits erlaubt die Punkt-für-Punkt-Bearbeitung eine wesentlich detailliertere Gestaltung der Zeichnung. Objektorientierte Programme werden vorzugsweise eingesetzt

- für Datenfluß- und Programmablaufpläne

- für Präsentationszeichnungen in Vorträgen und Publikationen

  mit hohem Textanteil

- für (einfache) technische Zeichnungen (z.B. Lagepläne)

- zur Darstellung (einfacher) mathematischer Funktionsverläufe.

Ein entscheidender Nachteil von MacPaint ist die Begrenzung der Objektgröße auf den sichtbaren Bildschirmausschnitt und die Begrenzung der Zeichnungsgröße auf eine DIN-A4-Seite. Beispielsweise ist die Umrandung einer Zeichnung mit einem Rechteck in den meisten Fällen nicht möglich.

# 4 Menüs in MacPaint

**Ablage**

Neu
Öffnen...
Schließen
Sichern
Sichern unter...
Letzte Version
Normal drucken
Hochauflösend drucken
Katalog drucken
Beenden

**Größe**

  9 Punkt
**12**
✓14
  18
  24
  36
  48
  72

**Stil**

✓Standarddruck   ⌘P
**Fettdruck**   ⌘B
*Kursiv*   ⌘I
Unterstrichen   ⌘U
Konturschrift   ⌘O
Schattiert   ⌘S

✓Linksbündig   ⌘L
Zentriert   ⌘M
Rechtsbündig   ⌘R

**Bearbeiten**

Widerrufen   ⌘Z

Ausschneiden   ⌘X
Kopieren   ⌘C
Einsetzen   ⌘V
Löschen

**Invertieren**
Ausfüllen
Konturen   ⌘E
Horizontal drehen
Vertikal drehen
Rotieren

**Hilfsmittel**

Raster
Vergrößerung
Ganze Seite zeigen
Muster bearbeiten
Pinselformen
Spiegelachsen
**Einführung**
Abkürzungen

**Zeichensatz**

Venice
**London**
✓Athens
Chicago
Geneva
New York
Monaco

## 5 Index und Literatur


| | |
|---|---|
| Album | 10 ff |
| Auswahlrechteck | 9 |
| Beschriften | 23 |
| Drehen | 19 |
| Geometrische Formen zeichnen | 13 ff |
| Invertieren | 21 |
| Konturen zeichnen | 20 |
| Kopieren | 9,17 |
| Lasso | 8 f, 17 |
| Linienbreite | 13 |
| Linien, unregelmäßige, zeichnen | 23 |
| Muster auswählen | 15 |
| Muster entwerfen | 22 f |
| Radiergummi | 17 |
| Raster verwenden | 21 f |
| Spraydose | 23 |
| Vergrößerte Anzeige von Bildschirmausschnitten | 16 |
| Vergrößern von Bildausschnitten | 18 |
| Verkleinern von Bildausschnitten | 18 |
| Winkel von 45° zeichnen | 14 |
| Zeichnung auf Arbeitsblatt positionieren | 12 f |
| Zwischenablage | 9 ff |


## Literatur zu Kapitel 2:


Apple Computer GmbH (Hrsg.): Macintosh MacPaint. München 1983

Michael Tacho, Mark Armstrong, William Berner, Roland Fernandez, David Fikelstein, Peter Margan, Brad Wlister, David Gen: Using the Macintosh at Stanford. Stanford 1985, S. 11-51

# Kapitel 3: MacWrite

von Klaus Deselaers, Jürgen Ley,
  Reinhard Schmeichel und Alfred Steiof

**Inhalt:**


1  Vorbemerkungen zu MacWrite

2  Übung

  2.1 Aufgabe und Lernziele
  2.2 Einfügen und Bearbeiten von Grafiken
  2.3 Formatieren mit Hilfe des Lineals
  2.4 Verknüpfen von zwei Dokumenten
  2.5 Suchen und Ändern
  2.6 Einfügen von Titel- und Schlußabsätzen

3  Einsatzmöglichkeiten

4  Menüs in MacWrite

5  Index und Literatur

# 1 Vorbemerkungen zu MacWrite

Dieses meistverbreitete Macintosh-Textverarbeitungsprogramm realisiert das
"what you see is what you get"- Prinzip: im Gegensatz zu vielen anderen
Textverarbeitungsprogrammen erscheint der Text so auf dem Bildschirm,
wie er später ausgedruckt wird. Auf diese Weise können die formellen
Feinheiten wie Einrücken und Hervorheben von Passagen durch die verschiedenen Schrifttypen und -größen bereits auf dem Bildschirm begutachtet
werden. Das Experimentieren mit dem Layout ist daher ohne Ausdrucken
möglich.

In MacWrite stehen mehrere Schriftarten , mehrere Schriftgrößen und Schreib-
stile zur Verfügung. Der Vorrat an Schriftarten und -größen ist von der
individuellen Konfiguration des Betriebssystems abhängig und damit variabel.
Von Apple selbst werden derzeit acht Schriftarten angeboten. Mit Hilfe
spezieller Programme (z.B. Fontastic, Fonteditor) kann man sich aber auch
selbst weitere Schriftarten entwerfen, so daß der Gestaltungsvielfalt theore-
tisch keine Grenzen gesetzt sind.

Eine dritte Besonderheit von MacWrite ist die Möglichkeit, Grafiken, die mit
anderen Programmen erstellt worden sind, in den Text einzusetzen. Darauf
wird in der folgenden Übung besonders eingegangen.

Voraussetzung für die Übung sind einführende MacWrite-Kenntnisse, wie
sie die mit MacWrite gelieferte Übungsdiskette und -kassette vermitteln:
elementare Textbearbeitung (Einfügen, Löschen ect.) von Zeichen und Text-
abschnitten, Verändern der Schrift und die Funktionen des Lineals.


# 2 Übung


## 2.1 Aufgabe und Lernziele

### Aufgabe:

Erstellen eines Werbebriefes (vgl. Abb. 3.1)

## Abb. 3.1: Werbebrief

Köln, den

Sehr geehrter Herr

Wir freuen uns über ihr Interesse an unserer Fertighausserie. In den letzten Jahren
wurden unsere Fertighäuser immer attraktiver. Steigende Kosten und unsichere
Terminplanung bei konventioneller Bauweise zerstörten so manchen Traum eines
angehenden Hausbesitzers.

Wir bemühen uns seit 1973, neue und preiswerte Wege auf dem Bausektor zu
beschreiten. Neue Materialien und Technologien ermöglichen es uns, Ihnen
Angebote zu unterbreiten, von denen andere nur träumen können. Der Erfolg
gibt uns recht. Tausende zufriedene Kunden können Ihnen das bestätigen.

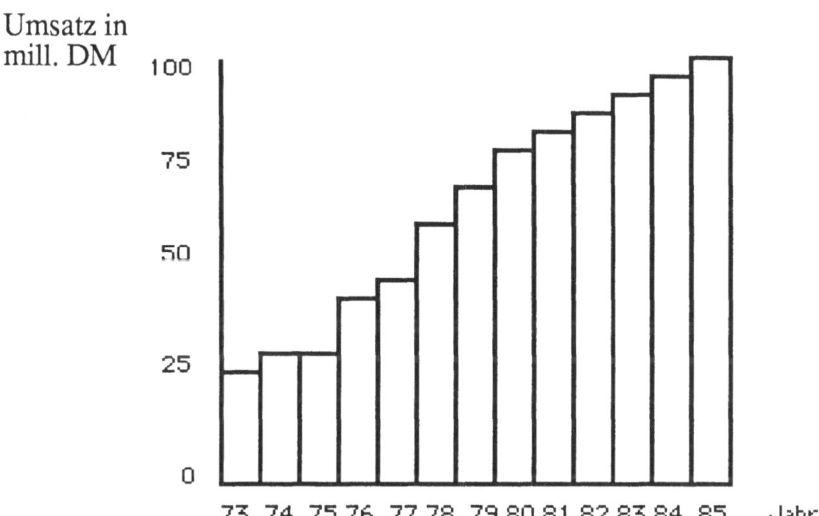


Entwicklung der Firma

Als Beispiel unserer Leistungsfähigkeit wollen wir Ihnen unser Modell
xyz vorstellen.
Gesamtkosten ohne Unterkellerung      32,000.00 DM
Mehrkosten für Unterkellerung          8,500.00 DM

## Abb. 3.1 (Fortsetzung)

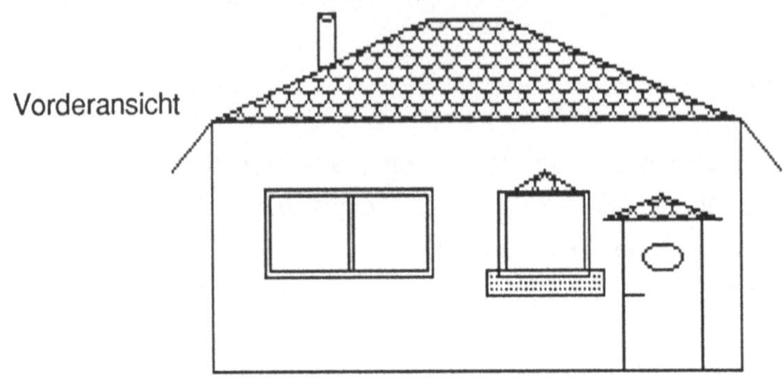



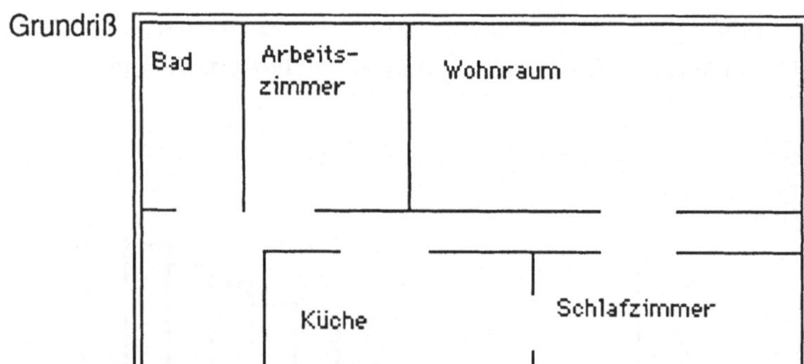



```
Küche              12 qm
Bad            9 qm
Wohnraum          40 qm
Schlafzimmer   12 qm
Arbeitsraum  9 qm
Diele              3 qm
-------------------------------------------
                  85 qm
```

Beispiel eines Komplettangebotes:

| | |
|---|---:|
| Grundstückspreis 150 qm<br>(200.00 DM je qm) | 30,000.00 DM |
| Kanalisations- und Anschlußkosten | 5,126.00 DM |
| Baukosten | 35,200.00 DM |
| Unterkellerung | 8,500.00 DM |
| Bezugsfertig | 78,826.00 DM |

**Abb. 3.1 (Fortsetzung und Schluß)**

Die Grundstücks-, Kanalisations- und Anschlußkosten sind statistisch ermittelte
Durchschnittskosten.
Bei Ihrer Grundstückswahl, den anfallenden Nebenkosten und Fragen steht
Ihnen selbstverständlich ein fachkundiger Berater unserer Firma zur Verfügung.

Mit freundlichem Gruß

WOHNBAU AG

**Lernziele:**

* Gebrauch des Albums zum Einfügen von Grafiken oder MacWrite
  Dokumenten
* Vertiefung des Einsatzes der Linealfunktionen

* Erstellen von Titel- und Schlußabsätzen

* Gebrauch der Funktionen "Suchen" und "Ändern"

**Zeitaufwand:** ca. 2 Stunden

# 2.2 Einfügen und Bearbeiten von Grafiken

Geben Sie zunächst den Text bis "Entwicklung der Firma" ohne
Grafik und Grafikbeschriftungen ein, und sichern Sie ihn
anschließend unter dem Namen "Beispiel".

Für die Grafiken und den übrigen Text wird ein eigenes Dokument angelegt,
das später an "Beispiel" angefügt wird.

Die Grafiken sind auf der Übungsdiskette als MacPaint-Dokumente gespeichert. Es gibt zwei Möglichkeiten, sie in MacWrite-Dokumente einzubauen:

    1) allein über die Zwischenablage

    2) mit Hilfe des Albums.

Übernehmen Sie die erste Grafik ("1.Write-Grafik") unter Verwendung der
Zwischenablage in MacWrite. Laden Sie dazu MacPaint, rahmen Sie die
gesamte Grafik mit dem gestrichelten Rechteck ein und wählen Sie **Ausschneiden** aus dem Bearbeiten-Menü, um die Grafik in die Zwischenablage
zu befördern. Wenn Sie jetzt mit MacWrite weiterarbeiten, also sich aus
MacPaint verabschieden und MacWrite laden, können Sie die Grafik aus der
Ablage an der jeweiligen Cursor-Position einsetzen, indem Sie **Einsetzen**
aus dem Bearbeiten-Menü wählen. Wenn Sie mit getrennten Disketten für
MacWrite und MacPaint gearbeitet haben, bleibt Ihr Bildschirm wahrscheinlich leer, da jede Diskette ihre eigene Zwischenablage besitzt. Dann müssen
Sie vor dem Laden von MacWrite die Zwischenablage auf die Write-Diskette
kopieren.

Mit Hilfe der Zwischenablage können Sie jeweils ein Dokument transferieren.
Benutzen Sie daher für die übrigen Grafiken das Album. Es kann maximal
10 Dokumente gleichzeitig aufnehmen. Verlassen Sie zunächst MacWrite
und rufen Sie wieder MacPaint auf. Laden Sie dort die nächste Grafik ("2.
Write-Grafik") und schneiden Sie diese wie oben beschrieben aus. Erst aus
der Zwischenablage kann sie in das Album übernommen werden, indem jetzt
aus dem Apfel-Menü das Album und dann **Einsetzen** gewählt wird. Schließen Sie jetzt das Album und das MacPaint-Dokument, damit Sie die gesamte
Operation für die letzte Grafik ("3. Write-Grafik") wiederholen können.

Wenn Sie wieder zu MacWrite zurückgekehrt sind, können Sie das Album
anwählen und von dort aus beide Grafiken einsetzen (Details über das Album
erläutert die MacPaint-Übung). Gegebenenfalls müssen Sie zuvor wieder das
Album der MacPaint- auf die Write-Diskette kopieren, wenn Sie zwei
Disketten verwenden.

## Bearbeiten der eingefügten Grafik

Klicken Sie die Grafik einmal kurz an. Es erscheint eine Umrandung mit drei
kleinen Kästchen auf dem unteren Rand (Abb. 3.2). Mit Hilfe dieser Kästchen
können Sie, in gewissem Umfang, die **Größe** der Grafik **verändern** und die
Grafik **horizontal verschieben.**

Fahren Sie mit dem Cursor an das linke Kästchen. Wenn Sie jetzt den Cursor
bei gedrückter Maustaste nach links bewegen, verschiebt sich die Umrandung
ebenfalls nach links; Verschieben nach rechts erfolgt analog. Mit dem linken
Kästchen bestimmen Sie also den linken Rand der Grafik.

Mit dem mittleren Kästchen können Sie die Grafik nach unten hin ausdehnen; mit dem rechten Kästchen bestimmen Sie die Ausdehnung in der Horizontalen.

> Positionieren Sie die Grafik so, daß der linke Rand mit dem Text abschließt. Wählen Sie die anderen Größenparameter nach ihrem Geschmack. Achten Sie bitte darauf, daß die Zahlen und der Text noch zu lesen sind.

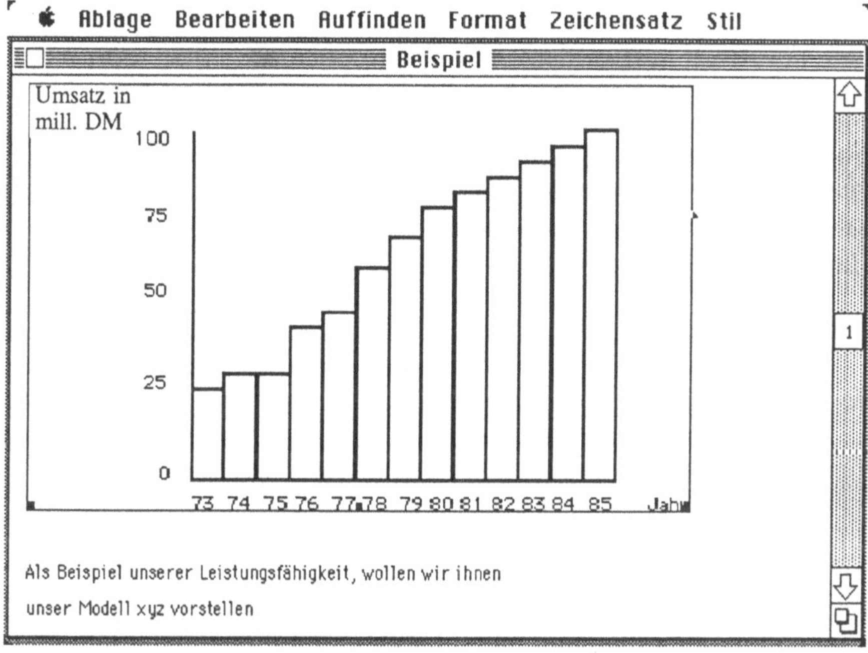


Abb. 3.2: Grafik während der Bearbeitung

Zum **vertikalen Verschieben** müssen vor der Grafik Zeilen eingefügt werden. Grafiken können außerdem wie MacWrite-Textzeilen aktiviert, kopiert, ausgeschnitten und an anderen Stellen des Dokumentes eingesetzt werden.

## 2.3 Formatieren mit Hilfe des Lineals

Auf dem standardmäßigen Lineal ist der linke Rand auf Position 3 und
der rechte Rand auf Position 18 vorgegeben. Ferner ist noch auf Position
14,25 ein normaler Tabulator standardmäßig vorhanden. Für die
Gestaltung des Beispieltextes und die Eingabe der Tabelle müssen diese
Standardeinstellungen verändert werden.

### Einstellen des linken Randes

> Betätigen Sie nun zuerst zweimal die Rücklauftaste. Wählen Sie
> **Lineal einfügen** aus dem  Menü **Format**.

Soweit die Vorbereitung für die weitere Übung. Wenden Sie sich nun
zuerst dem eingefügten Lineal zu. Unter der Position 3 sehen Sie einen
schwarzen Pfeil (**Einrückungsmarke**) und ein schwarzes Dreieck
(**linke Randbegrenzung**), die im Normalfall übereinander stehen.

> Fahren Sie mit der Maus auf den schwarzen Pfeil. Verschieben
> Sie nun bitte den Cursor (und damit auch den schwarzen Pfeil!)
> mittels gedrückt gehaltener Maustaste auf Zahlenskala-Position
> 7. Verschieben Sie bitte das schwarze Dreieck  auf dieselbe
> Weise, so daß beide Markierungen wieder übereinander liegen.

Mit dieser Aktion haben Sie den linken Rand nach rechts verschoben.
Wenn Sie jetzt den weiteren Text eingeben, so beginnt dieser in jeder
Zeile an der neu eingestellten Position.

### Eingeben der qm-Tabelle

> Plazieren Sie den Cursor bitte auf dem Kästchen mit den
> normalen Tabulatoren, drücken die Maustaste und ziehen einen
> Tabulator mit gedrückter Maustaste heraus. Führen Sie den
> Tabulator auf Position 13, und lassen Sie dann bitte die Maus-
> taste los. Sie haben jetzt auf Position 13 einen alphabetischen
> Tabulator gesetzt.

Geben Sie nun die erste Tabelle ein (qm-Aufschlüsselung).
Schreiben Sie das erste Wort, drücken Sie anschließend die
**Tab-Taste** und geben dann die Zahl ein. Einstellige Zahlen
bitte mit vorangestellter Null eingeben.

## Eingeben der Kostentabelle

Blenden Sie bitte ein drittes Lineal 3 Zeilen unter dem eingegebenen Text ein. Positionieren Sie dazu den Cursor in diese Zeile
und wählen Sie aus dem Format-Menü **"Lineal einfügen"**. An
der Cursorposition erscheint ein Lineal. Setzen Sie den linken
Rand wiederum auf Position 7.

Führen Sie den Cursor auf das Kästchen mit den Dezimaltabulato-
ren. Bewegen Sie einen Dezimaltabulator bei gedrückter Maustaste
auf Position 15,5 des Lineals und lassen die Maus dann los. Löschen Sie die anderen Tabulatoren, indem Sie sie mit gedrückter
Maustaste in ihren "Vorratsbehälter" zurückführen.

Geben Sie jetzt die zweite Tabelle ein. Achten Sie darauf, daß Komma und Punkt genauso eingegeben werden, wie es im Beispiel angegeben ist (vgl. Abb. 3.3). Der Dezimaltabulator reagiert nur auf
das **Komma**.

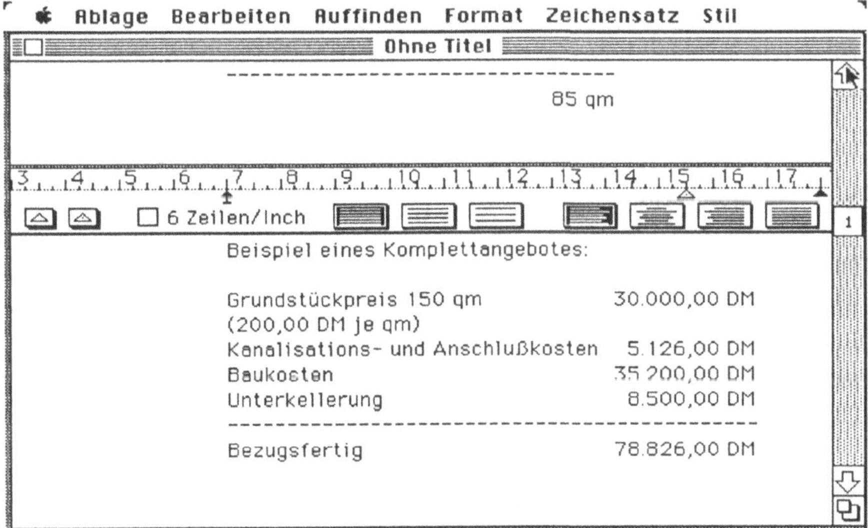


Abb. 3.3: Linealbelegung für die qm-Tabelle

### Eingeben des abschließenden Textes

Den abschließenden Text möchten Sie genau so gestalten wie den Beginn des
Dokumentes. Sie benötigen dazu eine Kopie des ersten Lineals.

> Gehen Sie dazu an den Anfang des Dokuments und markieren das
> "Hauptlineal" durch Anklicken der Zahlenleiste. Wählen Sie aus
> dem Bearbeiten-Menü **Kopieren**. Mit diesem Befehl wird das
> Lineal in die Zwischenablage transferiert. Bewegen Sie den Cursor
> an das Ende des Dokumentes und klicken Sie drei Zeilen unter dem
> Text eine beliebige Stelle an.Wählen Sie aus dem Bearbeiten-Menü
> **Einsetzen**.

Das "Hauptlineal" wird an die angegebene Stelle kopiert. Damit erreichen Sie,
daß der nachfolgende Text das ursprüngliche Format beibehält.

> Geben Sie jetzt den Text ein. Kopieren Sie nach dem Ende der
> Texteingabe das gesamte Dokument in die Zwischenablage.Wählen
> Sie dann bitte die Funktion **Schließen** aus dem Menü **Ablage**
> und sichern Sie das Dokument unter dem Namen "Anhang".

Es wurde hier ein etwas umständlicher Weg gewählt, einen Text zu erstellen.
Das Dokument "Anhang" hätte man natürlich direkt an den Text des Dokumentes Beispiel anfügen können. Wir haben diesen Weg gewählt, um im
folgenden zeigen zu können, wie Sie zwei MacWrite Dokumente miteinander
verbinden können.

## 2.4 Verknüpfen von zwei Dokumenten

Zum Verknüpfen beider Dokumente müssen Sie jetzt den Text "Beispiel"
öffnen und an dessen Ende den Inhalt der Zwischenablage einfügen. Setzen
Sie dazu die Schreibmarke in eine neue Zeile an das Ende des Beispiel-Doku-
mentes und wählen sie **Einsetzen** aus dem **Bearbeiten** Menü. Damit ist
das Beispiel komplett.

# 2.5 Suchen und Ändern

Dieser Funktionsblock ist sehr hilfreich, denn Sie können sich mit Hilfe des **Ändern**-Befehls viel Schreibarbeit ersparen.

Haben Sie in einem längeren Text ein Wort ständig falsch geschrieben (z.B. statt Dimethylsulfat immer Dimethylsulfid), so können Sie mit Hilfe der **Suchen und Ändern-Funktion** diesen Fehler schnell korrigieren. Eine Menge Zeit und Arbeit können Sie sich auch ersparen, wenn Sie einen Text haben, in dem ein bestimmter längerer Terminus öfter vorkommt (z.B. Makroökonomisches Gesamtmodell). Sie können in diesen Text zunächst ein Kürzel (z.B. *mgm*) verwenden, das Sie dann anschließend mit **Suchen und Ändern** durch den vollständigen Ausdruck ersetzen. Außerdem ist diese Funktion bei Standardbriefen nützlich, wenn Sie den Empfänger persönlich ansprechen wollen. Anstelle des Namens wird in solchen Briefen ein Kürzel verwendet und später in den jeweiligen Namen geändert.

---

Ändern Sie jetzt bitte die Bezeichnung des Hausmodells. Im Beispiel ist es "xyz" genannt worden (Unter der ersten Grafik). Ändern Sie es in "Haus Sonnenschein". Positionieren Sie den Cursor auf den Anfang des Textes und wählen Sie aus dem Menü **Auffinden** die Funktion **Ändern...** aus. Es erscheint ein Arbeitsfenster, in dem Sie das zu suchende Wort und auch das Wort, welches das zu Suchende ersetzen soll, eingeben können. Geben Sie bei **Suchen nach** bitte "xyz" ein. Klicken Sie dann den Kasten hinter **Ändern zu** an und geben als Änderung "Haus Sonnenschein" ein.

Das Arbeitsfenster sollte nun folgendermaßen aussehen (vgl. Abb. 3.4):

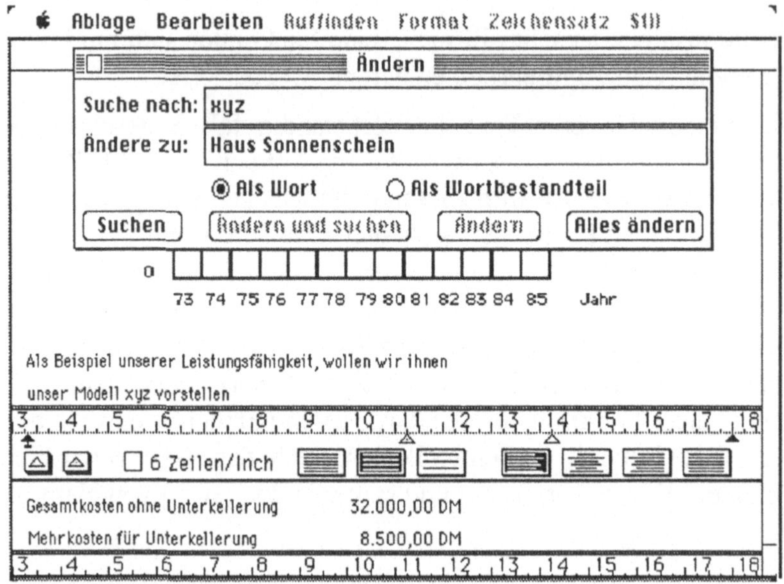


Abb. 3.4: Ändern-Fenster

Wählen Sie dann durch Anklicken **Wort** und **Alles ändern**. In dem folgenden Menü wählen Sie **Fortfahren.** Sobald derÄndern-Befehl ausgeführt worden ist, schließen Sie bitte das Ändern-Fenster. Schauen Sie sich jetzt die Änderung in Ihrem Text an.

## Textausrichtung ändern

MacWrite bietet die Möglichkeit, die Textausrichtung mit Hilfe des Lineals zu ändern. Wahlweise können Sie ihren Text linksbündig, rechtsbündig, zentriert und im Blocksatz darstellen. Diese Änderungen wirken immer auf den gesamten Geltungsbereich eines Lineals, d.h. es beginnt bei dem Lineal, wo die Änderung eingegeben wurde, und endet bei dem nächsten Lineal.

Speichern Sie sicherheitshalber zuvor ihre jetzige Version des Textes. Sie wollen jetzt den Textanfang bis zur ersten Grafik ändern. Dazu kopieren Sie das Hauptlineal vor "Entwicklung der Firma" (Prozedur wie unter "Kopieren eines Lineals" erklärt). Dies schützt den Rest des Textes, auf den die Änderungen nicht

> wirken sollen. Positionieren Sie den Cursor jetzt wieder auf dem
> Hauptlineal.
>
> Gehen Sie dann mit dem Cursor auf das zweite Kästchen im ersten
> Lineal (zentrierte Textausrichtung) und klicken es an. Es wird in-
> vertiert und der Text ist jetzt zentriert auf dem Bildschirm dar-
> gestellt.
> Wiederholen Sie diesen Vorgang mit den anderen Kästchen und
> betrachten Sie das Ergebnis. Wählen Sie anschließend den links-
> bündigen Schriftsatz (Kästchen ganz links).

Beachten Sie bitte, daß Sie, wenn Sie **vor** der Texteingabe Blocksatz wählen,
auf dieses Format festgelegt sind. Die anderen drei Formate können beliebig
oft untereinander gewechselt werden.

## 2.6 Einfügen von Titel- und Schlußabsätzen

Titel- und Schlußabsatz können automatisch am Anfang bzw. am Ende eines
jeden Blattes eingefügt werden. Sie haben den gleichen Aufbau und werden
analog erstellt. Daher soll in unserem Text beispielhaft nur ein Titelabsatz
eingefügt werden.

> Wählen Sie dazu bitte aus dem Menü **Format** die Funktion
> **Titelabsatz öffnen** aus.

### Ausfüllen des Titelabsatzes

 Oben auf dem Arbeitsblatt sehen Sie unser bekanntes Lineal und darüber
eine Leiste mit drei Symbolen. Das linke Symbol **"#"** gibt die Seitenzahl an;
das Symbol in der Mitte das **aktuelle Datum** und das Symbol rechts die
**aktuelle Uhrzeit**. Diese Symbole können mit dem Mauscursor angefahren
werden und mit gedrückter Maustaste beliebig unterhalb des Lineales positioniert werden. Wenn dies geschieht, wird die Seitenzahl auf jedem Blatt an
die gewählte  Stelle gesetzt und zwar fortlaufend von 1 an; das Datum wird
im Format TT.MM.JJ geschrieben, wobei der Monat ausgeschrieben und
das Jahr vierstellig geschrieben ist; die Uhrzeit gibt die aktuelle Zeit mit dem
Nachsatz "Uhr" an.

> In der obersten Zeile benötigen Sie das Datum. Drücken Sie die
> Leertaste, bis der Cursor ungefähr unter Position 12 steht.
> Schreiben Sie "Köln, den". Anschließend gehen Sie mit dem
> Cursor auf das Datumsymbol in der Mitte der Kopfleiste, klicken
> es an und ziehen das Symbol bei gedrückter Maustaste hinter "den".
> Das hat den Vorteil, daß Sie den Text an verschiedenen Tagen
> ausdrucken können und immer das aktuelle Datum auf dem Text-
> kopf steht.
>
> Drücken Sie die **Rücklauf**-Taste und schreiben dann folgendes:
>
> "Carl Otto Müller GmbH & Co KG
> Bauhausstr. 12
> 5000 Köln 1
>  Tel.:  0221/ 4711"

Das Arbeitsfenster sieht dann wie folgt aus (Abb. 3.5):

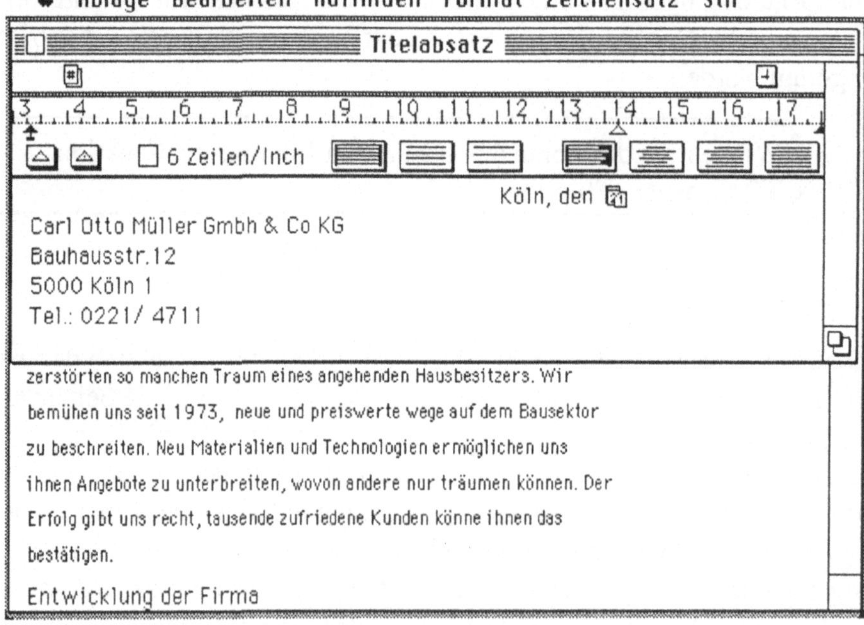



Abb. 3.5: Titelabsatz-Fenster

> Schließen Sie anschließend das Fenster, indem Sie oben links in das Quadrat klicken. Nun können Sie sehen, daß der Titelabsatz am oberen Blattrand mit ausgeschriebenem Datum eingefügt worden ist.Wählen Sie nun, falls Sie einen Drucker angeschlossen haben, **Drucken** aus dem Ablage-Menü.

Damit ist Ihr Werbebrief fertig.

# 3 Einsatzmöglichkeiten

MacWrite ist ein leicht handhabbares und schnell erlernbares Hilfsmittel für die Grundfunktionen der Textverarbeitung. Es erleichtert insbesondere das Eingeben, Formatieren und Überarbeiten wenig strukturierter, kürzerer Texte wie Einmalbriefe und interne Berichte. Das "What-You-See-is-What-You-Get-" Prinzip, die Grafikfähigkeit, die vielen Möglichkeiten der Schriftzeichen-Gestaltung und die Handhabung unterscheiden MacWrite grundsätzlich von den meisten übrigen Textverarbeitungsprogrammen. Mit Hilfe der Maus und der analogen Operationen lassen sich Texte im Vergleich zu Systemen, die lediglich Cursortasten besitzen, wesentlich schneller überarbeiten.

Eine Reihe von Funktionen deckt MacWrite jedoch gar nicht oder nur rudimentär ab: Serienbrieferstellung, Textbausteinverarbeitung, Fußnotenverarbeitung, variabler Seitenkopf.

In Texten, die stark strukturiert sind (wie viele wissenschaftliche Texte) ist die Formatänderung mit Hilfe der Lineale umständlich. Hier sind die Makrobefehle anderer Systeme, die mehrere Einstellungen gleichzeitig verändern, effizienter. Zudem verdecken die Lineale einen Teil des ohnehin nicht gerade übermäßig großen Monitors.

Daher empfiehlt sich der Einsatz von MacWrite insbesondere dort, wo die Grundfunktionen der Textverarbeitung genügen, aber eine kurze Einarbeitungszeit Priorität hat: an den Arbeitsplätzen von Fachkräften, Sachbearbeitern und Führungskräften im Bürobereich.

## 4 Menüs in MacWrite

**Ablage**
Neu
Öffnen...
Schließen
Sichern
Sichern unter...
Papierformat
Drucken...
Beenden

**Bearbeiten**
Widerrufen          ⌘Z

Ausschneiden        ⌘X
Kopieren            ⌘C
Einsetzen           ⌘V

Zwischenablage

**Format**
Lineal einfügen
Lineale ausblenden
Titelabsatz einblenden
Schlußabsatz einblenden
Seitenzahl setzen...
Seitenumbruch einfügen
Titelseite

**Zeichensatz**
Palo Alto
✓New York
Monaco
Geneva
Chicago

**Auffinden**
Suchen...
Ändern...

**Stil**
✓Standarddruck        ⌘P
**Fettdruck**         ⌘B
*Kursiv*              ⌘I
Unterstrichen         ⌘U
Konturschrift         ⌘O
Schattiert            ⌘S

9 Punkt
✓12 Punkt
14 Punkt
18 Punkt
24 Punkt

# 5 Index und Literatur


| | |
|---|---|
| Album | 32 |
| Ändern | 37 f |
| Dokumente verknüpfen | 36 |
| Grafik einfügen | 31 f |
| Grafik verändern | 32 f |
| Grafik verschieben | 32 f |
| Lineal kopieren | 36 |
| Randeinstellung | 34 |
| Schlußabsatz erstellen | 39 |
| Suchen | 37 |
| Tabellen eingeben: Text | 35 |
| Zahlen | 35 |
| Tabulatoren setzen | 34 f |
| Textausrichtung ändern | 38 f |
| Titelabsatz erstellen | 39 ff |
| Zwischenablage | 32 |


## Literatur zu Kapitel 3:


Apple Computer GmbH (Hrsg.): Macintosh MacWrite. München 1983

Michael Tchao, Mark Armstrong, William Berner, Roland Fernandez, David Finkelstein, Peter Morgan, Brad Whisler, David Yen: Using the Macintosh at Stanford. Stanford 1985, S. 53-98

# Kapitel 4: Filevision

von Werner Dinkelbach, Dirk Gierlach, Armin Offermann,
    Karsten Pape  und Hans-Jörg Schurig


**Inhalt:**



1   Vorbemerkungen zu Datenbanken und Filevision


2   Einführende Übung

    2.1 Aufgabe und Lernziele
    2.2 Errichten einer Datenbank
    2.3 Arbeiten mit einer Datenbank


3   Übung für Fortgeschrittene

    3.1 Aufgabe und Lernziele
    3.2 Grafikaufbereitung
    3.3 Dateiverknüpfung
    3.4 Aufbau interaktiver Auskunftssysteme


4   Einsatzmöglichkeiten


5   Menüs in Filevision


6   Index und Literatur

# 1  Vorbemerkungen zu Datenbanken und Filevision

## Über Datenbanken

In einer Datenbank sind normalerweise mehrere Dateien mit unterschiedlichen Inhalten zusammengefaßt. Zwischen diesen Dateien bestehen Beziehungen. Jede Datei enthält mehrere Datensätze, welche sich wiederum aus
mehreren Datenfeldern zusammensetzen. In den Datenfeldern stehen die
einzelnen Zeichen, etwa Buchstaben.
Ein Beispiel für einen Datensatz ist eine Kundenanschrift in einer Kunden-
kartei. Die Anschrift besteht aus Anrede, Name, Straße usw. Dies sind die
Datenfelder. Vereinfacht kann man sich eine Datenbank auch als Ansammlung
von Karteikarten vorstellen, wobei jede Karteikarte auf jeder Zeile eine bestimmte Art von Information aufweist.
In einer Datenbank müssen Daten gespeichert, abgerufen, sortiert und aktua-
lisiert werden. Diese Aufgaben übernimmt das Datenbankmanagementsystem.
Der Nutzen einer Datenbank macht sich z.B. bei Suchprozessen aus großen,
ungünstig geordneten Dateien bemerkbar. Sollen etwa in einem nach Familien-
namen geordneten Studentenverzeichnis alle Studenten, die den Vornamen
"Frank" haben, aufgefunden werden, so kann diese Arbeit - je nach dem Umfang des Studentenverzeichnisses - Stunden dauern.
Wenn sich das gleiche Studentenverzeichnis in einer Datenbank befindet, läßt
sich dieser Aufwand auf wenige Sekunden oder Minuten reduzieren.

## Programmspezifische Besonderheiten

Bei FILEVISION handelt es sich um ein visuelles Datenbanksystem. Praktisch
bedeutet dies, daß der Benutzer einer FILEVISION-Datenbank einen mit Mac-
Paint- oder MacDraw-ähnlichen Werkzeugen gestalteten Bildschirm vorfindet.
Der Bildschirminhalt ist zusammengesetzt aus "Objekten" (ähnlich wie bei Mac-
Draw), an die Informationen geknüpft sind. Die zu den einzelnen Objekten ge-
hörenden Datensätze können durch Anklicken abgerufen werden.
Gleichgeartete Objekte werden zu "Typen" zusammengefaßt. Typen entsprechen Dateien in der herkömmlichen Terminologie.
Durch das Zusammenwirken von Graphik und Text ist FILEVISION besonders
für Schulungszwecke geeignet. Kommerzielle Anwendungen in der Art von
größeren Lagerverwaltungen stoßen schnell an die Kapazitätsgrenzen von FILE-

VISION (max. 999 Objekte pro Datenbank). Bedingt durch die graphische Aufbereitung erfordert die Arbeit mit einer größeren Datenbank auch einen vergleichsweise hohen zeitlichen Aufwand.

## Über die Menüleiste

Im folgenden sollen kurz einige Besonderheiten der FILEVISION-Menüleiste angesprochen werden. Ausführliche Erklärungen entnehmen Sie bitte dem Benutzerhandbuch, eine Aufstellung mit allen Befehlen dem Anhang.

## Menü "Types"

In diesem Menü finden Sie alle Typen, die zu Ihrer Datenbank gehören. Wenn Sie anfangen, mit FILEVISION eine Datenbank zu erstellen, ist der Typ **Background** standardmäßig schon vorhanden. Dieser Typ läßt sich auch nicht löschen (wohl aber umbenennen) und zwar, weil alles, was sich auf dem Bildschirm befindet, einem Typ zugeordnet sein muß.
Der augenblicklich aktivierte Typ wird im Menü **Types** mit einem Häkchen versehen. Sollte sich FILEVISION im Verlauf dieser Übung nicht so verhalten wie erwartet, sollte es insbesondere anscheinend unmöglich sein, ein bestimmtes Objekt zu finden: Schauen Sie im Menü **Types** nach, ob der richtige Typ aktiviert ist.

## Menü "Tinker"

In der ersten Zeile dieses Menüs steht der gerade aktivierte Typ in Anführungszeichen. Auf diesen Typ beziehen sich auch die weiteren Anweisungen im Menü **Tinker**.
**Change form** ermöglicht die nachträgliche Änderung einmal angefertigter Formulare, **Highlight all** bewirkt die optische Hervorhebung aller Objekte des aktivierten Typs. Mit **Highlight some** kann die Hervorhebung auf Objekte beschränkt werden, die bis zu vier einzugebende Bedingungen erfüllen. Auf diesen Befehl kommen Sie später noch zurück. Die Hervorhebung kann durch Auswahl von **Cancel highlighting** rückgängig gemacht werden.

# 2 Einführende Übung

In den folgenden Übungen werden Sie sich mit der Arbeitsweise von
FILEVISION vertraut machen. Sie werden lernen, wie man eine Datenbank erstellt und wie man Daten in die Datenbank einfügt. Außerdem werden Sie Typen und Objekte einfügen und löschen. Sie werden mit dem
Symbol-Editor selbst Symbole gestalten, die in der FILEVISION-Zeich-
nung für bestimmte Datentypen stehen. Bei der Arbeit mit dem Beispiel-
dokument **Universitäten in Deutschland** werden Sie das Suchen
nach verschiedenen Kriterien (Hervorheben von Objekten in der FILEVI-
SION-Sprache) sowie die vielfältigen Ausdruckvarianten von FILEVI-
SION üben.

## 2.1 Aufgabe und Lernziele

### Aufgabe:

Erstellen und Auswerten einer Datenbank über die Wirtschaftsinformatik-
Studienorte in der Bundesrepublik

### Lernziele:

- Erstellen einer Datenbank
- Daten hinzufügen, löschen und verändern
- Typen hinzufügen und löschen
- Objekte hinzufügen und löschen
- Ausgewählte Objekte hervorheben
- Ausgewählte Daten ausdrucken

### Voraussetzungen

Um diese Übungen durchzuführen, ist neben diesem Arbeitsbuch eine
FILEVISION-Programmdiskette (Original), die Beispieldiskette, ein
FILEVISION-Handbuch und eine Arbeitsdiskette erforderlich.

> Kopieren Sie das Dokument **Universitäten in Deutschland**
> von der Beispieldiskette ebenfalls auf Ihre Arbeitsdiskette. Sie
> werden das Dokument im folgenden benötigen.

## 2.2 Errichten einer Datenbank

### Beginn der Übung

> Schalten Sie jetzt den Macintosh an und legen Sie Ihre Arbeits-
> diskette in das Hauptlaufwerk ein. Öffnen Sie das Disketten-
> abbild und klicken Sie zweimal auf das FILEVISION-Symbol.
> Nun erscheint ein leeres FILEVISION-Arbeitsblatt.

### Erstellen eines Typformulars

Sie werden jetzt eine Datenbank errichten, die Informationen über Universitäten in Hessen enthält. Dazu wird zunächst ein Datentyp "Bundesland
Hessen" definiert.

> Wählen Sie bitte **Add another** aus dem Types Menü. Es er-
> scheint ein Definitionsbildschirm. Geben Sie **Bundesland**
> ein. Jetzt möchten Sie Datenfelder für die Größe des Landes
> und die Einwohnerzahl definieren. Anschließend klicken Sie
> dazu bitte auf **Add field** am unteren Bildschirmrand. Es   er-
> scheint die Frage **"Where?"**.
> Klicken Sie mit der Maus unterhalb des Feldes **Name.**

Hier wird nun ein neues Feld eingesetzt. Das neue Feld weist 2 kleine
schwarze Kästchen auf. Mit dem oberen Kästchen kann man das neue
Feld auf dem Definitionsblatt verschieben. Klickt man hingegen auf das
Kästchen rechts unten, so läßt sich die Größe des Feldes ändern.

> Vergrößern Sie das Feld bitte nach rechts außen und geben sie ein:
> **Größe in qkm**. Anschließend wählen Sie die **Copy field**-Box
> aus. Positionieren Sie das nächste Feld unterhalb des Feldes
> **Größe in qkm** und geben Sie ein: **Einwohnerzahl**.

Das Definitionsblatt sollte nun in etwa wie die folgende Abb. 4.1 aussehen:

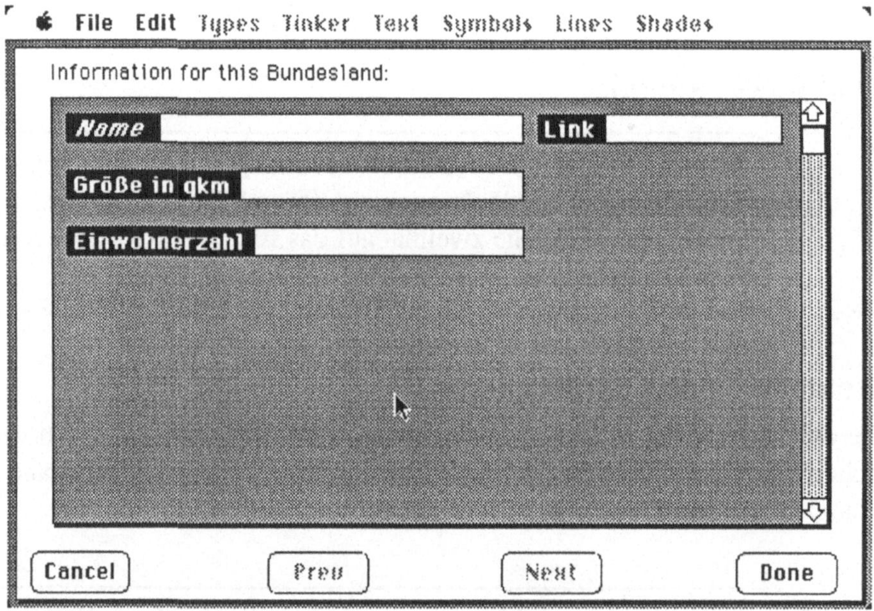


Abb. 4.1: Informationsblatt für "Bundesland"

> Anschließend klicken Sie auf **Done** in der rechten unteren Ecke.

Das FILEVISION-Arbeitsblatt erschient wieder. Sie haben jetzt einen Datentyp,
der sich **Bundesland** nennt, neu eingeführt. Ein Objekt dieses Typs ist das
Land Hessen.

## Zeichnen eines Objekts

Nun können Sie das Bundesland Hessen auch graphisch darstellen.

> Wählen Sie das Werkzeug **freie Linien** in der untersten Tool-Box. Zeichnen Sie einen geschlossenen Kreis.

Wenn Sie im Menü Shades ein Muster auswählen, sollte sich das Innere des Kreises mit dem Muster füllen. Ist das nicht der Fall, löschen Sie bitte Ihr gezeichnetes Objekt und versuchen Sie es erneut. Ein Muster zeigt sich nur, wenn der Kreis vollständig geschlossen ist. Jetzt haben sie sichergestellt, daß Sie das gezeichnete Objekt später durch einfaches Anklicken auf seine Fläche auswählen können. Bei einer nicht geschlossenen Fläche müßten Sie genau die Umrißlinie anklicken, um das Objekt zu aktivieren.

> Wählen Sie nun **Reshape** aus dem **Edit**-Menü.

Am Rand des Kreises erscheinen jetzt einige Aktivpunkte. Mit Hilfe dieser Punkte läßt sich die Form unseres Objekts ändern.

> Klicken Sie auf einen Punkt und ziehen Sie diesen nach außen. Versuchen Sie so, dem Bundesland Hessen seine richtige Form zu geben, wie sie die nächste Abbildung zeigt (Abb. 4.2).

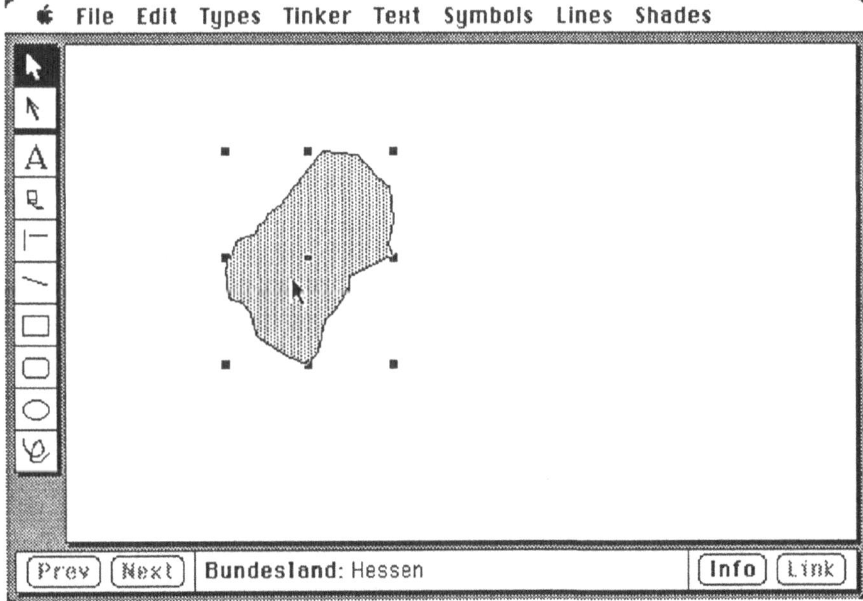


Abb. 4.2: Objekt "Hessen"

Jetzt müssen Sie dem System mitteilen, daß die Fläche "Hessen" darstellen soll.

> Wählen Sie dazu **Bind** aus dem **Edit**-Menü. Am unteren Bild-
> schirmrand taucht eine blinkende Schreibmarke auf. Geben Sie
> **Hessen** ein.

## Informationen eingeben

> Klicken Sie nun auf die Info-Box am rechten unteren Bildschirm-
> rand. Es erscheint ein Informationsbildschirm für das Bundesland
> Hessen. Klicken Sie auf das Feld **Größe in qkm** und geben Sie
> **21112.47** ein.
> Anschließend geben Sie **5599800** im Feld **Einwohnerzahl** ein.
> Klicken Sie auf die **Done**-Box.

Das gezeichnete Objekt ist jetzt mit dem Namen Hessen benannt. Jedesmal,
wenn Sie später auf die gezeichnete Fläche klicken, erscheint am unteren
Bildschirmrand der Name des Landes. Wenn Sie auf die **Info**-Box klicken,
erhalten Sie die zugehörigen Informationen.

## Einfügen eines Typs

Im folgenden werden Sie auf der Karte 3 hessische Universitäten eintragen,
die Wirtschaftsinformatik im Rahmen eines betriebswirtschaftlichen Studiums
anbieten. Dazu müssen Sie zunächst einen neuen Typ "Universität" einführen.

> Klicken Sie ins **Types**-Menü und wählen Sie **Add another** aus.
> Der Definitionsbildschirm erscheint wiederum. Geben Sie ein:
> **Universität**. Vervollständigen Sie das Definitionsblatt wie im
> vorigen Abschnitt beschrieben und geben Sie folgende Felder
> ein (vgl. Abb. 4.3):

**Anschrift**
**#Studenten WISO** (= Anzahl der Studenten, die an der betreffen-
den Universität Wirtschafts- und Sozialwissenschaften studieren) sowie
**Durchfallquote** (= Durchfallquote im Fachbereich BWL
beim Examen WS 1984/85)

Ihr Bildschirm hat jetzt folgendes Aussehen:

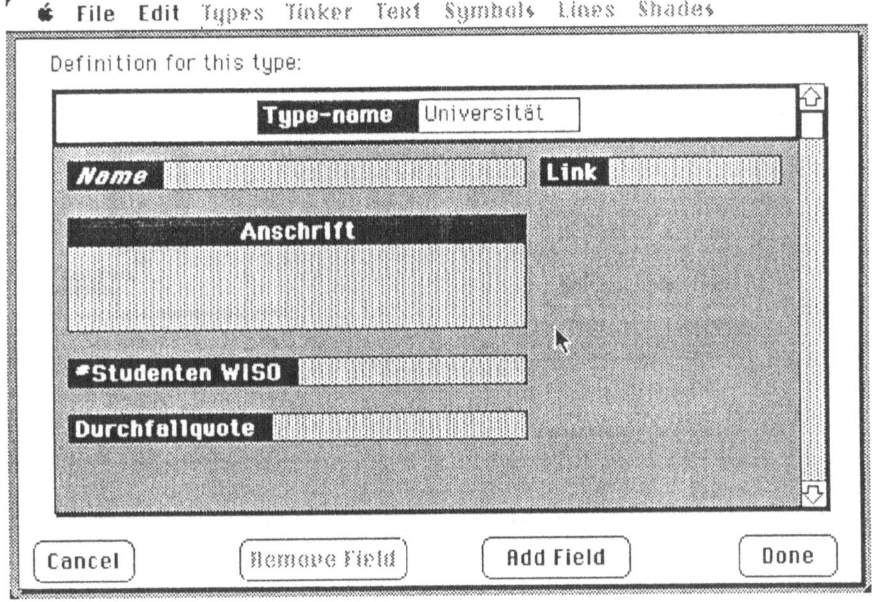


Abb. 4.3: Informationsblatt für "Universität"

Klicken Sie auf **Done**.

## Arbeiten mit dem Symbol-Editor

Sie werden jetzt Symbole für die Universitäten auf der Hessenkarte positionieren. Dazu wählen Sie den **Symbol-Editor** aus dem **File**-Menü, und gestalten selbst ein Symbol, z.B. einen kleinen Macintosh, wie in der folgenden Abb. 4.4, indem Sie - wie beim Hilfsmittel **Vergröße-rung** in MacPaint - auf die **Fat bits** (schwarzen Felder) in der vergrößerten Abbildung klicken. Durch Anklicken kann jedes der Felder schwarz oder weiß gemacht werden. Wenn es Ihnen gefällt, können Sie das Symbol auch weiß auf schwarz darstellen, indem Sie die Box **Invert** anklicken.

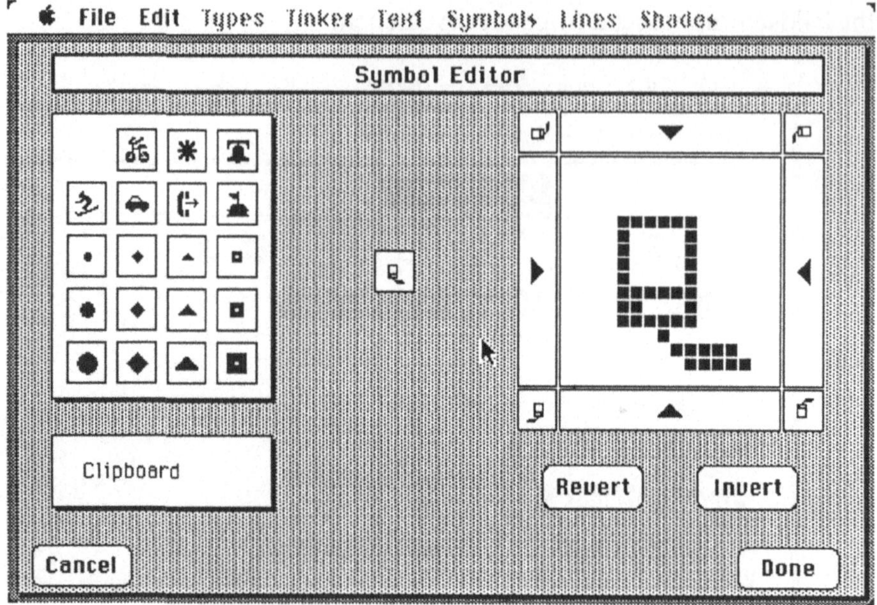


Abb. 4.4: Symbol-Editor

Sie können natürlich auch jedes andere Symbol entwerfen. Es sollte nur
später einen Wirtschaftsinformatik-Lehrstuhl repräsentieren können.

> Wenn Sie mit Ihrem Werk zufrieden sind, klicken Sie auf
> **Done**. Es erscheint wieder das Arbeitsblatt.
> Klicken Sie jetzt auf die **Symbol-Box**, in der Ihr gerade ent-
> worfenes Symbol zu sehen ist. Wenn Sie den Pfeil mit der
> Maus zurück auf das Arbeitsblatt führen, verwandelt sich der
> Pfeil in Ihr Symbol. Legen Sie das Symbol auf der Hessen-
> karte an der entsprechenden Stelle ab, indem Sie die Maustaste
> drücken, und geben Sie am unteren Bildschirmrand den zugehö-
> rigen Namen ein: **TH Darmstadt**

> Klicken Sie erneut auf die **Symbol-Box**. Deponieren Sie das
> nächste Symbol in Frankfurt und geben Sie ein: **J.W.Goethe
> Uni Frankfurt**. Ebenso verfahren Sie mit der **GH Kassel**,
> so daß Ihre Karte jetzt wie Abb. 4.5 aussieht.

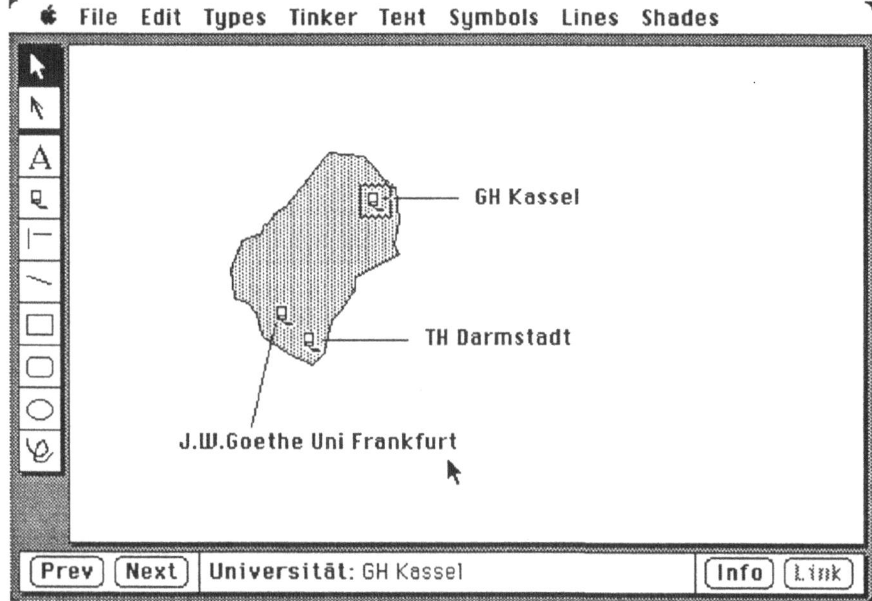


Abb. 4.5: Wirtschaftsinformatik-Universitäten in Hessen

Wenn Sie die letzte Universität positioniert haben, klicken Sie auf das **Info**-Feld. Klicken Sie auf die entsprechenden Felder und geben Sie für die **GH Kassel** ein:

| | |
|---|---|
| **Anschrift:** | **Monteverdistraße 2** |
| | **3500 Kassel** |
| **#Studenten WISO:** | **900** |
| **Durchfallquote:** | - (oder die Ihnen vielleicht bekannte Zahl) |

Wenn Sie auf die **Next**-Box klicken, gelangen Sie zum Informationsblatt der Universität in **Frankfurt.** Hier geben Sie bitte ein:

| | |
|---|---|
| **Anschrift:** | **Mertonstraße 17 - 25** |
| | **6000 Frankfurt/Main** |
| **#Studenten WISO:** | **4000** |
| **Durchfallquote:** | **11.5 %** |

Erneutes Klicken auf die **Next**-Box bringt Sie zum Informationsblatt der **TH Darmstadt.** Geben Sie ein:

**Anschrift:**              **Magdalenenstraße 1**
                           **6100 Darmstadt**
**#Studenten WISO:**        **1620**
**Durchfallquote:**         **4.7%**

> Anschließend klicken Sie auf **Done**.

Ihr Arbeitsblatt erscheint wieder. Die Zeichnungen sind jetzt mit den eingegebenen Informationen verbunden.

Sie haben soeben eine erste eigene Datenbank mit 2 Typen (Bundesland
und Universität) und mehreren Objekten erstellt. Damit läßt sich natürlich noch wenig anfangen. Um die Suchmöglichkeiten von FILEVISION
zu veranschaulichen, bedienen Sie sich der vorbereiteten Datenbank
**Universitäten in Deutschland.**

> Wählen Sie **Close Untitled** aus dem **File**-Menü und sichern
> Sie Ihr Dokument unter dem Titel **Übung 1**.
> Wählen Sie nun **Open...** aus dem **File**-Menü und öffnen Sie
> das Dokument **Unis in Deutschland**.

Mit dieser Datenbank arbeiten wir weiter. Sie sehen jetzt folgendes
Formular auf dem Bildschirm (Abb.4.6).

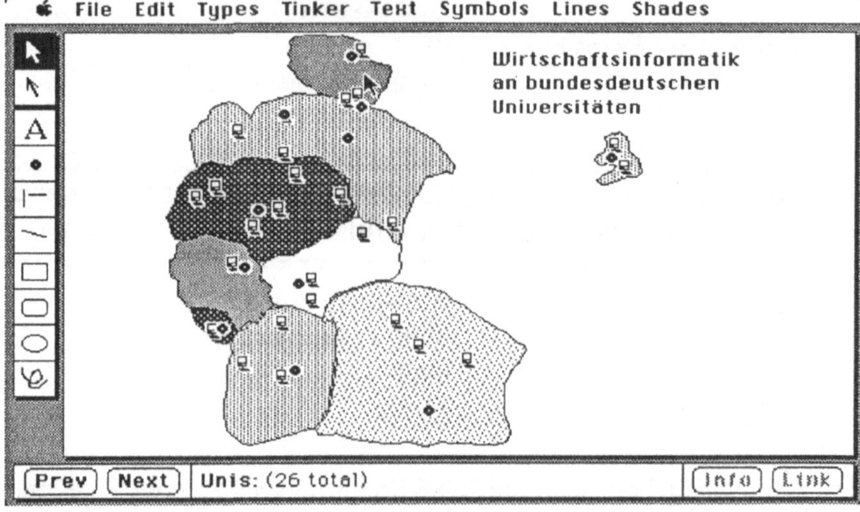


Abb. 4.6: Wirtschaftsinformatik-Universitäten in Deutschland

# 2.3 Arbeiten mit einer Datenbank

## Löschen eines Typs

Unser Dokument **Unis in Deutschland** enthält unter anderem auch
den Typ **Hauptstadt**, in dem sich die Landeshauptstädte der einzelnen
Bundesländer und einige Informationen über sie befinden. Diesen Typ benötigen Sie für Ihre weiteren Arbeiten nicht; die Symbole der Landeshauptstädte behindern eher, da sie sich häufig direkt neben den Symbolen
für die Universitäten befinden.
Sie könnten jetzt mittels **Cut** oder **Clear** jedes einzelne Objekt des Typs
**Hauptstadt** löschen; dies bereitet aber recht viel Arbeit. Außerdem hätten Sie dann immer noch die Typenbezeichnung **Hauptstadt** im Menü
**Types**.

> Gehen Sie also in das Menü **Types** und wählen Sie den Typ
> **Hauptstadt**; wählen Sie danach **Delete** im gleichen Menü und
> informieren Sie FILEVISION, wenn die Dialogbox erscheint,
> daß Sie den Typ **Hauptstadt** tatsächlich löschen wollen.

## Hervorheben aller Objekte eines Typs (Highlight all)

> Wählen Sie **Universitäten** aus dem Menü **Types**. Gehen Sie
> in das Menü **Tinker** und wählen Sie **Highlight all**.

Nun haben Sie alle Objekte des Typs **Universitäten** hervorgehoben.
Dies geschieht mit zweierlei Absicht: Erstens sind nun die Universitäten
deutlicher zu sehen, und zweitens haben Sie FILEVISION dadurch mitge-
teilt, daß Sie an diesen Objekten interessiert sind. Wenn Sie einen Ausdruck verlangen würden, würde FILEVISION bemerken, daß die Hoch-
schulen hervorgehoben sind, und deshalb diese ausdrucken.

## Ausdrucken einer Liste (Print list)

Sie wissen nun noch nicht genau, auf welche Universität Sie gehen wollen. Vielleicht ziehen Sie kleinere Unis mit persönlicherer Atmosphäre
vor. Drucken Sie also eine Liste aus, mit der Sie die Studentenzahl vergleichen können.

Da die Universitäten hervorgehoben sind, können Sie **Print List** aus dem
Menü **File** wählen und FILEVISION weiß, daß Sie eine Liste der hervorgehobenen Objekte wollen. Der **Print List**-Bildschirm erscheint. Er sieht so
ähnlich aus wie der folgende (vgl. Abb. 4.7):

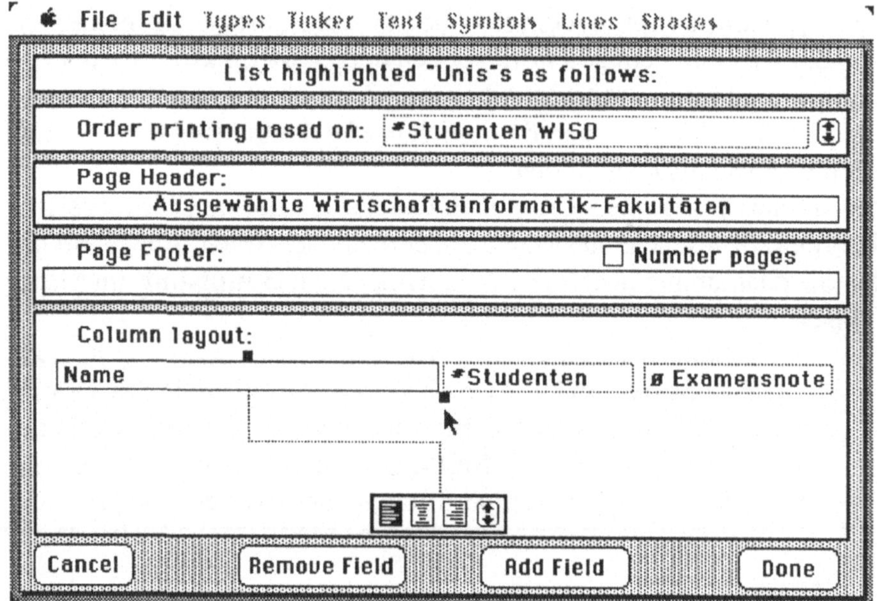


Abb. 4.7: Auswahlbildschirm für **Print-List**

Sie werden diesen Bildschirm benutzen, um das Layout der Liste festzulegen.

> Schauen Sie auf das Feld **Order printing based on**: Bewegen
> Sie den Cursor auf das Ende dieses Feldes und klicken Sie die
> dort befindlichen Pfeile an.

Beachten Sie, daß der Name in dem Feld **Order printing based on** sich
ändert. FILEVISION will wissen, nach welchem Datenfeld des Typs **Universitäten** der Ausdruck geordnet werden soll.

> Klicken Sie auf die Pfeile, bis **#Studenten WISO** erscheint.

Alle Universitäten sollen nach der Studentenzahl geordnet werden.

> Bewegen Sie die Einfügemarke auf das Feld **Page Header** und
> geben Sie "Ausgewählte Wirtschaftsinformatik-Fakultäten" ein.

Der Inhalt des Feldes **Page Header** wird später als Überschrift auf der Liste
erscheinen. Jetzt sollen die Spalten der Liste festgelegt werden.

> Bewegen Sie den Cursor auf dem Bildschirm nach unten und
> klicken Sie eines der Felder im Bereich **Column layout** an.
> Nun klicken Sie den **Remove Field**-Knopf an.

Das Feld verschwindet, weil Sie einen dreispaltigen Ausdruck wollen.

> Nun klicken Sie eine der verbliebenen Spalten an und gehen auf
> die Pfeile unten auf dem Bildschirm. Klicken Sie.

Der Name des Feldes ändert sich, genau wie oben im Feld **Order printing
based on**. Sie können die Felder links der Pfeile anklicken, um die betreffende Spalte rechtsbündig, linksbündig oder zentriert auszurichten. Beachten Sie,
daß Sie Felder auf eine ähnliche Weise hinzufügen können, wie bei der Er-
zeugung der Typenformulare, nämlich durch Anklicken des **Add Field**-
Knopfes und Bewegen der Hand zum gewünschten Einsetzpunkt. Verwenden
Sie die Griffpunkte, um die Position und Größe der Spaltenüberschriften zu
verändern, bis Ihr Bildschirm wie der vorher abgebildete aussieht.

> Klicken Sie **Done**, um den üblichen MacWrite-Druckbildschirm
> zu erhalten. Klicken Sie hier **OK**, nachdem Sie die Druckpara-
> meter festgelegt haben. Die verlangte Liste wird ausgedruckt.


## Hervorheben einer Gruppe von Objekten (Highlight some)

Nach dem Durchsehen der Liste haben Sie entschieden, daß die Note für Sie
wichtiger als die Gemütlichkeit ist. Der Durchschnitt sollte zumindest bei 2,8
liegen.

> Sie heben die betreffenden Universitäten hervor! Hierfür wählen
> Sie zunächst aus dem **Tinker**-Menü die Option **Highlight
> some**. Nach kurzer Zeit wird der **Highlight some**-Bildschirm
> erscheinen, der so aussieht:

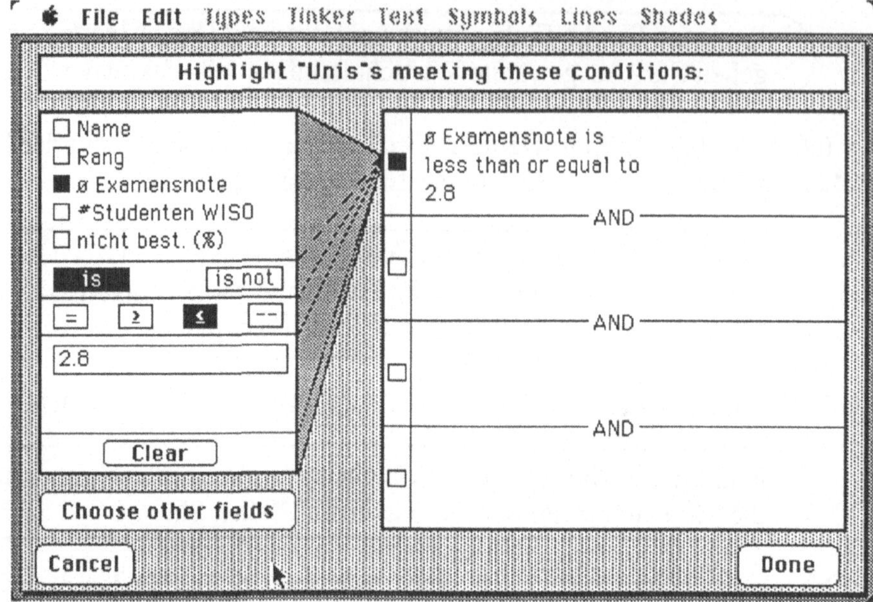


Abb. 4.8: Auswahlbildschirm für Bedingungen

Die Felder, nach denen Sie sortieren können, sind in der oberen Hälfte
der linken Bildschirmseite aufgelistet. Daneben befinden sich kleine Kästchen.

> Klicken Sie das Kästchen unmittelbar neben **ø Examensnote**
> an, klicken Sie im zweiten Feld den Kasten **is** an und im nächsten
> Feld ≤. Klicken Sie in dem freien Feld unterhalb der Kästen
> =, ≤, ≥ und --.

Mit diesen Optionen können Sie numerisch und alphabetisch vergleichen.
Das Zeichen -- steht für "ist zwischen".

> Im freien Feld können Sie nun **2.8** eingeben.

Der gezeigte Auswahlbildschirm (vgl. Abb. 4.8) enthält jeweils nur 4
Felder, für die Selektionskriterien formuliert werden können. Wenn Sie
den **Choose other fields**-Knopf klicken, sehen Sie alle Felder auf
einem weiteren Bildschirm-Formular; die jeweils gewählten sind durch
schwarze Kästchen markiert (vgl. Abb. 4.9).
Wollen Sie andere Felder, beispielsweise das **Bundesland** in den Aus-

wahlbildschirm bringen, so verschieben Sie das schwarze Kästchen, das sich
vor einem der anderen Felder befindet, vor **Bundesland.**
Klicken des **Done**-Knopfes führt zurück zum Auswahlbildschirm, ein weite-
res **Done** zeigt die Landkarte mit den hervorgehobenen Universitäten.

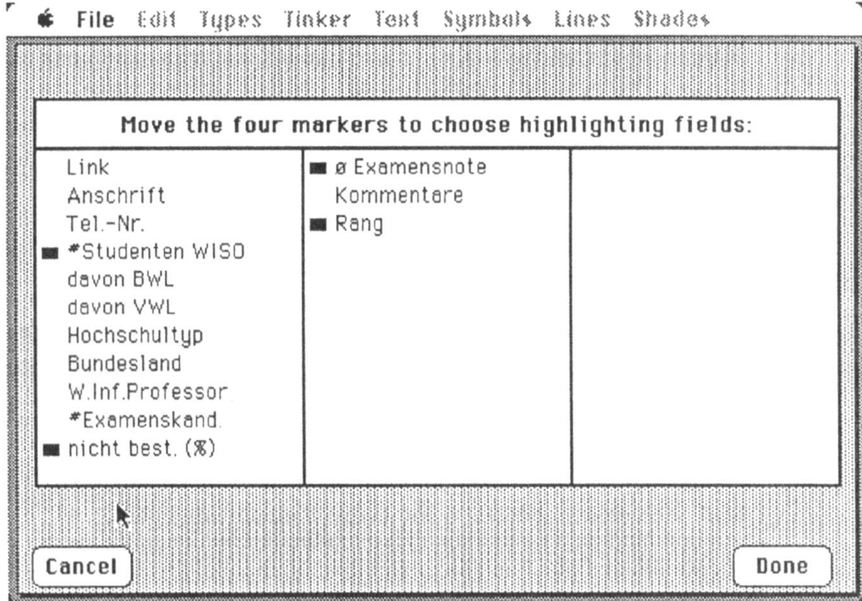


Abb. 4.9: Auswahlbildschirm für Datenfelder

## Ausdrucken von Informationen ausgewählter Objekte (Print info)

> Wählen Sie **Print info** aus dem **File**-Menü. Der **Print info**-
> Bildschirm erscheint. Positionieren Sie den Kursor auf das Feld
> **Order printing based on** und klicken auf die Pfeile am Ende
> des Feldes, bis **Name** erscheint. Dann bewegen Sie den Cursor
> in das Feld **Page header** und klicken, so daß der Cursor hier er-
> scheint. Geben Sie **Gute Examensnote** ein. Um schließlich
> die Informationen  für alle angewählten Universitäten zu erhalten,
> klicken Sie den **Done**-Knopf unten am Bildschirm an.

## Ausdrucken des Bildschirminhalts (Print display)

> Wählen Sie im **Tinker**-Menü **Cancel highlighting**. Verwenden Sie die Maus, um den Cursor auf Köln zu bewegen, oder benutzen Sie die **Next**- bzw. **Prev**-Knöpfe (Der Typ **Universität** im **Types**-Menü muß aktiviert sein) bis Köln ausgewählt ist. Klicken Sie den **Info**-Knopf um die Informationen über Köln anzusehen. Wählen Sie **Print display** aus dem Menü **File**.

Eine Kopie des aktuellen Bildschirminhaltes wird ausgedruckt:

## Sichern und beenden der Übung

Sie haben jetzt die grundlegenden Funktionen von FILEVISION kennengelernt. Bevor Sie die Übung beenden, sollten Sie das Dokument sichern.

> Zu diesem Zweck wählen Sie **Close Unis in Deutschland** aus dem **File**-Menü und sichern das Dokument. Mit **Quit** aus dem **File**-Menü beenden Sie diese Einführungsübung.

# 3 Übung für Fortgeschrittene

## 3.1 Aufgabe und Lernziele

### Aufgabe:

Vervollständigen eines Lageplanes der Kölner WiSo-Fakultät und
Aufbau eines Auskunftssystems über die Universität.

### Lernziele:

- Kennenlernen weiterer Funktionen zur grafischen Gestaltung
- Erzeugen zusammengesetzter Objekte
- Vertauschen der Zeichenebene
- Verknüpfen von Dateien
- Aufbau benutzerfreundlicher Auskunftssysteme

Die materiellen Voraussetzungen sind die gleichen wie bei der
Einführungsübung.

## 3.2 Grafik-Aufbereitung

Zwischen Filevision und MacPaint bestehen bei der grafischen Gestaltung
grundsätzliche Unterschiede:

* Operationen beziehen sich in Filevision stets auf grafische Objekte (Linie,
  Kreis, Schriftzug) anstatt auf Punktmengen wie bei MacPaint. Daher
  werden

  - gezeichnete Objekte durch Objekt- und Element - Selektoren, nicht
    durch Auswahlrechtecke oder Lasso ausgewählt

  - stets ganze Objekte durch **Cut** (Ausschneiden und Ablegen in der
    Zwischenablage) und **Clear** (Ausschneiden und Löschen) vom
    Bildschirm entfernt und nicht die einzelnen Punkte (Radiergummi)
    oder beliebige Ausschnitte der Grafik (Auswahlrechteck)

  - Objekte nicht teilweise gelöscht, wenn sie mit anderen überdeckt
    wurden (vgl. Überlagern von Objekten)

* die grafischen Möglichkeiten (Anzahl der Muster, Vergrößerungs-
  funktionen, Größe des Arbeitsblattes) von MacPaint sind vielfältiger als
  die von Filevision.

Im folgenden werden die grafischen Möglichkeiten von Filevision
angewendet, um Filevision-Objekte zu zeichnen, die sich aus mehreren
grafischen Grundelementen zusammensetzen.

### Erstellen zusammengesetzter Elemente

> Öffnen Sie bitte die FILEVISION-Datei WiSo-Seminar, die sich
> auf der Diskette mit den Übungsbeispielen befindet.

Die Hörsäle am oberen Bildrand von Abb. 4.10 sind in der Version auf der
Übungsdiskette nicht enthalten. Sie müssen noch in die Zeichnung eingefügt werden. Jeder Hörsaal ist ein Filevision-Objekt und besteht aus zwei
grafischen Elementen (dem abgerundeten Rechteck und der Beschriftung),
denen gemeinsam die Informationen über jeden Hörsaal zugeordnet werden
sollen.

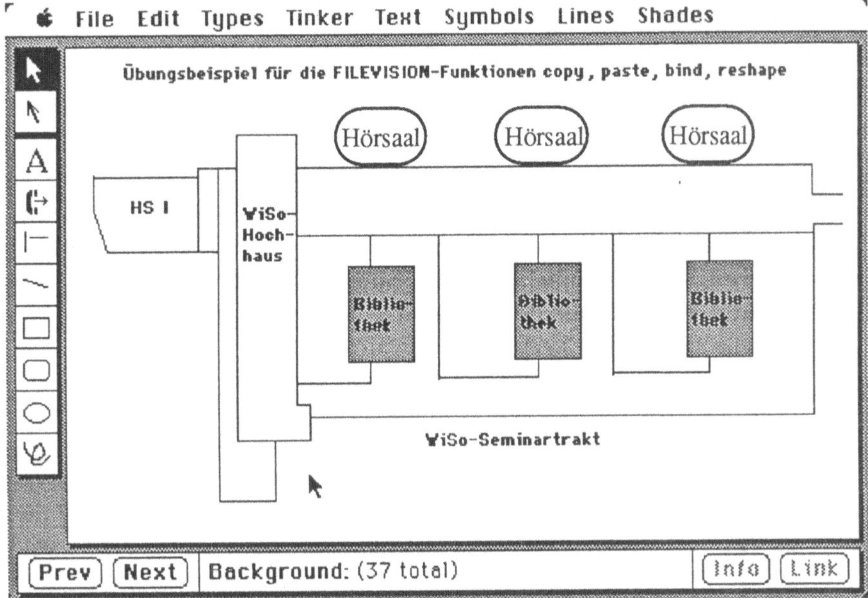


Abb. 4.10: "WiSo-Seminar" mit Hörsälen

> Zeichnen Sie zunächst ein Rechteck an einer beliebigen Stelle, und
> lassen Sie es aktiviert. Betätigen Sie jetzt die Umschalt-Taste und
> wählen Sie aus der Zeichenwerkzeugleiste das Textsymbol, bevor
> Sie den Text auf das Rechteck schreiben.

Jetzt können Sie Informationen über den Hörsaal eingeben. Wenn Sie
später das Rechteck oder dessen Beschriftung anklicken, werden stets die
gleichen Informationen angezeigt.
Einzelne Bestandteile des Objektes können geändert werden, wenn Sie mit
dem Element-Selektor (2. Pfeil von oben in der Werkzeugleiste) aktiviert
worden sind. Zum Hinzufügen neuer Elemente zu einem Objekt ist nach
der Aktivierung dieses Objektes wieder die Umschalt-Taste zu betätigen.

## Verschieben und Verändern aller Elemente eines Objektes

> Versuchen Sie, den neuen Hörsaal zu verschieben, indem Sie die
> Zeichenmarke auf das Objekt setzen und die Maus mit gedrückter
> Taste bewegen.

Es läßt sich jedoch nur entweder das Rechteck oder die Schrift verschieben. Zum simultanen Verschieben aller Elemente benötigen Sie den Befehl **Bind** des Edit-Menüs.

> Wählen Sie **Bind** und verschieben Sie das gesamte Objekt aus einer der in Abb. 4.10 gezeigten Stellen, indem Sie die Raute in der Objektmitte verschieben (vgl. Abb. 4.11). Bringen Sie den Hörsaal durch Verschieben der schwarzen Kästchen an den Rechteckkanten in die passende Größe.

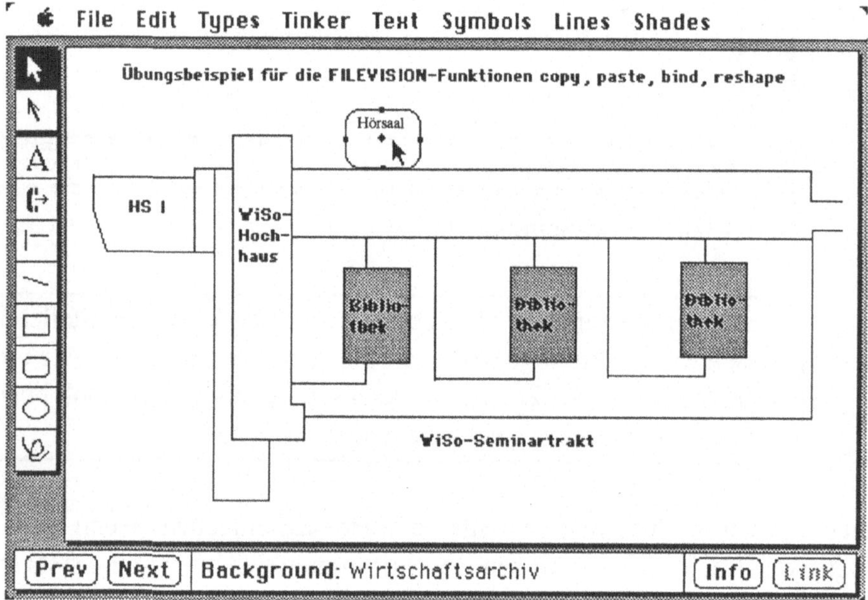


Abb. 4.11: Objekt "Hörsaal" im Bearbeitungszustand

## Kopieren und Einsetzen

In der Zeichnung fehlen noch zwei Hörsäle, die Sie mit Hilfe der **Copy**- und der **Paste**-Funktionen hinzufügen können.

> Wählen Sie den Objekt-Selektor (oberer Pfeil in der Zeichenwerkzeugleiste) und aktivieren Sie den ersten Hörsaal. Geben Sie dann die Befehle **Copy** und **Paste** aus **Edit**.

Es erscheint eine Hand auf dem Bildschirm, mit der Sie die Position des
einzusetzenden Hörsaals bestimmen können. Ein Druck auf die Maustaste
plaziert das Objekt (zentriert) an der Position, wo sich die Hand jeweils befindet. Setzen Sie auch den letzten Hörsaal (Befehl **Paste**) an der richtigen
Position ein.
Falls beim Einsetzen lediglich die Schrift oder das Rechteck erscheint, war
vor dem Kopieren der Element-Selektor eingeschaltet; alle Operationen
beziehen sich dann nur auf eines der Objekt-Bestandteile.

### Verknüpfen von Objekten

In der Übungszeichnung (Abb. 4.11) ist ein Fehler enthalten: die obere
waagerechte Linie von Hörsaal I wurde versehentlich nicht als Element
dieses Objektes, sondern als eigenes Objekt eingezeichnet.

> Korrigieren Sie bitte diesen Fehler, indem Sie den Element-Selektor
> wählen, die obere Linie von HS I markieren und diese ausschnei-
> den (**Cut**). Wenn Sie anschließend eine Linie des verbliebenen
> Hörsaals anklicken, erscheint die ausgeschnittene Linie wieder auf
> ihrem ursprünglichen Platz.

Die Linie ist auf diese Weise Element des Objektes Hörsaal geworden.

### Überlagern von Objekten

In den Lageplan "WiSo-Seminar" soll zusätzlich das Wirtschaftsarchiv
eingezeichnet werden, das im Untergeschoß teilweise unterhalb der
Bibliothek rechts außen liegt.

> Wählen Sie dazu den Objekt-Selektor und zeichnen Sie ein Recht-
> eck mit einem hellen Muster auf diese Bibliothek (vgl. Abb. 4.12)

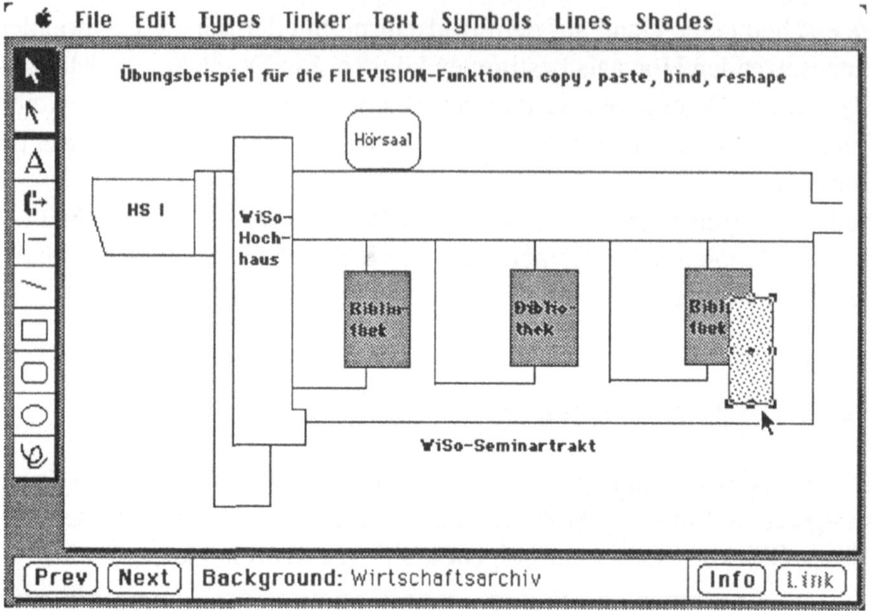


Abb. 4.12: Einzeichnen des Wirtschaftsarchivs

Der Befehl **Send to back** aus **Edit** legt das neue Rechteck unter die
Bibliothek und deutet damit die räumliche Lage des Archivs an. Der Befehl
im Edit-Menü hat sich in **Bring to front** gewandelt; Sie können mit
seiner Hilfe wieder den Ausgangszustand herstellen.

## 3.3 Dateiverknüpfung

Gelegentlich bestehen Beziehungen zwischen grafischen Dateien, beispielsweise dann, wenn grafische Objekte an anderer Stelle im Detail dargestellt
sind. Filevision besitzt eine Funktion (Link-Funktion), um grafische Objekte mit anderen Dateien zu verknüpfen. Durch die Auswahl des entsprechenden Objektes der Ausgangsgrafik wird das Schließen der Ausgangs-
datei und das Öffnen der verknüpften Datei ausgelöst. Auf diese Weise
kann der Benutzer wechselweise die miteinander in Beziehung stehenden
Grafiken aufrufen, ohne Dateinamen zu kennen oder selbst Öffnungs- und
Schließoperationen auszulösen.

In unserem Beispiel soll die Beziehung zwischen dem Lageplan der WiSo-Seminare und dem Lageplan der Universität hergestellt werden (er ist unter dem Namen Universität auf der Übungsdiskette gespeichert).

> Konstruieren Sie ein zusammengesetztes Objekt, das aus einem abgerundeten Rechteck mit der Beschriftung "Lageplan" besteht. Betätigen Sie dazu nach dem Zeichnen des Rechteckes die Umschalt-Taste, bevor Sie die Schrift plazieren. Setzen Sie das Rechteck mit Hilfe der Bind-Funktion an den unteren rechten Rand der Grafik, wie es Abb. 4.13 zeigt.

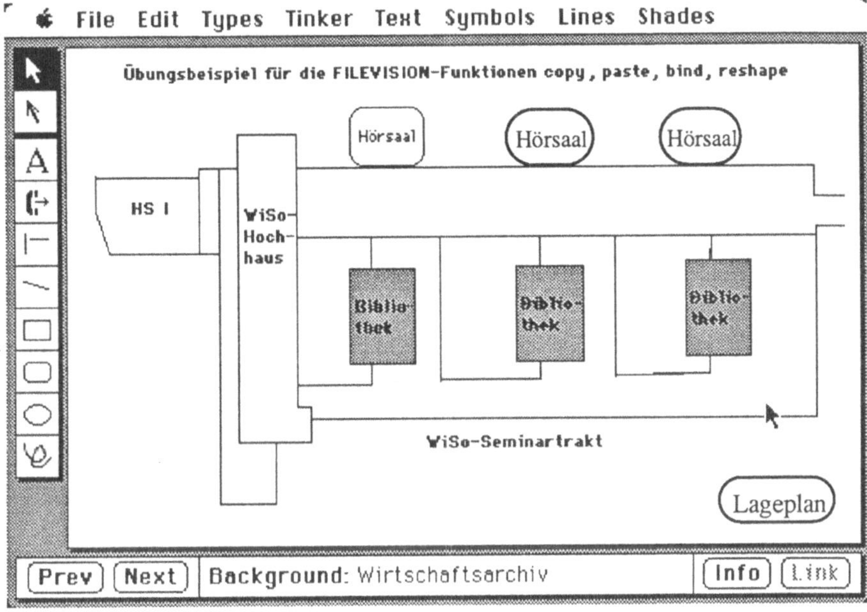


Abb. 4.13: Einzeichnen eines Objektes zur Dateiverknüpfung

Da das neue Objekt nur zur Dateiverknüpfung dient, sollte es auch einen eigenen Typ erhalten ("Verbindung"), den Sie mit Hilfe von **Add another** aus **Types** einführen können. Diesem Typ müssen Sie anschließend das neue Objekt zuordnen.

> Markieren Sie dazu das Rechteck mit der Maus und wählen Sie bei gedrückter Umschalttaste aus **Types** den Punkt "Verbindung" aus.

Vor dem Typ "Verbindung" erscheint dann ein Häkchen, und in der Informationsleiste tritt der neue Typ an die Stelle von "Background".

> Füllen Sie jetzt das Informationsblatt des neuen Objektes aus, indem Sie in **Name** einen Kommentar für den Benutzer eintragen (z.B.: zurück zur Universität) und in **Link** den Namen der Zieldatei (Universität).

Wenn Sie jetzt mit **Done** zurück zur Grafik gehen, stellen Sie fest, daß die **Link-Box** rechts unten in fetter schwarzer Schrift erscheint, also wählbar geworden ist. Durch anklicken der Box gelangen Sie jetzt zum Lageplan der Universität, in dem die WiSo-Seminare enthalten sind (vgl. Abb. 4.14).

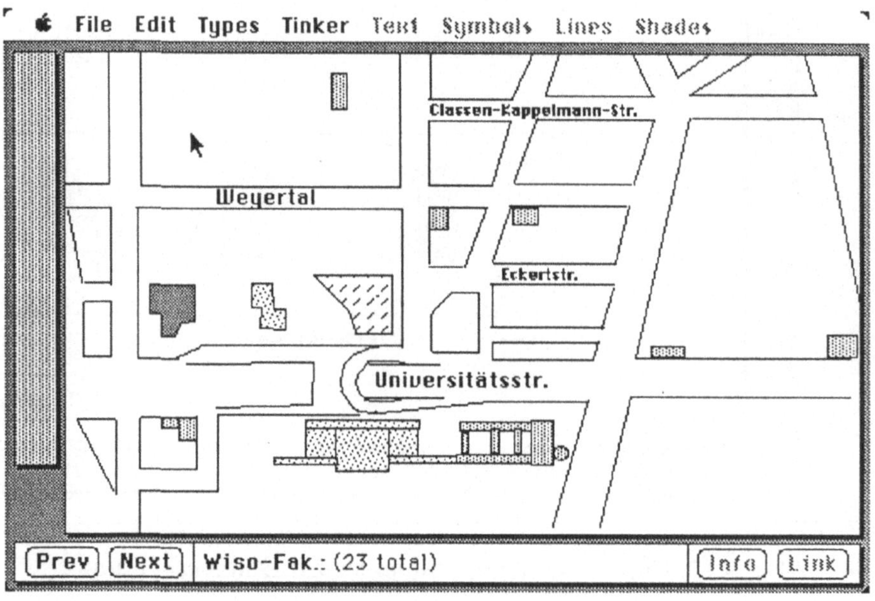


Abb. 4.14: Lageplan der Universitätsgebäude

Der Universitätsplan ist seinerseits mit dem WiSo-Seminarplan verknüpft. Weitere Detailpläne zu Universitätsgebäuden befinden sich auf der Beispiel-Diskette: das Hauptgebäude (Abb. 4.15) und das Hörsaalgebäude (Abb. 4.16).

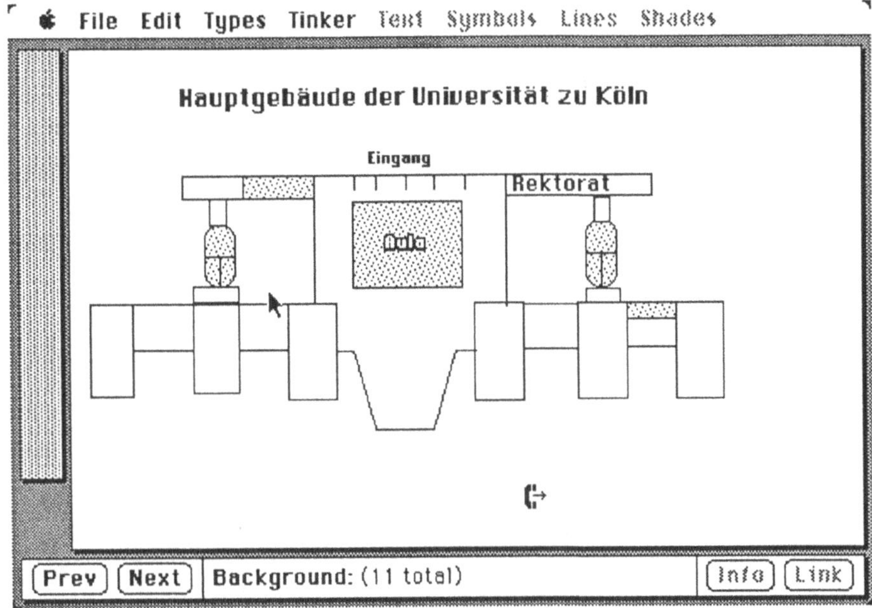



Abb. 4.15: Detailplan des Hauptgebäudes

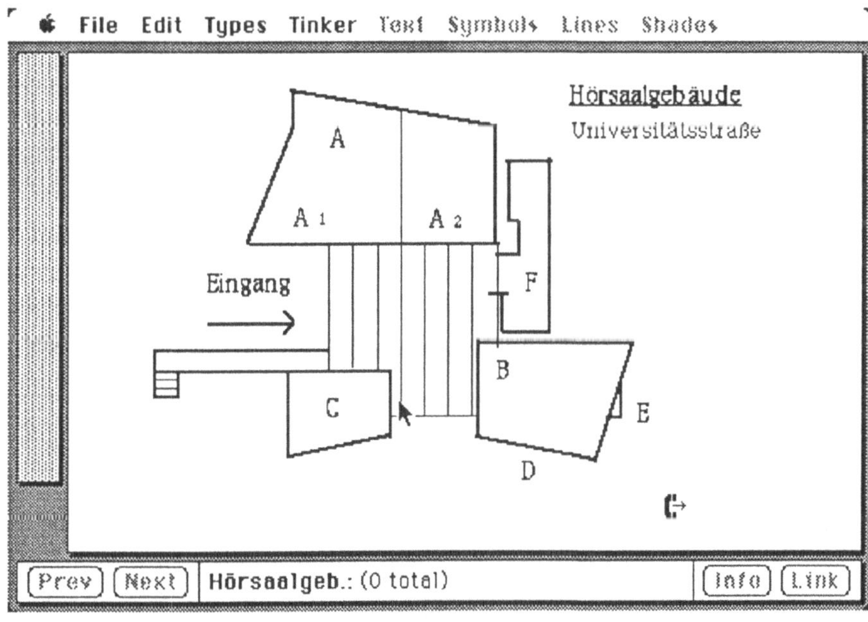



Abb. 4.16: Detailplan des Hörsaalgebäudes

## 3.4 Aufbau interaktiver Auskunftssysteme

Mit Hilfe der Link-Funktion lassen sich auf einfache Weise menügesteuerte
Auskunftssysteme erstellen. Beispielsweise können Sie den Lageplan der
Universität in ein allgemeines Auskunftssystem über die Universität ein-
binden; den Aufbau des Systems zeigt Abb. 4.17.

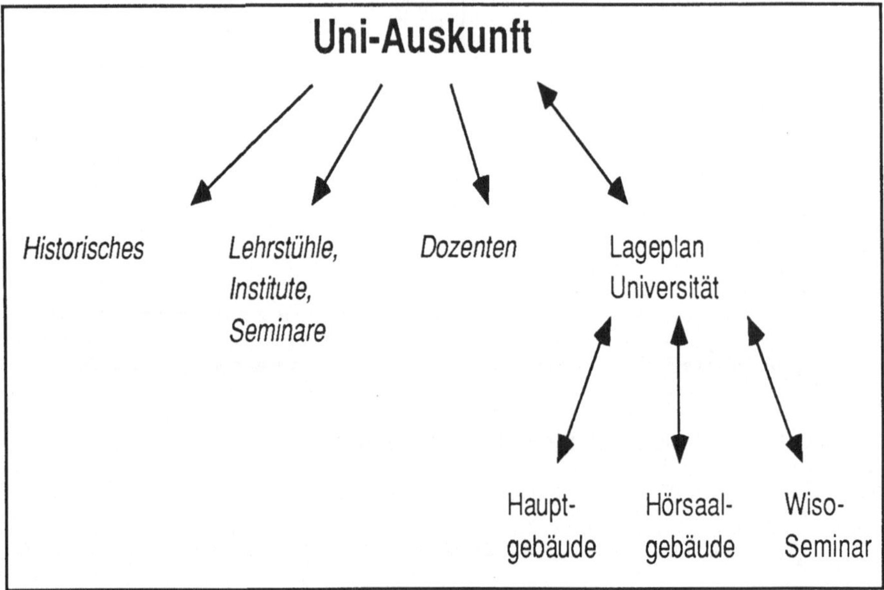


Abb. 4.17: Aufbau des Auskunftssystems

Die Doppelpfeile deuten an, daß zwei Grafiken über die Link-Funktion so
miteinander verbunden sind, daß sie von jeder der Grafik aus die jeweils
andere aufrufen können. Dateien, deren Namen kursiv geschrieben sind,
müßten Sie selbst erstellen und wechselseitig mit "Uni-Auskunft" ver-
ketten.

### Entwurf des Ausgangsbildes

Eröffnen Sie ein neues Filevision-Dokument und zeichnen Sie
die folgende Maske (Abb. 4.18):

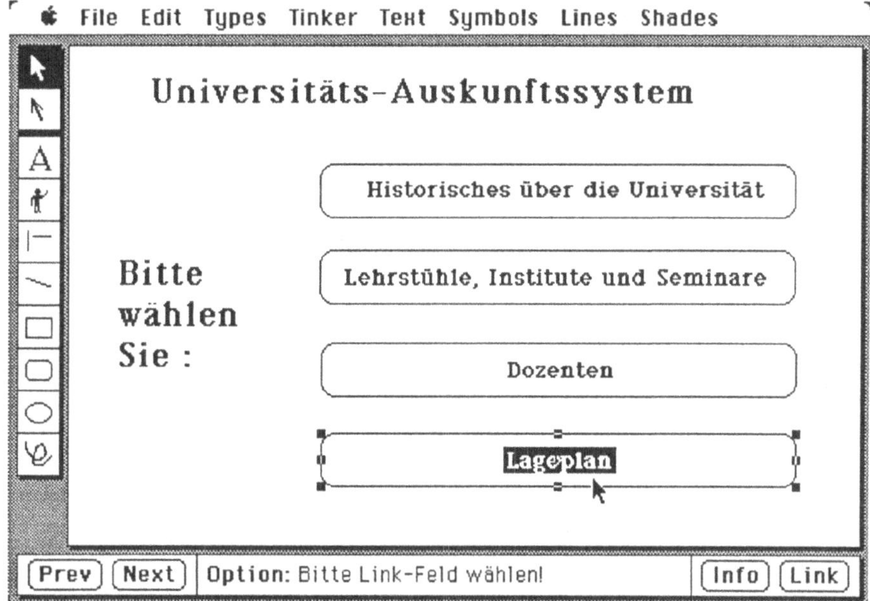


Abb. 4.18: Einstiegsmenü des Auskunftsystems

Die Beschriftungen am oberen und linken Rand sind Objekte des Types
"Background". Für die Auswahlfelder wird ein neuer Typ ("Option") eingeführt. Konstruieren Sie die abgerundeten Rechtecke mit den Beschriftungen so, daß sie jeweils ein einziges Objekt darstellen (nach Zeichnen des
Rechteckes die Umschalt-Taste drücken und dann die Schrift einsetzen).
Verwenden Sie die Bind-Funktion, um die Auswahlfelder einheitlich
vertikal auszurichten, falls das nicht auf Anhieb gelingt.

> Um die Verbindung zwischen dem Auswahlfeld **Lageplan** und
> dem Lageplan **Universität** herzustellen, müssen Sie **Univer-
> sität** in das Link Fenster der zugehörigen Informationsmaske
> eintragen.

Durch Anklicken des Lageplan-Auswahlfeldes mit der Maus **und** das nachfolgende Markieren des Link-Feldes am rechten unteren Bildrand können
Sie jetzt zum Lageplan **Universität** gelangen. Sie können jedoch nicht
davon ausgehen, daß jeder Benutzer Ihres Systems Filevision beherrscht
und daher weiß, daß er zusätzlich zum Lageplan-Auswahlfeld noch das
Link-Feld wählen muß. Daher sollten Sie wie in Abb. 4.18 anstelle des Namens der Option einen Hinweis für den Benutzer hinter **Option** eintragen.

Testen Sie jetzt, ob Ihre neue Verbindung funktioniert, und
springen Sie zum Lageplan!

## Einfügen der Rückverzweigung

Jetzt muß der Benutzer des Lageplans noch eine Möglichkeit erhalten, zum
Einstiegsmenü des Auskunftssystems zurückzufinden.

Zeichnen Sie daher bitte ein Auswahlfeld in den rechten unteren
Bildrand, das den neuen Objekttyp **Anderes Menü** erhält (vgl.
Abb. 4.19). Wählen Sie **Info** und tragen Sie wieder einen Be-
nutzungshinweis in das Namensfeld und die Bezeichnung des
Zieldokumentes "Uni-Auskunft" unter **Link** ein.

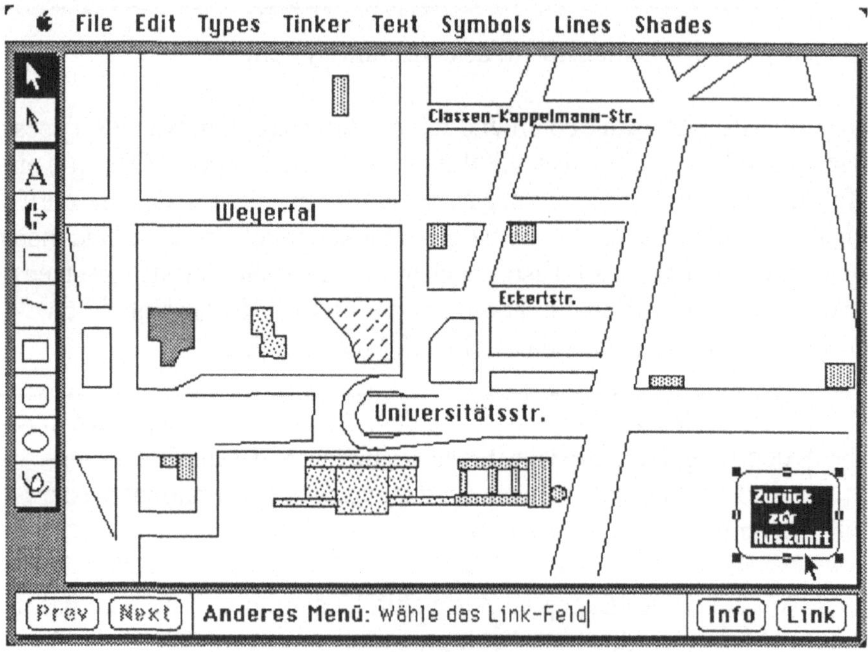


Abb. 4.19: Lageplan mit Auswahlfeld zur Rückverzweigung

Nachdem Sie **Done** gewählt und wieder die Grafik vor sich haben, können
Sie jetzt die Rückverzweigung testen.

Wenn Menüstrukturen mit Auswahlfenstern verwendet werden, ist zur
Benutzung des Auskunftssystems nur die Kenntnis der Macintosh-
Auswahltechnik (Markieren und Anklicken von Feldern) erforderlich.
Allerdings könnten unerfahrene Benutzer aus Versehen die Grafik
zerstören.

> Geben Sie daher zum Abschluß den **Lock picture**-Befehl aus
> **Edit**.

Er verdeckt die Zeichenwerkzeugleiste durch ein Muster und unterbindet
alle Operationen, die keine Auswahloperation darstellen. Benutzer des
Auskunftssystems können jetzt nur noch die von ihnen wirklich benötigten
Operationen ausführen. In der Menüleiste sind jetzt die Menüs **Text**,
**Symbols**, **Lines** und **Shades** vollständig und das Edit-Menü teilweise
inaktiv; durch **Unlock picture** in **Edit** können Sie jedoch wieder alle
Funktionen aktivieren, falls später Änderungen an der Grafik notwendig
sind.

# 4 Einsatzmöglichkeiten

Die Besonderheit von Filevision liegt in der Verbindung von Grafik- und
Datenverwaltungsfunktionen. Im kommerziellen Bereich ist diese
Kombination beispielsweise für folgende Anwendungen von Nutzen:

- Datenbanken mit geografischen Informationen (Niederlassungs-
  verzeichnis, Raumbelegungsplan, Vertriebsplanung und -kontrolle)
- Lagerhaltung mit grafischer Kennzeichnung des Lagerortes
- Auskunftssysteme mit technischen Informationen (Bedienungs-
  anweisungen für komplexe Geräte; Ersatzteillagerhaltung mit
  grafischer Kennzeichnung der Position eines Ersatzteiles innerhalb
  eines komplexeren technischen Systems, z.B. eines PKW´s)
- Computergestützter Unterricht.

Der Einsatz des Systems stößt insbesondere durch die maximal zulässige
Dateienanzahl (16), die zulässige Satzanzahl je Datei (999) und die Notwen-
digkeit zur grafischen Darstellung der Objekte an Grenzen. Umfangreiche
Dateien mit starker Bewegung, z.B. Ersatzteillagerdateien in Fertigungsunternehmen, lassen sich nicht mit vertretbarem Aufwand grafisch verwalten. Filevision ist daher nicht für Transaktionsdatenbanken, sondern in
erster Linie für relativ statische Auskunftssysteme geeignet.

Weitere Schwächen von Filevision sind die Selektionsmöglichkeiten (max.
4 Selektionskriterien können definiert werden; die oder-Verknüpfung fehlt)
und die Rechenfunktionen, da keine Berechnungen mit den selektierten
Daten möglich sind.


Für Benutzer, die keine DV-Spezialisten sind, hat Filevision wesentliche
Vorteile gegenüber den meisten übrigen Datenbanksystemen. Definitionen
und Auswertungen der Datenbank sind ohne Kenntnis einer Kommando-
sprache möglich, da fast alle Parameter (z.B. Feldgröße, Selektionskriterien, Listengestaltung) durch analoge Operationen festgelegt werden.
Für die Abfrage in Auskunftssystemen ist die generelle Macintosh-
Auswahltechnik ausreichend; Wissen über spezielle Filevision-Funktionen
ist fast völlig entbehrlich.

# 5 Menüs in Filevision

**File**
New
Open ...
Close Untitled
Return to ...

Print display
Print info ...
Print list ...
Print labels ...
Symbol editor ...

Quit

**Edit**
Nothing to undo ⌘Z

Cut ⌘X
Copy ⌘C
Paste ⌘V
Clear ⌘B

Bring to Front
Send to Back
Bind
Reshape

Show grid
Alignment

Lock picture

**Types**
✓Background

Add another
Delete

**Tinker**
"Background"s:
Change form ...
Highlight all
Highlight some ...
Hide these
Show only these
Ignore

Show all types
Cancel highlighting

**Text**
✓Plain Text
Underline
Bold
Italic
Shadow

9 point
✓12
14
18
24

Venice
Cairo
Athens
✓Chicago
Geneva
New York
Monaco
London

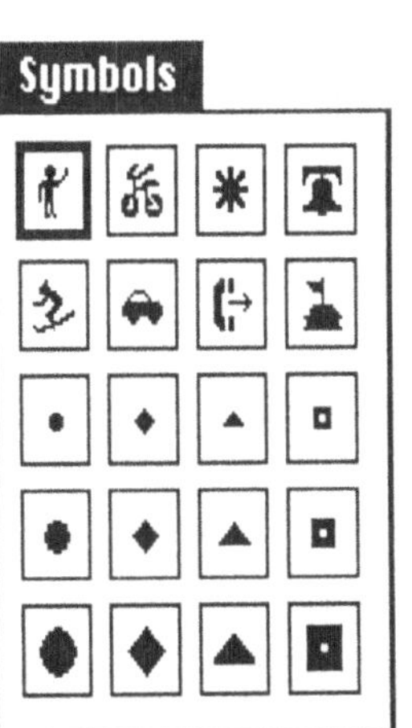

# 6 Index und Literatur


| | |
|---|---|
| Ändern der Bestandteile zusammengesetzter Objekte | 65 |
| Ändern der Objektform (Reshape) | 51 |
| Auswählen aller Objekte eines Types (Highlight all) | 57 |
| Auswählen der Objekte anhand von Bedingungen (Highlight some) | 59 f |
| Definieren von Datenfeldern (Add field) | 49 f |
| Definieren von Datentypen (Add another) | 49, 52 |
| Drucken aller Objekte eines Types (Print List) | 58 |
| Drucken ausgewählter Objekte eines Types (Print Info) | 61 |
| Drucken des Bildschirminhaltes (Print Display) | 62 |
| Eingeben von Informationen | 52 f |
| Einsetzen von Objekten (Paste) | 66 f |
| Erstellen der Menüsteuerung | 72 |
| Erstellen zusammengesetzter Objekte | 64 f |
| Kopieren von Objekten (Copy) | 66 |
| Löschen von Datentypen | 57 |
| Löschen von Objekten (Cut, Clear) | 64 |
| Positionieren von Symbolen | 54 |
| Schützen der Grafik (Lock Picture) | 75 |
| Überlagern von Objekten (Bring to front, send to back) | 67 f |
| Unterschiede zu MacPaint | 64 |
| Verbinden von Objekten mit Informationen (Bind) | 66 |
| Verknüpfen von Dateien (Link) | 68 |
| Verknüpfen von Objekten | 67 |
| Verschieben zusammengesetzter Objekte (Bind) | 65 f |
| Zeichnen von Objekten | 50 f |
| Zeichnen von Symbolen (Symbol Editor) | 53 f |


## Literatur zu Kapitel 4:


Apple Computer GmbH: Filevision III. München, o. Jg.

Mary Shields: Filevision. Santa Monica, Ca. 1984

Michael Tchao, Mark Armstrong, William Berner, Roland Fernandez, David Finkelstein, Peter Morgan, Brad Whisler, David Yen: Using the Macintosh at Stanford. Stanford 1985, S. 137-167

# Kapitel 5: Multiplan

von Ursula Kitschelt und Christoph Stalz

**Inhalt:**


1   Vorbemerkungen zur Tabellenkalkulation und zu
    Multiplan

2   Übung

    2.1 Aufgabe und Lernziele
    2.2 Fallbeispiel Artikelstatistik
        2.2.1 Texteingabe
        2.2.2 Zahleneingabe und Vergabe von Namen
        2.2.3 Durchführung von Rechenoperationen
    2.3 Fallbeispiel Umsatzstatistik mit Tabellenverknüpfung
    2.4 Programmspezifische Besonderheiten

3   Einsatzmöglichkeiten

4   Menüs in Multiplan

5   Index und Literatur

# 1  Vorbemerkungen zur Tabellenkalkulation und zu Multiplan

In Multiplan wird eine Tabelle elektronisch nachgebildet, in der sich Plan-
zahlen, Kalkulationsdaten, Texte und Kommentare eintragen und Ergebnisse errechnen lassen, die dann an frei wählbarer Stelle ausgewiesen
werden. Die Größe des Arbeitsbereiches ist individuell wählbar.

Damit ist Multiplan hinsichtlich unternehmerischer sowie kaufmännischer
Aufgabenstellungen vielfältig einsetzbar. Ein einfaches Beispiel ist die
Einnahmen- und Ausgabenrechnung der Mitschriften AG der Universität
zu Köln aus dem Jahre 1984, die in Abb. 5.1 dargestellt ist. Zwischen-
und Endsummen wurden als Formeln in die Felder eingetragen, so daß
diese Summen automatisch neu berechnet werden, wenn sich einer der
addierten Werte ändert.

```
ABRECHNUNG DER MITSCHRIFTEN AG FÜR DAS WS 1983/84
(ZAHLENANGABEN IN DM)

Bruttoeinnahmen (ohne Rücklagen)        137.451,29
Mitschriftenverkauf                                       110.519,97
Nachverkauf                                                 8.313,00
Resteverkauf                                                  813,08
Kopierte Mitschriften                                     12.589.63
Verkauft Minz-Skript                                         520,00
Verkauft Zerche-Skript                                       570,00
Verkauft Statistik-Skript                                    402,00
Archiv                                                     2.732,00
Zinsertrag                                                   991,61

Gesamtausgaben:                         106.872,86
Druckkosten, Verkleinerung, Kopien                       94.009,11
Mitschriftenrückkäufe                                        171,00
Nachgezahlte Überschußanteile des SS 1983                 2.067,24
Lohn- und Kirchensteuer des SS 1983                       1.411,80
Umsatzsteuer des SS 1983                                   6.412,00
Bürobedarf und Porto                                      1.042,43
MAG-Fete, Kaffee, Cola etc.                               1.759,28

Rücklagen aus dem SS 1983:               15.514,96

Überschußanteile der Mitarbeiter:        33.447,34

RÜCKLAGEN IN DAS SS 1984                 12.646,05
=============================         =========
```

**Abb. 5.1: Einnahmen- und Ausgabentabelle**

Die folgende Abb. 5.2 stellt das leere Arbeitsblatt dar.

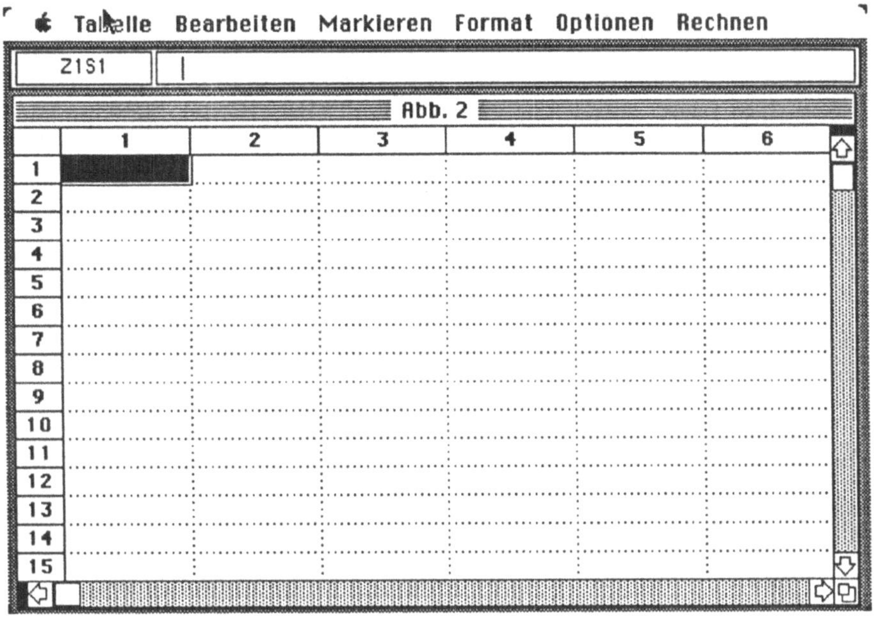

Abb. 5.2: Multiplan Arbeitsblatt

Multiplan stellt 255 Zeilen (Z) und 63 Spalten (S), also insgesamt 16065
Felder, zur Verfügung. Die Feldbreite ist standardmäßig auf 10 Zeichen festgelegt. Sie kann auf maximal 64 Zeichen eingestellt werden, wobei die Feldbreite keinen Einfluß auf die Anzahl der Felder hat.

Durch Anklicken mit der Maus können Sie die Felder aktivieren, die dann
schwarz unterlegt werden. Im Adreßfeld links oben ist die absolute Adresse
des aktivierten Feldes vermerkt. Der Inhalt des aktivierten Feldes steht im In-
haltsfeld oben rechts.

Probieren Sie das anhand des Mitschriften-Beispiels aus.

Durch das Anklicken der Zeilennummer wird eine ganze Zeile aktiviert.
Ebenfalls wird durch das Anklicken der Spaltennummer die ganze Spalte
aktiviert.
Dies ist eine Erleichterung beim Ausschneiden, Einfügen und Formatieren
von Feldern oder Feldbereichen. Bestimmte zusammenhängende Tabellenbereiche werden durch Anklicken des Bezugsfeldes und Bewegen der Maus
über den gewünschten Bereich hinweg aktiviert.

Vollziehen Sie diese Aktionen bitte ebenfalls an dem Beispiel nach.

Durch Drücken der Eingabetaste, die direkt rechts neben der Leertaste liegt, übergeben Sie die Eingaben an das System. Die Eingabetaste orientiert sich - anders als die Rücklauftaste - an dem aktivierten Bereich. Dieser Bereich kann durch die Eingabetaste nicht verlassen werden. Das aktivierte Eingabefeld springt zuerst horizontal, dann vertikal. Nach der letzten Eingabe springt der aktivierte Eingabebereich zum Anfangsfeld zurück.

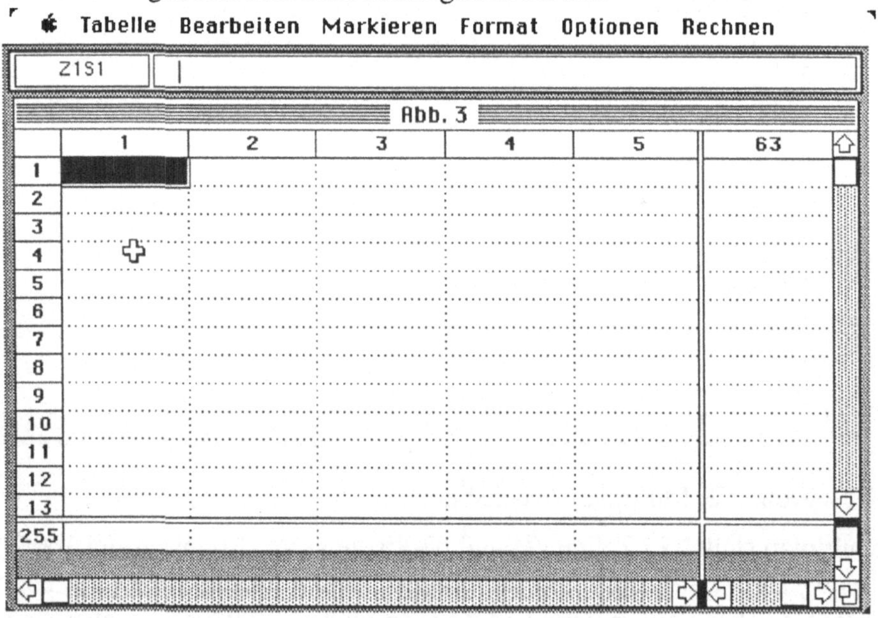

Abb. 5.3: Arbeitsblatt mit Bildteilern

Der Bildschirm läßt sich durch die Bildteiler in maximal 4 Bereiche unterteilen (vgl. Abb. 5.3), wobei für die jeweils abgeteilten Bereiche neue Rollboxen generiert werden.

# 2  Übungen

## 2.1  Aufgabe und Lernziele

**Aufgabe:**

In den nachfolgenden Fallbeispielen sollen Sie mit Hilfe der Grundfunktionen zwei Tabellen erstellen. Die erste Tabelle ist eine Artikelstatistik, in der der Ertrag einer Produktpalette ermittelt wird. In der zweiten Tabelle werden Abweichungen von Ist- und Sollumsatz ermittelt, wobei diese Tabelle automatisch auf die aktuellen Umsatzwerte der Artikelstatistik zugreifen soll.

## Lernziele:

- Markieren von Tabellenbereichen
- Eintragen von Werten in Felder, Formatieren der Felder
- Anwenden arithmetischer Funktionen
- Vergabe symbolischer Namen, Formeln eingeben unter Verwendung der Namen
- Verknüpfung mehrerer Tabellen

# 2.2 Fallbeispiel Artikelstatistik

# 2.2.1 Texteingabe

> Rufen Sie bitte Multiplan auf!

Der Aufbau unserer Tabelle soll mit der Eingabe der Zeilenüberschriften begonnen werden.

> Markieren Sie zu diesem Zweck bitte den Bereich $Z1:8S1:2$, [1] indem Sie die Maus mit gedrückter Taste über die Felder hinwegziehen, und geben Sie die Texte in dem Wortlaut und in der Form ein, wie Sie sie Abb. 5.4 entnehmen können.

| | 1 | 2 | 3 | 4 | 5 | 6 |
|---|---|---|---|---|---|---|
| 1 | ARTIKELSTATISTIK | | | | | |
| 2 | | | | | | |
| 3 | Produktgruppe X: | | | | | |
| 4 | | | | | | |
| 5 | Produkt X1: | | | | | |
| 6 | Produkt X2: | | | | | |
| 7 | Produkt X3: | | | | | |
| 8 | Produkt X4: | | | | | |
| 9 | | | | | | |
| 10 | | | | | | |
| 11 | | | | | | |
| 12 | | | | | | |
| 13 | | | | | | |
| 14 | | | | | | |
| 15 | | | | | | |

Abb. 5.4: Arbeitsblatt mit Zeilenüberschriften

[1] Kurzform für Zeile 1 bis 8 und Spalte 1 bis 2;
im folgenden werden Bereiche in der Tabelle ausschließlich durch Kurznotierung gekennzeichnet

Wenn eine Wortlänge über die vorgegebene Feldbreite hinausgeht, schreiben Sie einfach das Wort zuende - es erscheint nach Betätigung der Eingabetaste in ganzer Länge in der Tabelle.

Texte werden vom System standardmäßig immer linksbündig eingetragen.

Nach der Eingabe ist jederzeit eine Änderung des ursprünglich gewählten Tabellenformats möglich. In diesem Beispiel soll nachträglich der Abstand zwischen der ersten und der zweiten Eintragung verändert werden.

> Um die Änderung durchzuführen, markieren Sie bitte den Tabellenbereich $Z3{:}8\ S1{:}2$ und wählen den Befehl **Ausschneiden** aus dem Menü **Bearbeiten** aus.

Hat das System Ihren Befehl ausgeführt, so ist der zuvor markierte Bereich leer, der betreffende Text befindet sich in der Zwischenablage und ein Kreuz liegt auf der oberen linken Ecke des ausgeschnittenen Bereiches.

> Wollen Sie nun den Tabellenausschnitt weiter unten wieder einsetzen, so klicken Sie die obere linke Ecke des Feldes $Z6S1$ an, wodurch Sie das Kreuz an diese Stelle verschieben. Wenn Sie nun den Befehl **Einfügen** aus dem Menü **Bearbeiten** auswählen, erscheint der Text rechts unterhalb des Kreuzes und befindet sich also jetzt in dem Bereich $Z6{:}11S1{:}2$ (Vgl. Abb. 5.5):

| Z6S1 | Produktgruppe X: |
|---|---|

| | 1 | 2 | 3 | 4 | 5 | 6 |
|---|---|---|---|---|---|---|
| 1 | ARTIKELSTATISTIK | | | | | |
| 2 | | | | | | |
| 3 | | | | | | |
| 4 | | | | | | |
| 5 | | | | | | |
| 6 | Produktgruppe X: | | | | | |
| 7 | | | | | | |
| 8 | Produkt X1: | | | | | |
| 9 | Produkt X2: | | | | | |
| 10 | Produkt X3: | | | | | |
| 11 | Produkt X4: | | | | | |
| 12 | | | | | | |
| 13 | | | | | | |
| 14 | | | | | | |
| 15 | | | | | | |

Abb. 5.5: Eingesetzter Tabellenausschnitt

Als nächstes soll der vertikale Tabellenteiler zwischen Spalte 2 und Spalte 3 gesetzt werden, damit der Textteil vom Zahlenwerk optisch getrennt ist und die später in Spalte 7 und Spalte 8 noch einzutragenden Werte auch richtig zugeordnet werden können.

> Klicken Sie dazu bitte auf den Tabellenteiler (schwarzer Balken neben dem unteren linken Rollpfeil), halten Sie die Maustaste gedrückt, ziehen Sie den Tabellenteiler nach rechts zwischen $S2$ und $S3$ und lassen Sie dann die Maustaste los.

Sie erhalten dadurch zwei nebeneinanderliegende Tabellenbereiche, die am unteren Rand beide eigene Rollboxen und -pfeile aufweisen. So können sie in vertikaler Richtung gemeinsam und in horizontaler Richtung voneinander unabhängig gerollt werden. Die benötigten Spaltenüberschriften sollen nachfolgend in zwei Etappen eingegeben werden.

> Markieren Sie also bitte zunächst den Bereich $Z3:4S3:6$ und führen Sie die Texteingabe in der gewohnten Art und Weise durch (Feldwechsel mit Hilfe der Eingabetatste). Den Wortlaut der Texte entnehmen Sie bitte der folgenden Abb. 5.6.

| | 1 | 2 | 3 | 4 | 5 | 6 |
|---|---|---|---|---|---|---|
| 1 | ARTIKELSTATISTIK | | | | | |
| 2 | | | | | | |
| 3 | | | Menge | Preis | Umsatz | Einstands- |
| 4 | | | in Stk. | in DM | in DM | kosten in DM |
| 5 | | | | | | |
| 6 | Produktgruppe X: | | | | | |
| 7 | | | | | | |
| 8 | Produkt X1: | | | | | |
| 9 | Produkt X2: | | | | | |
| 10 | Produkt X3: | | | | | |
| 11 | Produkt X4: | | | | | |
| 12 | | | | | | |
| 13 | | | | | | |
| 14 | | | | | | |
| 15 | | | | | | |

Abb. 5.6: Arbeitsblatt mit Spaltenüberschriften - Teil 1

Die Überschriften sollen aber nicht linksbündig bleiben, sondern in der Mitte der Spalten stehen.

> Lassen Sie dazu den Bereich nach erfolgter Eingabe markiert (schwarz unterlegt) und wählen Sie den Befehl **Zentriert** aus dem Menü **Format.** Jetzt sollte Ihr Bildschirm so aussehen (vgl. Abb. 5.7):

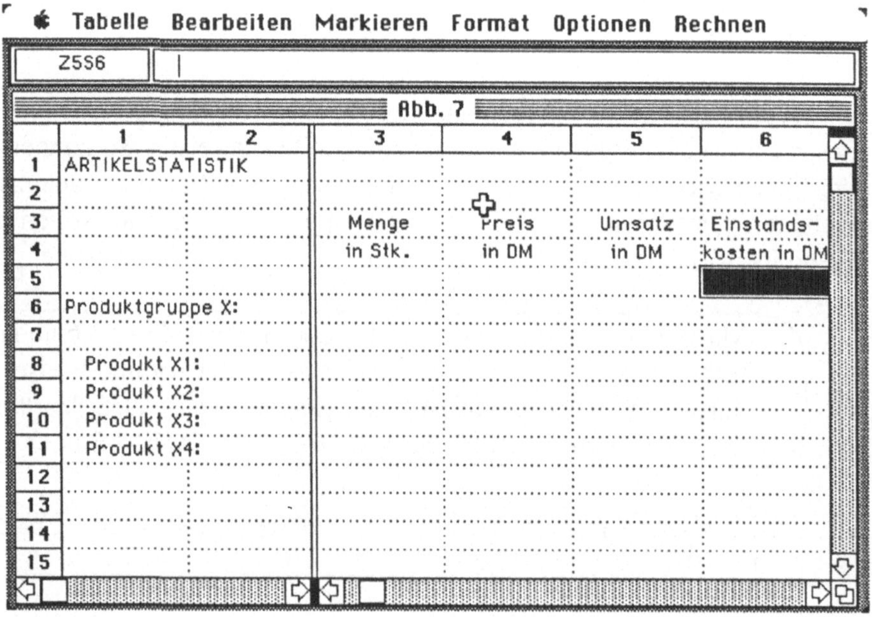

Abb. 5.7: Zentrierte Spaltenüberschriften

> Klicken Sie nun bitte den rechten unteren Rollpfeil zweimal an, so daß Spalte 7 und Spalte 8 auf dem Bildschirm erscheinen, in die die restlichen Überschriften einzutragen sind. Markieren Sie das Feld $Z3S7$, tragen Sie "Brutto-" ein. Bestätigen Sie durch die Eingabetaste und wählen Sie den Befehl **Rechtsbündig** aus dem Menü **Format** aus. In das Feld $Z3S8$ tragen Sie "Ertrag" ein (keine Umformatierung). Markieren Sie bitte anschließend den Bereich $Z4S7{:}8$, nehmen Sie die Einträge "in DM" und "in %" vor und zentrieren Sie diese in der oben beschriebenen Weise. Sie haben damit den Stand von Abb. 5.8 erreicht:

**Abb. 8**

| | 1 | 2 | 5 | 6 | 7 | 8 |
|---|---|---|---|---|---|---|
| 1 | ARTIKELSTATISTIK | | | | | |
| 2 | | | | | | |
| 3 | | | Umsatz | Einstands- | Brutto- | Ertrag |
| 4 | | | in DM | kosten | in DM | in % |
| 5 | | | | | | |
| 6 | Produktgruppe X: | | | | | |
| 7 | | | | | | |
| 8 | Produkt X1: | | | | | |
| 9 | Produkt X2: | | | | | |
| 10 | Produkt X3: | | | | | |
| 11 | Produkt X4: | | | | | |
| 12 | | | | | | |
| 13 | | | | | | |
| 14 | | | | | | |
| 15 | | | | | | |

Abb. 5.8: Arbeitsblatt mit Spaltenüberschriften - Teil 2

> Rollen Sie dann das rechte Feld so zurück, daß wieder die
> Spalten 3 bis 6 darin zu sehen sind.

## 2.2.2 Zahleneingabe und Vergabe von Namen

Der Reihe nach sollen die Zahlenwerte für Menge, Preis und Einstandskosten
der Produkte X1 bis X4 eingegeben werden; die Beträge finden Sie in Abb. 5.9:

**Abb. 9**

| | 1 | 2 | 3 | 4 | 5 | 6 |
|---|---|---|---|---|---|---|
| 1 | ARTIKELSTATISTIK | | | | | |
| 2 | | | | | | |
| 3 | | | Menge | Preis | Umsatz | Einstands- |
| 4 | | | in Stk. | in DM | in DM | kosten in DM |
| 5 | | | | | | |
| 6 | Produktgruppe X: | | | | | |
| 7 | | | | | | |
| 8 | Produkt X1: | | 60000 | 2,21 | | 95000,00 |
| 9 | Produkt X2: | | 20000 | 2,24 | | 32000,00 |
| 10 | Produkt X3: | | 20000 | 1,48 | | 23000,00 |
| 11 | Produkt X4: | | 70000 | 1,40 | | 77000,00 |
| 12 | | | | | | |
| 13 | | | | | | |
| 14 | | | | | | |
| 15 | | | | | | |

Abb. 5.9: Zahlenwerte für Menge, Preis und Einstandskosten

Die Einträge erfolgen zweckmäßigerweise jeweils in den Vierergruppen für die einzelnen Spalten getrennt (markieren, Benutzung der Eingabetaste).

Zahlen werden vom System standardmäßig immer rechtsbündig eingetragen.

Sollte dies einmal nicht der Fall sein, so haben Sie wahrscheinlich statt des Dezimalkommas einen Dezimalpunkt eingegeben, was das System dazu veranlaßt hat, Ihre Eingabe als alphanumerisch aufzufassen.

Die DM-Beträge in den Spalten 4 und 6 unseres Beispiels sollen mit zwei Nachkommastellen erscheinen.

> Formatieren Sie deshalb die Zeilen 6 (!) bis 11 der jeweiligen Spalte mit dem Befehl **Festkomma** aus dem Menü **Format**. Die Zahl der Dezimalstellen steht standardmäßig auf zwei, so daß der Befehl **Dezimalstellen...** aus dem Menü **Format,** mit dem eine Stellenänderung möglich wäre, hier nicht gebraucht wird.

Nun sollen für die drei Zahlengruppen Namen vergeben werden, damit später komfortabler mit ihnen gerechnet werden kann. Die Prozedur ist in allen Fällen gleich und soll deshalb hier nur einmal stellvertretend erläutert werden:

> Markieren Sie bitte den Bereich Z8:11 der betreffenden Spalte und wählen anschließend den Befehl **Namen eintragen** aus dem Menü **Markieren** aus. Nun erscheint ein Dialogfenster auf dem Bildschirm, in das Sie den gewählten Namen eintragen können. Bitte verwenden Sie hier die Namen **"Menge"**, **"Preis"** und **"Kosten"**. Haben Sie den jeweiligen Namen in das Dialogfenster geschrieben, klicken Sie auf OK oder betätigen Sie die Eingabetaste und beenden so den Vorgabevorgang.

Die Namen sind grundsätzlich frei wählbar und können in kleinen oder großen Buchstaben oder in einer Mischform daraus geschrieben werden; das System erkennt ausschließlich die Buchstabenfolge. Für Multiplan reservierte Wörter dürfen nicht benutzt werden.

## 2.2.3 Durchführung von Rechenoperationen

Rechenoperationen können in Multiplan auf verschiedene Art und Weise vorgenommen werden. Die einfachste Methode ist es, die benötigten Zahlenwerte anzuklicken. Nach diesem Verfahren sollen hier die Stückmengen der Produkte in Spalte 3 addiert werden.

> Aktivieren Sie also bitte das Summenfeld $Z6S3$ und geben ein Gleichheitszeichen ein, welches jede Rechenoperation in Multiplan einleiten muß. Jetzt brauchen Sie nur noch die vier Mengen in Zeile 8 bis 11 der Reihe nach je einmal anzuklicken und zum Schluß die Eingabetaste zu betätigen, damit die Summe im aktiven Feld erscheint.

Eine Addition führt das System automatisch aus, wenn keine Rechenoperatoren eingegeben werden.

> Die bereits vergebenen Namen sollen nun zur Umsatzberechnung verwandt werden. Geben Sie bitte in das Feld $Z8S5$ (also Umsatz von Produkt X1) **"=Menge*Preis"** ein und drücken Sie die Eingabetaste.

Da die Rechenoperation für die folgenden Felder dieselbe ist, läßt sie sich komfortabel ausführen.

> Markieren Sie den Bereich $Z8{:}11S5$ und wählen Sie nun den Befehl **Unten ausfüllen** aus dem Menü **Bearbeiten** aus. Jetzt haben Sie alle Einzelumsätze ermittelt.

> Behalten Sie die Markierung der vier Felder bei und vergeben
> Sie dafür den Namen "Umsatz", der - nach der in Punkt 2.2 be-
> schriebenen Vorgehensweise eingegeben - im folgenden zur Be-
> rechnung der Umsatzsumme dient. Aktivieren Sie das Feld $Z6$
> $S5$, versehen es mit dem "=" und wählen dann den Befehl
> **Funktion einfügen** aus dem Menü **Bearbeiten** aus. Su-
> chen Sie im erscheinenden Dialogfeld mittels der Rollbox die
> Funktion **Summe** aus den alphabetisch geordneten Funktionen
> aus, klicken Sie erst diese und anschließend das Feld "OK" an.
> Sowohl im Inhalts- als auch im aktiven Feld erscheint nun:
> **"=Summe()"**. Tragen sie nun den Namen **"Umsatz"** ein, so
> steht dieser in der Klammer und bewirkt nach Betätigung der
> Eingabetaste die Addition der vier Einzelumsätze. Vergessen Sie
> bitte nicht, den Bereich $Z6{:}11S5$, in dem die Umsätze stehen,
> noch mit dem Befehl **Festkomma** aus dem Menü **Format** um-
> zuformatieren!

Unter Benutzung des zu Anfang vergebenen Namens **"Kosten"** sollten Sie
die Summe in Spalte 6 nun nach dem gleichen Verfahren bilden.

Haben Sie alle Rechenoperationen richtig durchgeführt, so sieht Ihre Tabelle
jetzt wie Abb. 5.10 aus:



| | 1 | 2 | 3 | 4 | 5 | 6 |
|---|---|---|---|---|---|---|
| 1 | ARTIKELSTATISTIK | | | | | |
| 2 | | | | | | |
| 3 | | | Menge | Preis | Umsatz | Einstands- |
| 4 | | | in Stk. | in DM | in DM | kosten in DM |
| 5 | | | | | | |
| 6 | Produktgruppe X: | | 170000 | | 305000,00 | 227000,00 |
| 7 | | | | | | |
| 8 | Produkt X1: | | 60000 | 2,21 | 132600,00 | 95000,00 |
| 9 | Produkt X2: | | 20000 | 2,24 | 44800,00 | 32000,00 |
| 10 | Produkt X3: | | 20000 | 1,48 | 29600,00 | 23000,00 |
| 11 | Produkt X4: | | 70000 | 1,40 | 98000,00 | 77000,00 |
| 12 | | | | | | |
| 13 | | | | | | |
| 14 | | | | | | |
| 15 | | | | | | |

Abb. 5.10: Tabelle mit Umsatzwerten

Im nächsten Schritt sollen die Bruttoerträge zunächst in DM berechnet werden. Dazu müssen Sie den Bereich Z8:11S7 aktivieren. Der Bruttoertrag errechnet sich aus der Differenz von Umsatz und Kosten.

Der Eintrag in Zeile 8 des aktivierten Bereichs muß deshalb lauten:

"= Umsatz - Kosten". Nach der Bestätigung der Eingabetaste erscheint der Bruttoertrag. Um nun die Formel für die Felder Z9:11 S7 nicht immer wiederholen zu müssen, sollen Sie jetzt den Befehl **Unten auffüllen** im Menü **Bearbeiten** ausführen.

Nun erscheinen die jeweiligen Bruttoerträge in den Ergebnisfeldern der einzelnen Produkte. Um später mit diesen Werten komfortabler weiterrechnen zu können, sollen Sie für diesen Bereich den Namen "**Ertrag**" definieren.

Die Summe der Einzelerträge soll jetzt in die Z6S7 eingetragen werden. Um diese Rechnung durchzuführen, aktivieren Sie das Feld Z6S7 als Ergebnisfeld und führen, nach der Eingabe eines "=", den Befehl **Funktion einfügen** aus dem Menü **Bearbeiten** durch. In dem nun erscheinenden Dialogfenster wählen Sie die Funktion **Summe** aus und tragen den Namen "**Ertrag**" zwischen den Klammern der Summenfunktion ein.

In der Spalte 8 soll der Bruttoertrag in % errechnet werden.

Zuerst aktivieren Sie den Bereich Z8:11S8. Die Formel für den prozentualen Bruttoertrag lautet "**=100*Ertrag / Umsatz**". Nach dem Eintragen der Formel in die Tabelle und dem Kopieren der Formel auf den restlichen Bereich sollen die Nachkommastellen auf *eine* beschränkt werden. Dazu müssen Sie zuerst den Befehl **Festkomma** im Menü **Format** und anschließend im Menü **Format** den Befehl **Dezimalstellen** ausführen. Nun können Sie in einem weiteren Dialogfenster die Anzahl der Dezimalstellen eintragen und durch Bestätigung an das System übergeben.

Da wir in diesem Modell mit den Prozentwerten nicht mehr weiterrechnen wollen, soll auch kein Name vergeben werden. Die Summenbildung in dieser Spalte ist uninteressant, weil die Beträge immer 100 % ergeben. Interessant ist vielmehr das gewichtete arithmetische Mittel der Bruttoerträge in %. Die beiden gewichteten Größen sind der Umsatz und der Ertrag der einzelnen Produkte in DM. Die Formel lautet:

$$\text{"= 100 * Summe(Ertrag)/Summe(Umsatz)".}$$

Nachdem Sie diesen Eintrag in das aktivierte Feld $Z6S8$ vorgenommen haben, soll auch hier die Dezimalstelle auf *eine* beschränkt werden (vgl. Abb. 5.11):

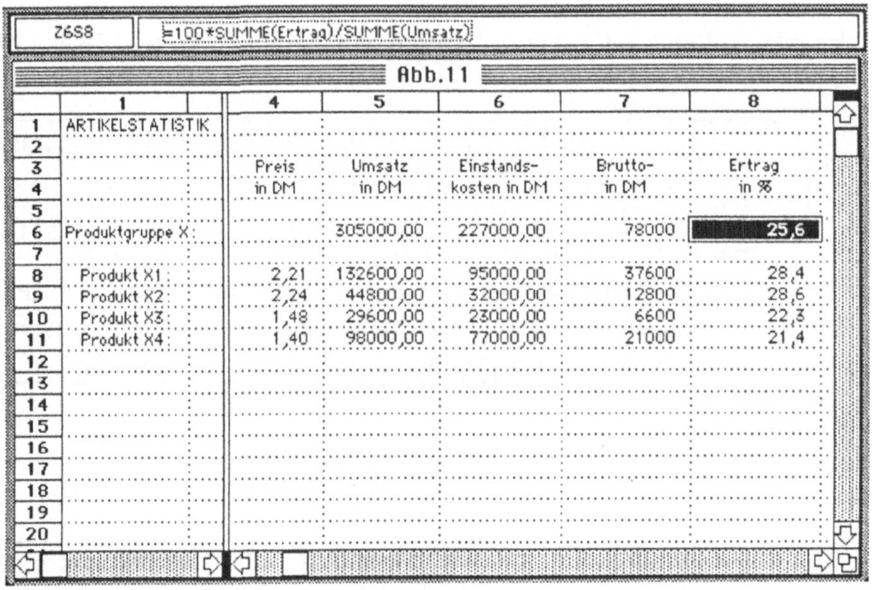

| Z6S8 | =100*SUMME(Ertrag)/SUMME(Umsatz) |
|------|----------------------------------|

**Abb.11**

| | 1 | 4 | 5 | 6 | 7 | 8 |
|---|---|---|---|---|---|---|
| 1 | ARTIKELSTATISTIK | | | | | |
| 2 | | | | | | |
| 3 | | | Preis | Umsatz | Einstands- | Brutto- | Ertrag |
| 4 | | | in DM | in DM | kosten in DM | in DM | in % |
| 5 | | | | | | | |
| 6 | Produktgruppe X | | | 305000,00 | 227000,00 | 78000 | 25,6 |
| 7 | | | | | | | |
| 8 | Produkt X1 | | 2,21 | 132600,00 | 95000,00 | 37600 | 28,4 |
| 9 | Produkt X2 | | 2,24 | 44800,00 | 32000,00 | 12800 | 28,6 |
| 10 | Produkt X3 | | 1,48 | 29600,00 | 23000,00 | 6600 | 22,3 |
| 11 | Produkt X4 | | 1,40 | 98000,00 | 77000,00 | 21000 | 21,4 |
| 12 | | | | | | | |
| 13 | | | | | | | |
| 14 | | | | | | | |
| 15 | | | | | | | |
| 16 | | | | | | | |
| 17 | | | | | | | |
| 18 | | | | | | | |
| 19 | | | | | | | |
| 20 | | | | | | | |

Abb. 5.11: Tabelle mit Brutto-Erträgen

Aus optischen Gründen wollen wir bei hohen Beträgen Tausenderpunkte setzen.

> Dazu müssen Sie den Befehl **Tausenderpunkte** im Menü **Format** ausführen.

In dieser Multiplanversion ist es nicht möglich, Tausenderpunkte für einzelne Felder zu setzen. Dieser Befehl bezieht sich also auf die ganze Tabelle.

Nachdem Sie den Befehl **Tausenderpunkte** ausgeführt haben, erscheint
bei den Zahleneingaben über der Spalte 5 und 6 das Zeichen "#" ( Abb. 5.12):

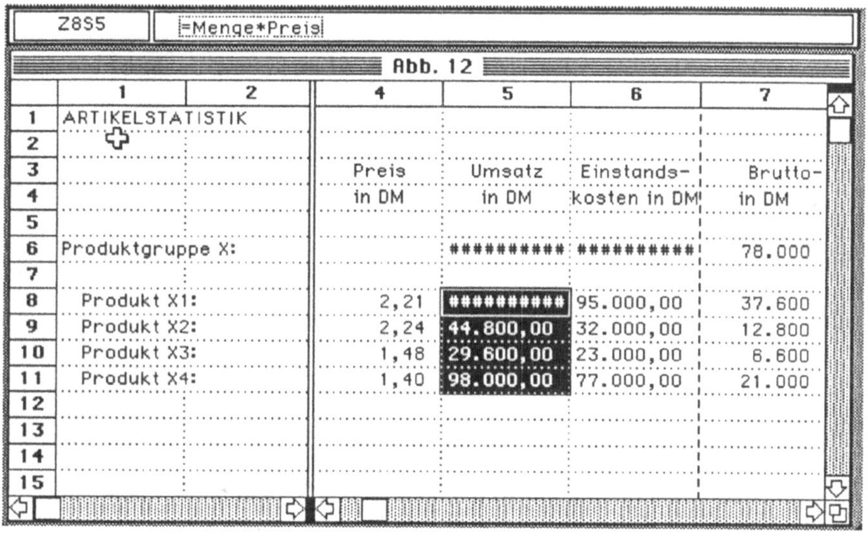

Abb. 5.12: Anzeige bei Überschreiten der Spaltenbreite

Diese Fehlermeldung bedeutet, daß der Zahleneintrag zu groß für die Spalte
ist.

> Um die Werte wieder sichtbar zu machen, muß mit dem Befehl
> **Spaltenbreite** im Menü **Format** die Anzahl der Zeichen für
> diese Spalte entsprechend erhöht werden.

Nachdem Sie den Befehl **Spaltenbreite** ausgeführt haben, erscheint ein
Dialogfenster, in dem Sie die Spaltenbreite exakt definieren können. In un-
serem Beispiel soll die Spaltenbreite auf 14 Stellen festgesetzt werden.
Weiter bietet dieses Dialogfenster die Möglichkeit, die gerade definierte
Spaltenbreite für alle Felder der Tabelle festzuschreiben, was aber in diesem
Fall nicht notwendig ist. Die Tabelle mit den Tausenderpunkten zeigt
Abb. 5.13:

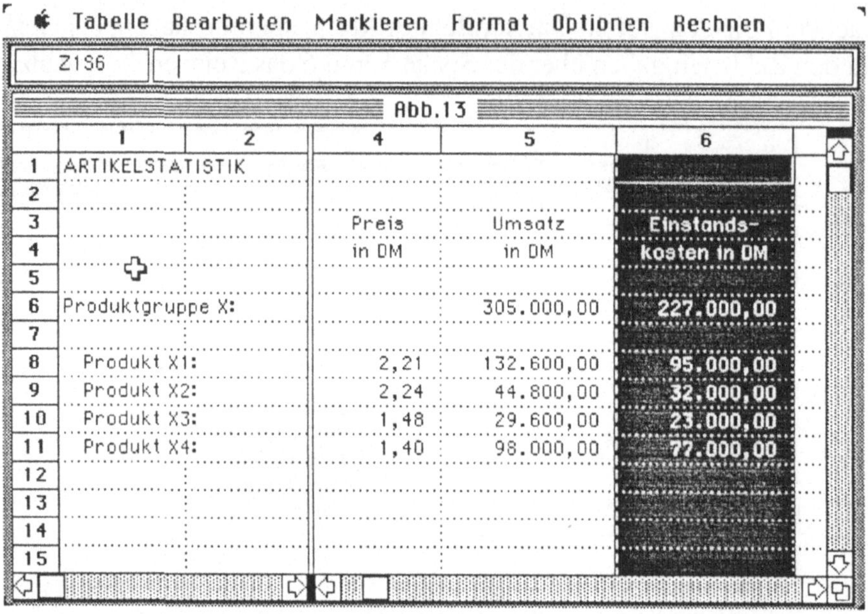

Tabelle Bearbeiten Markieren Format Optionen Rechnen

Z1S6

Abb.13

| | 1 | 2 | 4 | 5 | 6 |
|---|---|---|---|---|---|
| 1 | ARTIKELSTATISTIK | | | | |
| 2 | | | | | |
| 3 | | | Preis | Umsatz | Einstands- |
| 4 | | | in DM | in DM | kosten in DM |
| 5 | | | | | |
| 6 | Produktgruppe X: | | | 305.000,00 | 227.000,00 |
| 7 | | | | | |
| 8 | Produkt X1: | | 2,21 | 132.600,00 | 95.000,00 |
| 9 | Produkt X2: | | 2,24 | 44.800,00 | 32.000,00 |
| 10 | Produkt X3: | | 1,48 | 29.600,00 | 23.000,00 |
| 11 | Produkt X4: | | 1,40 | 98.000,00 | 77.000,00 |
| 12 | | | | | |
| 13 | | | | | |
| 14 | | | | | |
| 15 | | | | | |

Abb. 5.13: Korrigiertes Spaltenformat

Die Spaltenbreite kann auch verändert werden, indem man die Trennungslinie zwischen den entsprechenden Spaltennummern anklickt und durch Bewegen mit der Maus verschiebt.

> Um die fertiggestellte Tabelle zu sichern, führen Sie den Befehl **Speichern unter** im Menü **Tabelle** aus.
> Das System fragt nun nach dem Namen der Tabelle. Die Tabelle soll "**Artikelstatistik**" heißen. Nach der Bestätigung der Eingabe wird diese Tabelle auf Diskette abgespeichert.

Mit Multiplan erhalten Sie auch ein Instrument, um **Wenn-dann-Analysen** durchzuführen. Ändert man einen Eintrag, so ändern sich alle von diesem Eintrag abhängigen Felder. Eine Änderung des Preises eines Produktes hat z.B. Folgen für die Umsatz- und Ertragswerte.

# 2.3 Fallbeispiel Umsatzstatistik mit Tabellenverknüpfung

Als besonderes Leistungsmerkmal stellt Multiplan das Verknüpfen von Tabellen zur Verfügung. Dadurch ist es möglich, einmal erfaßte oder berechnete Werte von einer Tabelle in eine andere zu übertragen. Damit werden Übertragungsfehler vermieden. Die Verknüpfung von Tabellen hat im weiteren den Vorteil, daß die verknüpfte Tabelle bei einem Aufruf immer auf die aktuellen Werte zugreift. So werden Änderungen in der Basistabelle auch gleichzeitig von der verknüpften Tabellen übernommen.

Dazu soll als Beispiel die Umsatzstatistik in der folgenden Abbildung mit der oben erstellten Artikelstatistik verknüpft werden:

Erstellen Sie bitte vor der Verknüpfung die Umsatzstatistik gemäß der Abb. 5.14 unter Zuhilfenahme der Ihnen aus dem Beispiel Artikelstatistik bekannten Funktionen.



| | 1 | 2 | 3 | 4 | 5 | 6 | |
|---|---|---|---|---|---|---|---|
| 1 | UMSATZSTATISTIK | | | | | | |
| 2 | =============== | | Plan-Umsatz | Ist-Umsatz | * | Mengen- | |
| 3 | | | in DM | | * | abweichung | |
| 4 | | | | | * | Umsatz | |
| 5 | | | | | * | | |
| 6 | Produktgruppe X: | | 264.300,00 | | * | | |
| 7 | | | | | * | | |
| 8 | Produkt X1: | | 130.600,00 | | * | | |
| 9 | Produkt X2: | | 46.400,00 | | * | | |
| 10 | Produkt X3: | | 19.100,00 | | * | | |
| 11 | Produkt X4: | | 65.800,00 | | * | | |
| 12 | Sonstige: | | 2.400,00 | | * | | |
| 13 | | | | | | | |
| 14 | | | | | | | |
| 15 | | | | | | | |

Abb. 5.14: Ausgangsdaten der Umsatzstatistik

Die leere Spalte **Istumsatz** soll mit der Spalte **Umsatz** der Artikelstatistik
verknüpft werden.

> Die von Ihnen erstellte Umsatzstatistik muß zuerst auf die glei-
> che Diskette wie die Artikelstatistik abgespeichert werden.
> Dies geschieht mit dem Befehl **Speichern unter** aus dem
> Menü **Tabelle**.
> Danach laden Sie die Tabelle Artikelstatistik mit dem Befehl
> **Laden** aus dem Menü **Tabelle**. Um die Umsatzzahlen in die
> Umsatzstatistik zu übertragen, muß der Bereich Z6:11S5
> markiert werden. Anschließend führen Sie den Befehl **Kopie-**
> **ren** aus dem Menü **Bearbeiten** aus.

Wir benötigen nun die Artikelstatistik nicht mehr und können die Umsatzstatistik laden.

> Ist dies geschehen, so muß der Bereich des Istumsatzes (die
> Stelle wo die Zahlenkette eingefügt werden soll) durch ein
> Kreuz an der oberen linken Ecke des Feldes Z6S4 markiert
> werden. Nun ist der Befehl **Einfügen und Verknüpfen**
> aus dem Menü **Bearbeiten** auszuführen.

Nachdem dieser Befehl ausgeführt ist, erscheinen die Umsatzzahlen aus der
Artikelstatistik an der markierten Stelle. Die Umsatzstatistik greift nun grundsätzlich auf die aktuellen Umsatzwerte der Artikelstatistik zurück.

Für den Fall, daß nur die übertragenen und nicht die Umsatzänderungen der
aktualisierten Umsatzwerte berücksichtigt werden sollen, ist statt dem Befehl
**Einfügen und Verknüpfen** der Befehl **Einfügen** aus dem Menü **Bear-**
**beiten** auszuführen.

Um mit den übertragenen Umsatzwerten komfortabel weiterrechnen zu können, sollen für die Spalte **Istumsatz** und **Planumsatz** die entsprechenden
Namen vergeben werden.

Der Differenzbetrag zwischen Ist- und Planumsatz errechnet sich durch deren
Subtraktion.

Um diese Rechnung durchzuführen, ist in der Tabelle der Bereich **Z8:12S6** zu markieren und die Formel
**"=Istumsatz-Planumsatz"** einzutragen.
In Feld **Z6S6** ist nun noch die Summe zu bilden. Die fertige Umsatzstatistik sieht nun so aus (Abb. 5.15):

```
  Tabelle  Bearbeiten  Markieren  Format  Optionen  Rechnen

   Z14S6      |

                               Abb.15
         1              2        3            4        5        6
 1   UMSATZSTATISTIK
 2   ===============         Plan-Umsatz   Ist-Umsatz   *     Mengen-
 3                              in DM                    *     abweichung
 4                                                       *     Umsatz
 5                                                       *
 6   Produktgruppe X:      264.300,00   265.250,00    *        950
 7                                                       *
 8      Produkt X1:        130.600,00   131.200,00    *        600
 9      Produkt X2:         46.400,00    45.900,00    *       -500
10      Produkt X3:         19.100,00    19.500,00    *        400
11      Produkt X4:         65.800,00    66.200,00    *        400
12      Sonstige:            2.400,00     2.450,00    *         50
13
14
15
16
17
18
19
20
```

Abb. 5.15: Umsatzstatistik mit Berechnungsergebnissen

Damit die Tabelle erhalten bleibt, muß sie zum Schluß noch einmal abgespeichert werden. Dies soll jedoch über den Befehl **Speichern** aus dem Menü **Tabelle** erfolgen.

Im Gegensatz zu dem Befehl **Speichern unter** verlangt das System bei dem Befehl **Speichern** nicht mehr nach dem Namen der Tabelle, sondern nimmt den Namen der aktuellen Tabelle.

## 2.4 Programmspezifische Besonderheiten

Weitere Möglichkeiten in Multiplan sind der Schutz von Feldern und die Berechnung von Iterationen.

Um Felder von Tabellen vor unbeabsichtigtem Überschreiben zu sichern, kann ein Codewort für bestimmte Felder vergeben werden. Das Verändern dieser Felder ist nicht ohne Kenntnis dieses Wortes möglich. Vorsicht ist jedoch bei der Wahl der Codewörter geboten. Vergißt man ein solches Wort, so muß bei einer notwendigen Änderung die Tabelle völlig neu erstellt werden.

Mit der Möglichkeit zur Berechnung iterativer Funktionen ist es mit Multiplan auch möglich, mathematische Funktionen mit zwei voneinander unabhängigen Variablen zu berechnen. Beispiele hierfür sind Kostenfunktionen, finanzmathematische Berechnungen und Investitionsrechnungen.

Insgesamt stellt Multiplan **42 Funktionen** zur Verfügung:.

- 16 mathematische Funktionen,

- 4 trigonometrische Funktionen,

- 8 logische Funktionen,

- 6 Textfunktionen und 8 weitere Funktionen, wie z.B. die $\pi$-Konstanten.

# 3 Einsatzmöglichkeiten

Das Tabellenschema von Multiplan und die einfache Verknüpfungsmöglichkeit von Feldern über Formeln vereinfachen die Lösung zahlreicher kommerzieller Berechnungsprobleme. Auf jeden Wert in der Tabelle kann zu Änderungszwecken schnell und bequem zugegriffen werden. Zu dem Formelvorrat gehören auch bedingte Anweisungen und finanzmathematische Funktionen, so daß sich ein breites Einsatzspektrum ergibt.

Daher läßt sich Multiplan insbesondere für Planungs- und Kontrollrechnungen des betrieblichen Rechnungswesens (Kosten- und Leistungsrechnung, Einnahmen- und Ausgabenrechnungen), für Berechnungen im Finanzbereich und für Investitionsrechnungen nutzen. Für Planungsrechnungen ist Multiplan besonders geeignet, weil "Wenn-dann-Analysen" durchgeführt werden können.

Wenn Ist-Werte, z.B. der Kostenstellenrechnung, erfaßt werden sollen, stößt Multiplan aufgrund der Zeilen- und Spaltenzahl in größeren Unternehmen bald an seine Grenzen.

Außerdem bietet ein so vielseitig einsetzbares Produkt natürlich nicht die Fähigkeiten spezieller Standardsoftware, beispielsweise Möglichkeiten zur Plausibilitätsprüfung der Eingabedaten, besondere Eingabemasken oder Schnittstellen zum Einlesen bereits auf Diskette befindlicher Daten.

Tabellenkalkulationsprogramme wie Multiplan kann man eher als eine neue Dimension des universell einsetzbaren Taschenrechners auffassen.

# 4  Menüs in Multiplan

**Format**

- ✓Standard
- **DM**
- Prozent
- Ganze Zahlen
- Festkomma
- Gleitkomma
- Grafisch

- Dezimalstellen...

- Linksbündig      ⌘L
- Zentriert        ⌘Z
- Rechtsbündig     ⌘R

- Tausenderpunkte

- Spaltenbreite...

**Markieren**

- Alle Felder              ⌘M
- **Letztes Feld**
- Benannte Felder...
- Verknüpfte Felder...

- Aktives Feld zeigen      ⌘C

- Namen eintragen...       ⌘N
- Namen austragen...

**Tabelle**

- Neue Tabelle
- **Laden...**
- Hilfsanzeige löschen
- Speichern
- Speichern unter...

- Layout...
- Drucken...

- Beenden

**Bearbeiten**

- Rückgang unmöglich        ⌘Y
- Ausschneiden             ⌘A
- **Kopieren**             **⌘K**
- Einfügen                 ⌘E
- Feld löschen             ⌘F
- Zwischenablage einblenden
- Einfügen und verknüpfen...
- Verknüpfung lösen...

- Namen einfügen...
- Funktion einfügen...
- Absolute Positionsangabe  ⌘P

- Rechts ausfüllen          ⌘X
- Unten ausfüllen           ⌘U
- Sortieren...

**Optionen**

- Kopfleisten sperren
- ✓Kopfleisten freigeben

- **Seitenwechsel festlegen**
- Seitenwechsel aufheben

- Formeln anzeigen
- ✓Werte anzeigen

- Schreibschutz einrichten...
- ✓Schreibschutz aufheben...

- Vom Schreibschutz ausnehmen
- ✓In Schreibschutz einbeziehen

**Rechnen**

- **Ist Gleich**              **⌘I**
- ✓Sofort
- Später

- Iteration
- ✓Keine Iteration

- Grenzbed. festlegen
- Grenzbed. markieren

# 5 Index und Literatur


| | |
|---|---|
| Berechnungsformeln auf Tabellenbereiche übertragen | 91 |
| Funktionen für Rechenoperationen verwenden | 90 |
| Namen vergeben | 88 |
| Rechenoperationen definieren | 89 |
| Spaltenbreite ändern | 93 f |
| Tabelle speichern | 97 |
| Tabellen verknüpfen | 96 |
| Tabellenbereiche ausschneiden | 84 |
| Tabellenbereiche einfügen | 84, 96 |
| Tabellenbereiche kopieren | 96 |
| Tabellenbereiche markieren | 81, 83 |
| Tabellenteiler einsetzen | 85 |
| Texteingabe u. -formatierung | 85 ff |
| Wenn-dann-Analyse | 94 |
| Zahleneingabe u. -formatierung | 87 f, 91 ff |


## Literatur zu Kapitel 5:


Microsoft GmbH (Hrsg.): Microsoft Multiplan Planungsprogramm.
  Dornach 1985

Michael Tchao, Mark Armstrong, William Berner, Roland Fernandez,
  David Finkelstein, Peter Morgan, Brad Whisler, David Yen: Using the
  Macintosh at Stanford. Stanford 1985, S. 101-113

# Kapitel 6 : MS Chart

von Ekkehard Christiani und Günther Dick

**Inhalt:**

1   Vorbemerkungen zur Geschäftsgrafik und zu MS Chart

2   Übung

   2.1 Aufgabe und Lernziele
   2.2 MS Chart-Arbeitsfläche und -Funktionen
   2.3 Eingabe von Datenreihen
   2.4 Gestaltung des Diagramms
   2.5 Zeichnen des Diagramms
   2.6 Verknüpfung von Dateien
   2.7 Grafische Aufbereitung
   2.8 Berechnung neuer Datenreihen

3   Speichern und Drucken des Diagramms,
   Beenden der Arbeit

4   Einsatzmöglichkeiten

5   Menüs in MS Chart

6   Index und Literatur

# 1  Vorbemerkungen zur Geschäftsgraphik und zu MS Chart

## "Business-Graphics"-Programme

Möglicherweise war die Erkenntnis, die in dem alten Sprichwort "Ein Bild sagt mehr als tausend Worte" zum Ausdruck kommt, der Anlaß zur Entwicklung von "Business-Graphics"-Programmen. Zwei Drittel aller Sinneswahrnehmungen des Menschen sind visuelle Wahrnehmungen (vgl. Abb. 6.1). Bei der visuellen Wahrnehmung kommt grafischen Darstellungen  - im Gegensatz zu verbalen Darstellungen in Schriftform - insofern besondere Bedeutung für das menschliche Wahrnehmungs-vermögen zu, als sie es ermöglichen, die wesentlichen Aussagen langer Zahlenreihen hervorzuheben.

Ferner ist davon auszugehen, daß Informationen, die durch grafische Dar-stellungen übermittelt werden, schneller begriffen und länger behalten werden als Worte und Zahlen, die den gleichen Sachverhalt beschreiben.

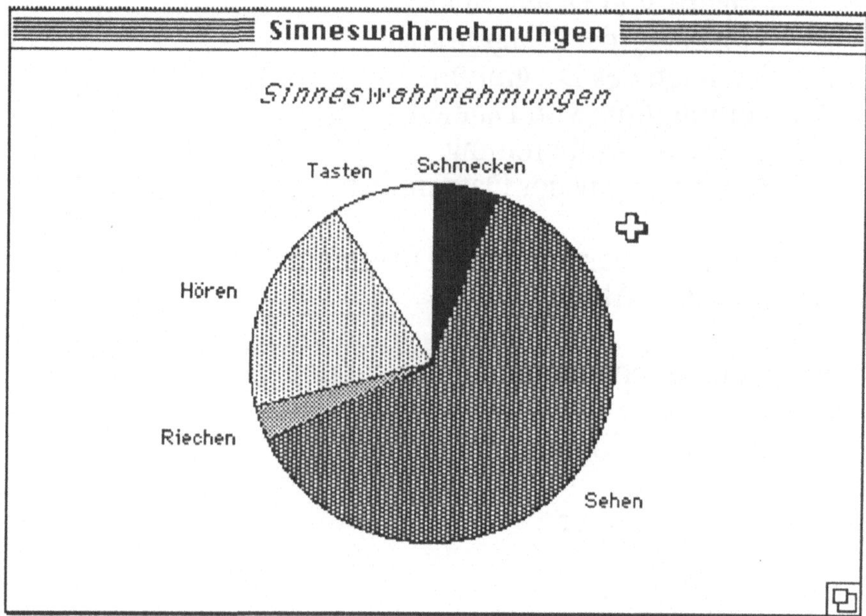



Abb. 6.1: Anteil der visuellen an den gesamten menschlichen Sinneswahrnehmungen

"Business-Graphics"-Programmpakete dienen dazu, Zahlenreihen in aussage-
kräftige Bilder umzusetzen. Zwar können grafische Darstellungen auch mit
Programmen wie z.B. MacPaint oder MacDraw erstellt werden. Bei Ge-
schäftsgrafik-Programmpaketen entfällt jedoch ein Großteil der gestalteri-
schen Arbeit. Als Ergebnis erhält man mit minimalem Aufwand eine pro-
fessionelle und informative Darstellung, die alle in den eingegebenen Daten
enthaltenen Informationen mitteilt.

### Programmspezifische Besonderheiten

Microsoft Chart ist ein leistungsfähiges Business-Graphics-Programmpaket.
Es wurde von der Firma "Microsoft Corporation" für den Macintosh erstellt.
Wie fast alle Software-Pakete dient auch MS Chart dazu, eingegebene Infor-
mationen zu einer sinnvoll verwertbaren Ausgabe umzuformen. Wie bei Mac-
Paint hat der Benutzer die Möglichkeit des aktiven schöpferischen Mitwirkens
bei der Gestaltung der Ausgabe. Die Dateneingabe erfolgt entweder mittels
der Tastatur oder durch Zugriff auf bereits abgespeicherte Dateien. Diese Angaben können dann gestaltet und dargestellt werden, z.B. als Stab-, Balken-,
Kreis- oder Liniendiagramm. Auch kombinierte Darstellungen bereiten der
Microsoft-Software keine Schwierigkeiten. Das erstellte Diagramm kann
dann auf Diskette gespeichert und ausgedruckt werden.

# 2 Übung

## 2.1 Aufgabe und Lernziele

Dargestellt werden soll die Entwicklung der Studienanfängerzahlen an der
Kölner Wiso-Fakultät vom SS 1981 bis WS 1985/86:

| Jahr | SS | WS |
|------|------|------|
| 1981 | 351 | 921 |
| 1982 | 386 | 840 |
| 1983 | 464 | 1092 |
| 1984 | 483 | 1018 |
| 1985 | 470 | 957 |

Das Ergebnis sollte so aussehen (Abb. 6.2):

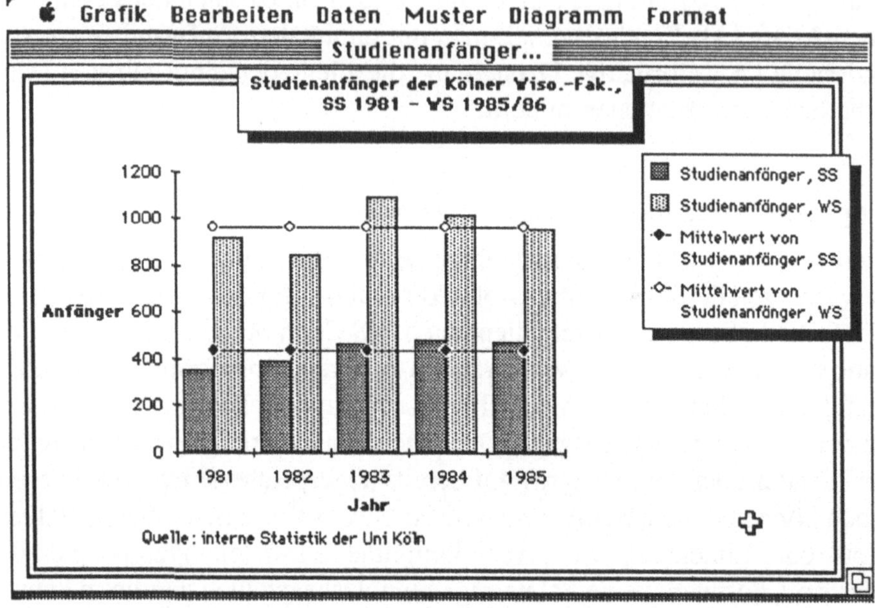


Abb. 6.2:   Entwicklung der Studienanfängerzahlen an der Kölner
            WiSo-Fakultät

## Lernziele:

- Eingabe und Editieren von Daten
- Diagramm zeichnen
- Verschiedene Diagrammarten verwenden
- Sortieren und Berechnen
- Markieren
- Verknüpfen von Dateien
- Einfügen einer Legende
- Kreatives Formatieren
- Berechnen neuer Datenreihen

# 2.2 MS Chart-Arbeitsfläche und -Funktionen

## Starten des Programms

> Schalten Sie den Macintosh ein und schieben Sie die MS Chart Programmdiskette ins Laufwerk. Klicken Sie zweimal auf das Symbol für die Programmdiskette und schauen Sie sich das Inhaltsverzeichnis an. Darunter finden Sie u.a. ein rhombusförmiges Symbol mit dem Namen "MS Chart". Öffnen Sie MS Chart durch zweimaliges Anklicken des Symbols. Warten Sie nun bis das Programm geladen ist und auf Ihrem Bildschirm zwei Fenster erscheinen:

## Datenfenster und Diagrammfenster

Das mit "Neue Datenreihe" betitelte Fenster ist das Datenfenster. Wenn in MS Chart Informationen eingegeben werden, erscheinen diese im Datenfenster. Wie im folgenden noch zu sehen sein wird, kann MS Chart mehrere Datenfenster verwalten.

> Holen Sie nun das mit "Unbenannt" überschriebene Fenster in den Vordergrund, indem Sie aus dem Menü **Diagramm** den Befehl **Diagramm-Ausschnitt Zeigen** auswählen.

Wenn Sie dies getan haben, tritt das Fenster "Neue Datenreihe" in den Hintergrund. Sie können das Diagrammfenster auch in den Vordergrund holen, indem Sie auf den sichtbaren Teil des Fensters klicken. Wenn MS Chart ein Diagramm zeichnet, so erscheint es in diesem Fenster.
Sowohl das Diagrammfenster als auch das Datenfenster können genauso bewegt und verändert werden wie die Fenster in anderen Macintosh-Anwendungsprogrammen.

## Menüübersicht

MS Chart besitzt 7 Befehlsmenüs: **Apple, Grafik, Bearbeiten,
Daten, Muster, Diagramm** und **Format.**

### Menü **Apple**

Unter **Chart Info** finden sich im Apple-Menü Informationen über MS
Chart. Die anderen Wahlmöglichkeiten im Apple-Menü betreffen das übliche
Schreibtisch-Zubehör. Nähere Informationen darüber finden Sie im Macin-
tosh-Handbuch.

### Menü **Grafik**

Dieses Menü dient zum Laden, Speichern, Löschen und Drucken von Diagrammen und Datenreihen sowie zum Beenden der Arbeit.

### Menü **Bearbeiten**

Das Menü **Bearbeiten** beinhaltet die üblichen Bearbeitungsbefehle wie
**Rückgängig, Ausschneiden, Kopieren, Einfügen,**
und **Löschen.** Ferner ermöglicht es die Übernahme bestimmter Daten aus
anderen Dateien sowie deren Verknüpfung. Darauf beziehen sich die Befehle
**Einfügen und Verknüpfen** und **Verknüpfung Lösen.**
Diese Befehle erlauben z.B. MS Chart mit MS Multiplan zu verbinden oder
MS Chart-Dateien in Abhängigkeit voneinander zu bringen.

### Menü **Daten**

Mit den Befehlen dieses Menüs kann man Datenreihen erstellen, sortieren und
berechnen.

### Menü **Muster**

Dieses Menü dient zur Wahl der Diagrammart. Insgesamt stehen 42 verschiedene Diagrammarten zur Verfügung.

## Menü **Diagramm**

Das Menü **Diagramm** ermöglicht das

- Ändern der Diagrammart
- Einfügen von Pfeilen sowie einer Legende
- Ein- und Ausblenden von Achsen
- Markieren des Diagramms, z.B. um es in ein anderes Anwendungsprogramm zu übernehmen
- Markieren der Diagrammfläche. Dieser Befehl ist Ausgangspunkt für viele Wahlmöglichkeiten im Menü FORMAT.

## Menü **Format**

Dieses Menü stellt Befehle zur individuellen Gestaltung des Diagramms bereit. Mit Hilfe dieser Befehle können u.a. Muster verändert, Achsen bewegt und Texte umgestaltet werden.

# 2.3 Eingabe von Datenreihen

## Datenreihen, Rubriken und Größen

Eine Datenreihe ist eine Gruppe von Daten. Das Datenfenster heißt "Neue Datenreihe", weil es in der Lage ist, eine neue Gruppe von Daten aufzunehmen. Bei den Daten unterscheidet man Rubriken und Größen. Die Rubriken korrespondieren mit der horizontalen Achse (x-Achse), die Größen mit der vertikalen Achse (y-Achse).

## Das Datenfenster

Ist das Datenfenster momentan nicht aktiv, so aktivieren Sie es, indem Sie darauf klicken. Sollte das Datenfenster - aus welchem Grund auch immer - nicht sichtbar sein, so wählen Sie den Befehl **Auflisten** aus dem Menü **Daten**.

## Spezifikation der Daten

Bevor Informationen eingegeben werden, ist es wichtig, zu spezifizieren,
welche Art von Informationen eingegeben werden sollen. In MS Chart
können vier verschiedene Arten von Informationen eingegeben werden:
**Zahlenreihe, Datum, Text** und **Zahl**. Alle Befehle können über das
Menü **Daten** ausgewählt werden. Infolge des Befehls **Zahlenreihe**
werden die Rubriken automatisch von 1 bis n durchnumeriert (mit n =
Anzahl der Größen);  eingegeben werden nur die Größen. Der Befehl
**Datum** bewirkt, daß die Angaben in der Rubrikenspalte automatisch als
Datumsangaben erstellt werden. Dabei kann man zwischen Jahren,
Monaten, Tagen und Werktagen wählen. Bei beiden Befehlen kann man
die Größe bestimmen, mit der begonnen und um die - von Rubrik zu
Rubrik - äquidistant erhöht werden soll. Bei den Befehlen **Text** und
**Zahl** sind sowohl Werte für die Rubriken als auch Werte für die Größen
einzugeben. Der Befehl **Text** unterscheidet sich von dem Befehl **Zahl**
dadurch, daß in der Rubrikenspalte auch Schriftzeichen eingegeben
werden können. Die Standardeinstellung von MS Chart ist Zahlenreihe.
Deshalb ist im Menü **Daten** links neben **Zahlenreihe** ein Häkchen
sichtbar.


Ihr erstes Diagramm soll aber in der Rubrikenspalte Datumsangaben
enthalten.

> Wählen Sie daher im Menü **Daten** den Befehl **Datum**.

Sie können nun den Reihennamen, den Rubrikennamen und den Größennamen eingeben. Die Standardeinstellungen werden von MS Chart automatisch eingegeben. Sie sind für den Reihennamen die aktuelle Zeit, für
den Rubrikennamen "Rubrik" und für den Größennamen "Größe".

> Drücken Sie ein paarmal die Tabulatortaste und schauen Sie, was
> passiert: (Ist ein Feld schwarz unterlegt, so ist es ausgewählt.Ge-
> ben Sie auf der Tastatur etwas ein, so erscheint es in diesem
> Feld.)

> Springen Sie zum Feld "Reihenname". Egal, was Sie nun in dieses
> Feld eingeben, es erscheint als Überschrift über Ihrem Diagramm.
> Tippen Sie "Studienanfänger, SS" und drücken Sie die Tabulator-
> taste. Tippen Sie "Jahr" als Rubrikenname und "Anfänger" als
> Größenname ein. Wenn Sie fertig sind, klicken Sie auf die Schalt-
> fläche **OK**!

Sie werden bemerkt haben, daß ein neues Datenfenster erzeugt wurde. Das
neue Datenfenster hat den Namen "Studienanfänger, SS". Jedesmal, wenn
Sie eine neue Datenreihe eingeben, erzeugt MS Chart ein neues Datenfenster
mit dem Reihennamen als Überschrift.

## Dateneingabe

Die Dateneingabe erfolgt mit der Eingabetaste.

> Tippen Sie "351" und drücken Sie die Eingabetaste usw.
> (386, 464, 483, 470).

Sollten Sie einen Fehler machen - er ist leicht zu korrigieren: Ein Zeichen wird
gelöscht, indem man die Einfügungsmarke rechts neben das zu löschende Zeichen setzt und die Rücklauftaste betätigt. Eine Zeichenfolge läßt sich löschen,
indem man sie zunächst markiert (Maustaste am Anfang der Zeichenfolge
drücken und am Ende der Zeichenfolge loslassen : die Zeichenfolge wird
schwarz unterlegt) und dann die Rücklauftaste betätigt.

Mit den Befehlen **Rubriken** und **Grössen** aus dem Menü **Format**
läßt sich die Darstellungsart der Rubriken und Größen verändern. Welche
Veränderungsmöglichkeiten zur Verfügung stehen, hängt von der Art der Datenreihe ab. In allen Datenreihen läßt sich die Ausrichtung der Daten in der Datenreihe (linksbündig, rechtsbündig, zentriert) sowie der Vor- bzw. Nachtext
festlegen, der vor bzw. nach einer Rubrik oder Größe erscheinen soll. Bei Datenreihen vom Typ **Zahlenreihe** oder **Zahl** können als Zahlenformate
gewählt werden: Standard, DM, Prozent, Ganze Zahl sowie Festkomma.

## 2.4 Gestaltung des Diagramms

### Das Standard-Diagramm

> Wenn Sie alle Daten richtig eingegeben haben und gemäß Ihren
> Wünschen in der Datenreihe dargestellt haben, dann klicken Sie
> auf das Kästchen links neben "Zeichne Datenreihe". Um das Dia-
> gramm vollständig sehen zu können, müssen Sie das Diagramm-
> fenster aktivieren.

Mit Hilfe des Menüs **Muster** kann das erscheinende Säulendiagramm
durch eine andere Diagrammart oder -form ersetzt werden. Grundsätzlich
stehen 7 Diagrammarten zur Wahl: **Fläche**, **Balken**, **Säulen**, **Linie**,
**Kreis**, **Punkte**, und **Überlagerung**.

Den Befehl **Überlagerung** können Sie zur Zeit noch nicht sinnvoll
verwenden, da Sie erst über *eine* Datenreihe verfügen.

> Wenn Sie einen der Befehle auswählen, erscheint ein Fenster, das
> Ihnen verschiedene Diagrammformen der gewählten Diagrammart
> präsentiert. Klicken Sie auf die von Ihnen gewünschte Form und
> danach auf **OK**.

Da die Diagrammart SÄULE zur Darstellung der von Ihnen eingegebenen Daten durchaus geeignet ist, sollten Sie nach dem Ausprobieren anderer Diagrammarten wieder zu ihr zurückkehren.

### Eine weitere Datenreihe

> Aktivieren Sie das Fenster "Neue Datenreihe".

Falls es nicht zu sehen sein sollte, nehmen Sie den Befehl **Auflisten**
aus dem Menü **Daten** zu Hilfe. Wenn das Fenster "Neue Datenreihe" aktiv
ist, wählen Sie den Befehl **Datum** aus dem Menü **Daten**.

Ändern Sie den Reihennamen ab in "Studienanfänger, WS";
lassen Sie alles andere unverändert und klicken Sie auf **OK**.
Geben Sie die Daten für das Wintersemester (921, 840, 1092,
1018, 957) auf die gleiche Art und Weise ein wie die Daten für
das Sommersemester.Wenn Sie alle Informationen eingegeben
haben, klicken Sie wieder auf das Kästchen neben "Zeichne
Datenreihe". Aktivieren Sie nun das  Diagrammfenster.

Das neue Diagramm sollte wie folgt aussehen (Abb. 6.3):

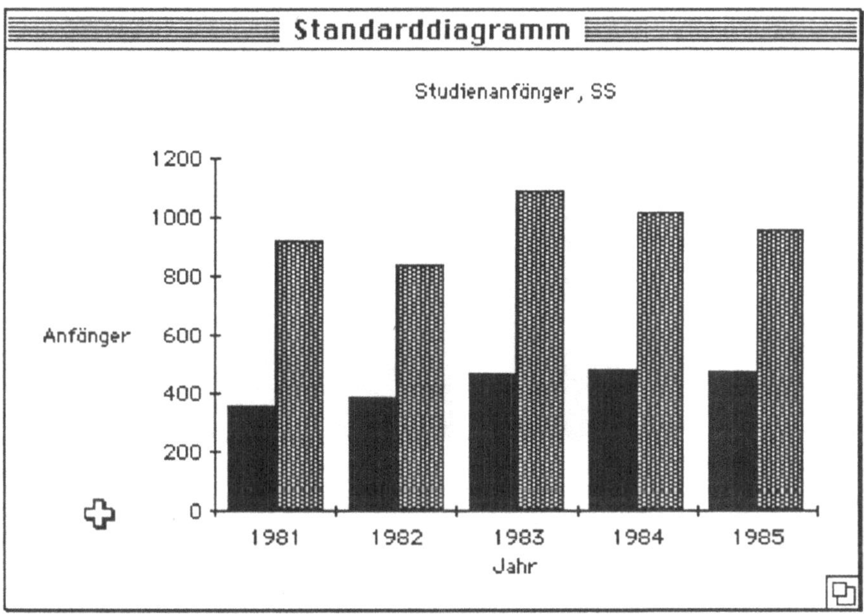


Abb. 6.3: Säulendiagramm der Studienanfängerzahlen

## Zur Wahl der Diagrammart

Welche Diagrammart für einen konkreten Zweck die am besten geeignete ist,
hängt vom Adressaten, von der Art der darzustellenden Information und vom
Zweck der Darstellung ab. Geht es z.B. um die Präsentation weniger und einfacher Informationen gegenüber einem breiten Publikum, so erfordert dies
eine andere Diagrammart als die Abbildung der zwischen zwei Variablen be-
stehenden Abhängigkeit für einen Wissenschaftler. Daher sollen im folgenden die grundlegenden Diagrammtypen kurz erläutert werden.

## Säule

Das Säulendiagramm (vgl. Abb.6.4) wird normalerweise verwendet, um
Veränderungen der Werte einer Größe darzustellen, die sich auf gleich große
Zeiträume beziehen. Die Veränderungen mehrerer Größen lassen sich vergleichen, indem man die verschiedenen Werte der verschiedenen Größen in
demselben Diagramm darstellt. Die Säulen lassen sich dabei sowohl aufeinander als auch nebeneinander setzen.

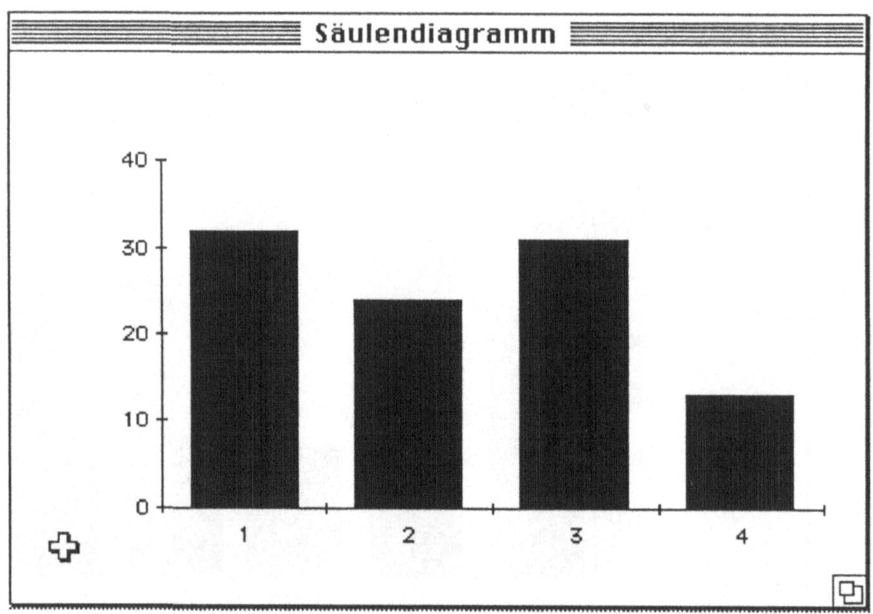


Abb. 6.4: Säulendiagramm

## Balken

Das Balkendiagramm sieht aus wie ein um 90 Grad gedrehtes Säulendiagramm (vgl. Abb. 6.5). Der Hauptunterschied besteht darin, daß Balken-
diagramme gewöhnlich die Werte verschiedener Größen zu einem bestimmten Zeitpunkt vergleichen. Das abgebildete Balkendiagramm zeigt ein Mehr-
Reihen-Balkendiagramm in der 100%-Darstellungsform. In dieser Darstellungs-
form nutzen alle - in Abschnitte zerlegte - Balken die ganze Fläche, wobei die
Länge eines jeden Abschnitts proportional zu ihrem Anteil an der Gesamtheit
ist.

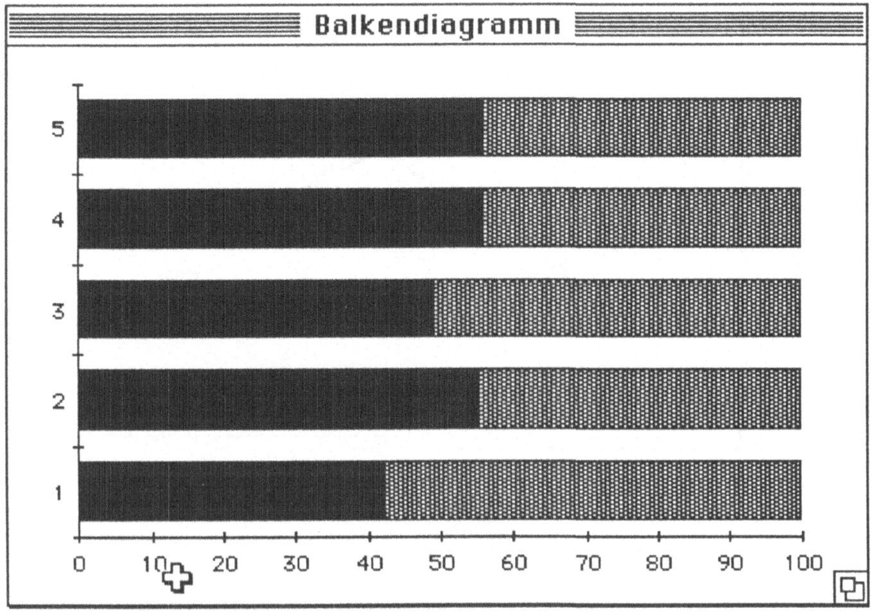


Abb. 6.5: Balkendiagramm

## Linie

Das Liniendiagramm (vgl. Abb.6.6) präsentiert in effektiver Weise große
Mengen quantitativer Informationen in einer Form, die es dem Leser
ermöglicht, schnell Trends und Beziehungen zu erkennen. Während der
Verlauf der Linie die Veränderungen im Trend anzeigt, gibt die Entfer-
nung der Linie von der horizontalen Achse an jedem beliebigen Punkt
den quantitativen Wert der Größe an. Die Darstellung mehrerer Linien
auf den gleichen Achsen oder verschiedener Graphen in dem gleichen
Diagramm ermöglicht die schnelle Auswertung der Informationen und
das Erkennen von Ursache-Wirkungs-Zusammenhängen. Diese Art
Diagramm ist besonders beliebt bei Finanzprognosen.

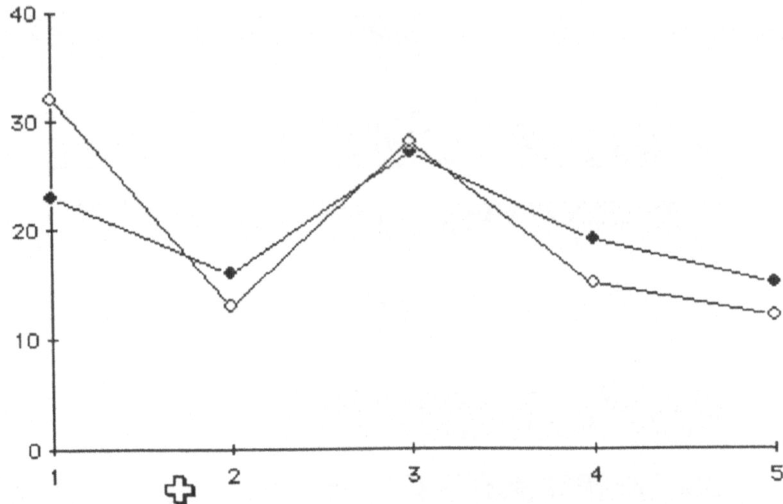

Abb. 6.6: Liniendiagramm

## Kreis

Das Kreisdiagramm (vgl. Abb. 6.7) ist die allgemeinverständlichste Form der Darstellung. Der vermutliche Grund ist, daß es mit ihm unmöglich ist, komplexe Beziehungen zum Ausdruck zu bringen. Kreisdiagramme werden verwendet, um die relative Position von Teilen einer Gesamtheit zu  vergleichen. Die Kreisfläche repräsentiert die Gesamtheit, und die Größe eines jeden Sektors zeigt seinen Anteil. Die Anordnung der Sektoren erlaubt es, sie sowohl untereinander als auch mit der Gesamtheit zu vergleichen.

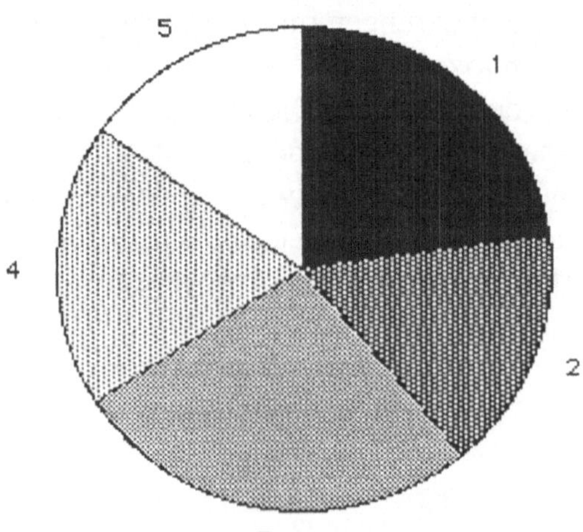

Abb. 6.7: Kreisdiagramm

## Fläche

Ein einfaches Flächendiagramm (vgl. Abb. 6.8) läßt sich erstellen, indem
man den Raum unter der Linie eines Liniendiagramms ausfüllt. Komplexere
Flächendiagramme entstehen, wenn mehrere Reihen auf den gleichen Achsen
dargestellt werden. Jede Reihe wird dargestellt durch einen Streifen; die Breite
des Streifens an einem Punkt gibt den Wert der Größe an diesem Punkt an.
Die Streifen werden aufeinandergelegt, so daß der Abstand von der horizontalen Achse bis zur obersten Kante des obersten Streifens die Summe der Werte
aller Größen an diesem Punkt angibt.

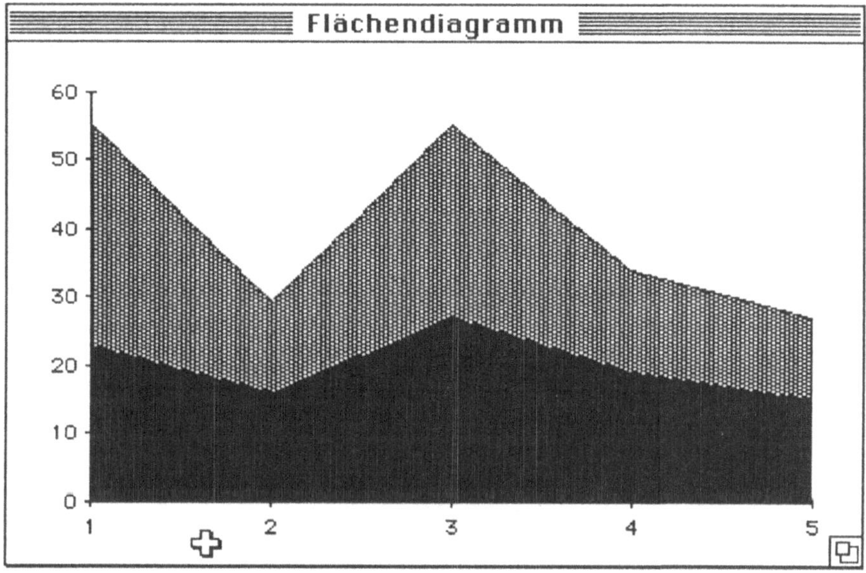


Abb. 6.8: Flächendiagramm

## Punkte

Das Punktdiagramm (vgl. Abb. 6.9) wird verwendet, um die Beziehung
zwischen zwei Variablen zu beschreiben;  sie kann variieren zwischen unabhängig und stark abhängig. Der Grad der Abhängigkeit zweier Variablen kann
durch die Berechnung des Korrelationskoeffizienten angegeben werden. Die
Berechnung des Korrelationskoeffizienten erfolgt in MS Chart, wenn beim
Befehl Berechnen die Option Statistik gewählt wird. Der Wert des Korrelationskoeffizienten r liegt stets zwischen -1 und 1. Ein positiver Wert bedeutet, daß
das Anwachsen des Wertes der einen Variable mit dem Anwachsen des Wertes
der anderen Variable einhergeht. Ist der Wert von r negativ, so bedeutet dies,

daß mit Anwachsen des Wertes der einen Variable der Wert der anderen Variable abnimmt. Der Wert von r ist umso näher an 1 oder -1, je größer die Abhängigkeit zwischen den Variablen ist. Bei einem Wert von 0 besteht ein zufälliger Zusammenhang. Eine typische Anwendung des Punktediagramms ist die Untersuchung einer unüblichen Bedingung im Rahmen einer Vielzahl gleicher Bedingungen, wie z.B. die Abweichung der erwarteten Umsatzentwicklung eines Produktes bei Veränderung bestimmter Produktionsparameter.

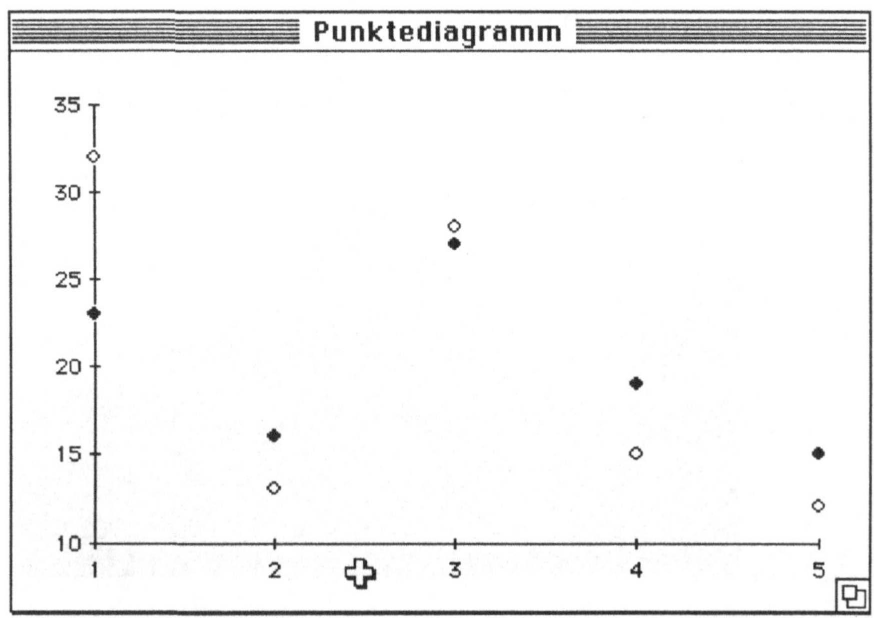


Abb. 6.9: Punktdiagramm

## Das Verändern der Diagrammart

> Da Sie nun über zwei Datenreihen verfügen, können Sie neben den schon erwähnten Befehlen aus dem Menü **Muster** auch den Befehl **Überlagerung** wählen.

Entspricht keine der dort auswählbaren Darstellungsformen Ihren Wünschen, so können Sie mit Hilfe der Befehle **Art Hauptdiagramm** und **Art Überlagerndes Diagramm** aus dem Menü **Diagramm** eine beliebige Kombination auswählen. Mit dem Befehl **Achsen** aus dem gleichen Menü

können Sie ferner Achsen, Teilungsbeschriftungen, Haupt- und Hilfsgitter-
netzlinien ein- und ausblenden, und zwar sowohl bei einem überlagernden
als auch bei einem nicht-überlagernden Diagramm.

## Die Befehle Sortieren und Berechnen

Der Befehl **Sortieren** aus dem Menü **Daten** ermöglicht Ihnen, die
Daten in den Datenreihen zu ordnen. Dabei können die Daten der Rubriken-
und der Größenspalte sowohl in aufsteigender als auch in absteigender Reihenfolge geordnet werden.

Durch den Befehl **Berechnen** wird die aktive Datenreihe nicht verän-
dert, sondern es wird ausgehend von ihr eine neue Datenreihe erstellt. Die ab-
geleitete Datenreihe ist mit der Ursprungs-Datenreihe verknüpft, d.h. wenn
sich die Werte der Ursprungs-Datenreihe ändern, wird auch die abgeleitete
Datenreihe neu berechnet. Als Alternativen der Berechnung stehen Mittelwert,
Trend, Wachstum, Kumulative Summe, Differenz, Prozent und Statistik zur
Auswahl. Bei der Option Statistik werden 7 Werte berechnet: Datenpunktzahl,
Höchstwert, Kleinstwert, Mittelwert, Zentralwert, Standardabweichung und
Korrelationskoeffizient.

Nicht alle Datenreihen, die Sie mit Hilfe des Befehls **Berechnen** erzeugen, müssen im Diagramm dargestellt werden.

Durch Wahl des Befehls **Auflisten** können Sie festlegen,
welche Datenreihen gezeigt und welche gezeichnet werden sollen.
Bei Wahl des Befehls erscheint ein Fenster mit den Reihennamen
aller Datenreihen.

Neben dem Reihennamen einer Datenreihe erscheinen zwei Kästchen. In dem
linken Kästchen können Sie festlegen, ob diese Datenreihe aufgelistet, in dem
rechten Kästchen, ob sie in das  Diagramm eingezeichnet werden soll.

Durch Klicken können Sie ein leeres Kästchen in ein angekreuztes umwandeln
und umgekehrt. Nach dem Klicken auf **OK** werden Ihnen alle gewünschten
Datenreihen aufgelistet. Die Zahl in dem Kästchen neben "Reihenfolge" kor-
respondiert mit der Reihenfolge der grafischen Darstellung. Durch Verändern
dieser Zahlen können Sie die von Ihnen gewünschte Reihenfolge festlegen.

## 2.5  Zeichnen des Diagramms

Wählt man den Befehl **Sofort Zeichnen** aus dem Menü **Diagramm**,
so wird das Diagramm nach jeder Änderung der Datenreihe sofort neu
erstellt. Sind viele Änderungen in der Datenreihe vorzunehmen, empfiehlt
es sich, den Befehl **Später Zeichnen** zu wählen. Dies spart Zeit, da das
Diagramm in diesem Fall nur dann neu erstellt wird, wenn das
Diagrammfenster aktiviert, der Befehl **Zeichnen** oder der Befehl **Sofort
Zeichnen** gewählt wird.

### Das Markieren im Diagramm

Die Befehle **Diagramm Markieren** und **Diagrammfläche
Markieren** werden benutzt, um das Diagramm oder die Diagrammfläche
umzustellen, zu vergrößern, zu verkleinern oder mit Hilfe des Menüs
**Format** zu gestalten. Einzelne Diagrammteile, wie z.B. die Achsen, die
Legende, Beschriftungen etc., werden einfach durch Anklicken markiert.

### Kurzbeschreibung der wichtigsten Bearbeitungs-befehle

Der Befehl **Rückgänig** im Menü **Bearbeitung** widerruft den letzten
Bearbeitungsbefehl. Mit dem Befehl **Ausschneiden** wird ein markierter
Bereich in die Zwischenablage kopiert und im Fenster gelöscht, mit dem
Befehl **Kopieren** nur in die Zwischenablage kopiert, mit dem Befehl
**Löschen** nur gelöscht. Ist der Diagrammausschnitt aktiviert, lautet der
Kopierbefehl **Diagramm kopieren**. In diesem Fall kann man dann wäh-
len, ob das Diagramm in Bildschirmgröße oder in der im **Layout** festge-
legten Größe kopiert werden soll. Mit dem Befehl **Einfügen** läßt sich
der Inhalt der Zwischenablage in einen markierten Bereich oder an einer
Einfügungsposition einsetzen. Die Einfügungsposition wird durch
Klicken an der gewünschten Stelle bestimmt und durch ein Kreuz oder
eine Einfügungsmarke angezeigt. Der Befehl **Zwischenablage Einblenden** dient dazu, den Inhalt der Zwischenablage sichtbar zu machen.
Inhalt der Zwischenablage ist immer das, was zuletzt kopiert oder
ausgeschnitten wurde.

# 2.6 Verknüpfung von Dateien

Mit Hilfe des Befehls **Einfügen und Verknüpfen** aus dem Menü **Bearbeiten** können Daten einer anderen Datei bleibend mit einer Datenreihe verknüpft werden, wenn Sie zuvor aus dieser Datei kopiert wurden (vgl. hierzu das Multiplan-Kapitel). Zu beachten ist dabei, daß die Daten dieser Datenreihe nur in der Ursprungsdatei geändert werden können, andererseits aber jede Änderung der Ursprungsdatei automatisch in die verknüpfte Datenreihe übernommen wird. Auf diese Weise ist es z.B. möglich, die Werte bestimmter Felder einer Multiplan-Tabelle in einem Diagramm darzustellen, wobei eine Änderung dieser Werte automatisch eine entsprechende Änderung des Diagramms zur Folge hat, wenn dieses neu geladen wird. Aufheben läßt sich eine derartige Verknüpfung mit dem Befehl **Verknüpfung Lösen**. Wenn Sie die Multiplan-Datei Artikelstatistik noch im Zugriff haben, können Sie zu Testzwecken die Umsatz-Datenreihe mit einem Chart-Diagramm verknüpfen.

# 2.7 Grafische Aufbereitung

## Vergrößern des Diagrammfensters und des Diagramms

Vergrößern Sie das Diagrammfenster mit Hilfe der üblichen Bewegungs-und Verschiebungstechniken. Machen Sie das Diagrammfenster so groß, daß es gerade noch auf den Macintosh-Bildschirm paßt.

Die Datenfenster sind nun nicht mehr sichtbar, sie sind allerdings nicht für immer verschwunden. Mit dem Befehl **Auflisten** aus dem Menü **Daten** können Sie wieder eingeblendet werden.

Beim Verändern der Größe des Diagrammfensters sollten Sie beachten, daß die Größe des Diagramms unverändert bleibt. Wählen Sie nun den Befehl **Diagramm Markieren** aus dem Menü **Diagramm**.

Sie werden feststellen, daß 8 kleine schwarze Quadrate um das Diagramm herum erscheinen.

> Durch Klicken auf ein solches Quadrat und durch Bewegen der Maus bei gedrückter Maustaste können Sie nun das Diagramm verkleinern und vergrößern.Vergrößern Sie das Diagramm so, daß es das ganze Diagrammfenster ausfüllt.

## Die verschiedenen Ausführungen

Der Befehl **Ausführung** aus dem Menü **Format** ermöglicht Ihnen, den Hintergrund und die Ränder des ausgewählten Objekts zu verändern. Da das ganze  Diagramm ausgewählt ist, können Sie den Hintergrund und die Umrahmung des gesamten Diagramms ändern.

> Wählen Sie unter "Randbreite" die mittlere Option. Wie zu erwarten war, erledigt man dies einfach durch Klicken auf die gewünschte Option.

Um die ausgewählte Randbreite herum erscheint ein Rahmen, um anzuzeigen, daß sie Verwendung finden soll.

> Instruieren Sie nun MS Chart, einen doppelten Rahmen zu zeichnen, indem Sie auf den Kreis links neben "Doppelt" klicken. Klicken Sie **OK**.

## Das Einfügen einer Legende

Eine Legende dient dazu, die verschiedenen Elemente eines Diagramms zu erklären. Sie übermittelt Informationen, die auf andere Art und Weise nicht dargestellt werden können. Je komplexer ein Diagramm ist, um so größer ist ihre Bedeutung. Auch ermöglicht eine Legende das Einzeichnen verschiedener Graphen auf den gleichen Achsen, ohne daß die Gefahr einer Verwechslung besteht.

> Wählen Sie den Befehl **Legende einfügen** aus dem Menü **Diagramm**.

MS Chart zeichnet jetzt automatisch ein, welche Muster sich auf welche Größenart beziehen.

## Das Umbenennen des Titels

Der bisherige Titel des Diagramms ist "Studienanfänger, SS". Dieser Titel
entspricht aber nicht mehr dem Inhalt des Diagramms, da es auch die Datenreihe "Studienanfänger, WS" enthält.

> Um den Titel zu verändern, müssen Sie ihn zunächst markieren,
> indem Sie darauf klicken.

Es erscheinen wieder 8 kleine Quadrate um das ausgewählte Objekt herum.

> Klicken Sie auf das Quadrat links neben dem "S" von "Studienan-
> fänger" und ziehen Sie es einige  Zentimeter nach links. Nun ha-
> ben Sie mehr Platz für einen Titel. Sie können den Titel nun ändern
> in "Studienanfänger der Kölner Wiso-Fak., SS 1981 - WS 1985/
> 86". Wenn der Platz nicht ausreichen sollte, machen Sie die Flä-
> che einfach größer.

## Textarten, -stile und -größen

> Wählen Sie **Text** aus dem Menü **Format**.

Wie unschwer zu erkennen ist, können Sie in MS Chart mit dem Befehl **Text**
auf vielfältige Weise gestalterisch tätig werden. Wenn Sie diese Möglichkeiten
neugierig machen, experimentieren Sie ruhig eine Weile.

> In jedem Fall sollten Sie die Schriftart in "Geneva" und die Schrift-
> größe in **klein, fett** verändern. Wählen Sie "nicht zugeordnet"
> und klicken Sie anschließend auf **OK**.

Es kann sein, daß Sie die Größe der Fläche für den Titel verändern müssen
(siehe oben), um alle Wörter sichtbar zu machen.

> Wählen Sie nun den Befehl **Ausführung** und bestimmen
> Sie als Randbreite "dünn" und als  Rahmenart "Schatten". Klicken
> Sie auf **OK**. Markieren Sie nun die Legende, indem Sie mit der
> Maus darauf klicken.
> Wählen Sie wiederum Ausführung, verändern Sie die Rahmen-
> breite in "dünn" und die Rahmenart in "Schatten". Klicken Sie
> erneut auf **OK**. Wenn sie nun erneut "Titel" bzw. "Legende"
> markieren, können Sie durch Anklicken und Bewegen der Maus -
> bei gedrückter Maustaste - Titel bzw. Legende verschieben, z.B.
> ein wenig über den Rahmen des Diagramms hinaus.

## Weitere Gestaltungsmöglichkeiten

Mit dem Befehl **Pfeil einfügen** aus dem Menü **Diagramm** können Sie an
jeder beliebigen Stelle im Diagramm einen Pfeil einfügen. Mit Hilfe des Befehls **Legende** aus dem Menü **Format** können Sie Art und Größe der
Schrift in der Legende, die Position der Legende im Diagramm sowie den
Abstand der Einträge in der Legende festlegen. Der Befehl **Achsen** ermöglicht Ihnen, Skalen umzukehren, den Schnittpunkt einer Achse mit einer anderen festzulegen, die Position der Teilungsbeschriftungen zu bestimmen, die
darzustellenden Werte auf ein bestimmtes Intervall zu beschränken, Abstände
zwischen Teilstrichen festzulegen sowie eine logarithmische Teilung zu wählen.
Auch die Befehle **Hauptdiagramm** und **Überlagerndes Diagramm** aus
dem Menü **Format** eröffnen Ihnen zahlreiche Gestaltungsmöglichkeiten.
Welche Möglichkeiten Ihnen im einzelnen zur Verfügung stehen, hängt von
der Art des Diagramms ab und wird Ihnen bei der Wahl der Befehle
angezeigt.

## 2.8 Berechnung neuer Datenreihen

> Wählen Sie aus dem Menü **Daten** den Befehl **Auflisten** und
> klicken  Sie sodann  die Schaltfläche **OK** an. Sie können jetzt,
> ausgehend von der aktivierten Datenreihe, neue Datenreihen
> berechnen lassen. Aktivieren Sie die Datenreihe "Studienanfänger,
> SS". Wählen Sie nun aus dem Menü **Daten** den Befehl **Berech-
> nen**. Nach der Standardeinstellung wird der Mittelwert berechnet.

> Belassen Sie es dabei - klicken Sie also **OK** an. Verfahren Sie
> jetzt genauso mit der Datenreihe "Studienanfänger, WS".

Sie werden bemerkt haben, daß das Diagramm und die Legende automatisch
nach der Berechnung der Mittelwerte ergänzt werden. Die jetzt sichtbare Darstellung des Diagramms ist allerdings wenig zweckmäßig.

> Wählen Sie zunächst den Befehl **Auflisten** aus dem Menü
> **Daten**.
>
> Aktivieren Sie die Datenreihe "Studienanfänger, WS". Markieren
> Sie das Feld neben Reihenfolge" und geben jetzt "2" ein. Aktivie-
> ren Sie die Datenreihe "Mittelwert von Studienanfänger, SS" und
> geben Sie für die Reihenfolge "3" ein.
>
> Wählen Sie nun den Befehl **Überlagerung** aus dem Me-
> nü **Muster**. Belassen Sie es bei der Standardeinstellung -
> klicken Sie also **OK** an.

Sie haben damit die Übungsaufgabe gelöst !

# 3  Speichern und Drucken des Diagramms, Beenden der Arbeit

Möchten Sie Ihr Diagramm abspeichern, so wählen Sie den Befehl **Spei-
chern unter ...** aus dem Menü **Grafik**. Sollten Sie später einmal den
Wunsch haben, Ihr Diagramm zu verändern, so können Sie es mit dem
Befehl **Laden** wieder in Ihren Arbeitsspeicher holen. Mit dem Befehl
**Speichern** können Sie die vorgenommenen Änderungen dann sichern.
Bei diesem Befehl brauchen Sie keinen Dateinamen einzugeben, da die alte
Datei überschrieben werden soll.

> Wählen Sie **Diagramm Drucken** aus dem Menü **Grafik**. Be-
> achten Sie dabei, daß Sie diesen Befehl nur wählen können, wenn
> das Diagrammfenster aktiv ist. Ist das Datenfenster aktiv, lautet der
> Befehl **Datenreihen Drucken**.

Die Einzelheiten der Druckausgabe können Sie mit Hilfe des Befehls **Layout**
festlegen. Der erste Befehl im Menü **Grafik** lautet entweder **Neues Format**
oder **Neue Datenreihen**. Welcher der beiden Befehle dort erscheint, ist davon abhängig, welches Fenster gerade aktiv ist. Ist das Diagrammfenster aktiv,
so kann man mit dem Befehl **Neues Format** alle Formate auf ihre Standardeinstellung zurückstellen. Ist ein Datenfenster aktiv, kann man mit dem Befehl
**Neue Datenreihen** alle Datenreihen löschen und alle Formate beibehalten.
Mit dem Befehl **Ausschnitt Löschen** kann man herausgestellte und lösch-
fähige Bildschirmausschnitte, wie z.B. eine eingeblendete Zwischenablage,
löschen.

> Zum Beenden Ihrer Arbeit wählen Sie den Befehl **Beenden** aus
> dem Menü **Grafik**. Danach können Sie dann die Diskette mit Hilfe
> des Befehls **Auswerfen** aus dem Menü **Ablage** auswerfen lassen.

## 4 Einsatzmöglichkeiten

MS Chart bietet weitgehende Möglichkeiten zur Wahl der jeweils geeigneten
Diagrammform. Besonders hervorzuheben sind außerdem die zahlreichen
Optionen zur Gestaltung von Einzelheiten, insbesondere der Muster, der
Schrifttypen und der Umrahmungen. Da auch Pfeile und freier Text in die
Diagramme eingefügt werden können, erübrigt sich ein nachträgliches Überarbeiten der Zeichnungen mit MacPaint selbst dann, wenn besondere Anfor-
derungen vorliegen. Die Berechnungs- und Überlagerungsoptionen ermöglichen es, mit Zahlenreihen unmittelbar statistische Auswertungen durchzuführen und die Ergebnisse zu veranschaulichen.
Seine Grenzen findet MS Chart, wenn nicht mehr diskrete, sondern kontinu-
ierliche Funktionsverläufe exakt dargestellt werden sollen. Auch die Gegen-
überstellung mehrerer Grafiken ohne Überlagerung, die häufig zum Zeigen
des Sachverhaltes aus unterschiedlichen Perspektiven benötigt wird, ist nur
mit Hilfe von Schere und Klebstoff oder durch Übertragen der Chart-Dia-
gramme in MacDraw oder MacWrite möglich.

# 5  Menüs in MS Chart

**Bearbeiten**

| | |
|---|---|
| Rückgängig unmöglich | ⌘Y |
| Ausschneiden | ⌘A |
| Kopieren | ⌘K |
| Einfügen | ⌘E |
| Löschen | ⌘C |
| Einfügen und verknüpfen | |
| Verknüpfung lösen ... | |
| Zwischenablage einblenden | |

**Diagramm**

| | |
|---|---|
| Art Hauptdiagramm ... | |
| Art überlagerndes Diagramm ... | |
| Achsen ... | |
| Legende einfügen | |
| Pfeil einfügen | |
| Diagramm markieren | ⌘M |
| Diagrammfläche markieren | |
| Zeichnen | ⌘Z |
| ✓Sofort zeichnen | |
| Später zeichnen | |
| Diagrammausschnitt zeigen | ⌘D |

**Format**

| |
|---|
| Rubriken ... |
| Größen ... |
| Ausführung ... |
| Legende ... |
| Text ... |
| Achsen... |
| Hauptdiagramm ... |
| überlagerndes Diagramm ... |

**Muster**

| |
|---|
| Fläche ... |
| Balken ... |
| Säule ... |
| ✓Linie ... |
| Kreis ... |
| Punkte ... |
| Überlagerung... |

**Daten**

| | |
|---|---|
| Zahlenreihe ... | |
| Datum ... | |
| ✓Text ... | |
| Zahl ... | |
| Sortieren ... | |
| Berechnen ... | |
| Auflisten ... | ⌘L |

**Grafik**

| |
|---|
| Neue Datenreihen |
| Laden... |
| Auschnitt löschen |
| Speichern |
| Speichern unter ... |
| Layout ... |
| Datenreihen drucken... |
| Beenden |

# 6 Index und Literatur


Bearbeitungsbefehle                                        120
Datenarten bestimmen                                       110
Dateneingabe                                               111
Datenfenster                                               107, 109
Datenreihen berechnen                                      119, 124 f
Datenreihen sortieren                                      119
Datenreihen verknüpfen                                     121
Diagramm zeichnen                                          120
Diagrammart wählen                                         112 ff
Diagrammfenster                                            107
Drucken                                                    126
Grafische Detaildarstellung                               121 ff
Legende einfügen                                           122
Rubriken und Größen darstellen                            111
Speichern                                                  125
Textgestaltung                                             123
Überlagerung von Diagrammen                               125


## Literatur in Kapitel 6:


Microsoft GmbH (Hrsg.): Microsoft Chart Grafikprogramm. Dornach 1985

Michael Tchao, Mark Armstrong, William Berner, Roland Fernandez, David Finkelstein, Peter Morgan, Brad Whisler, David Yen: Using the Macintosh at Stanford. Stanford 1985, S. 115-233

# Kapitel 7: MacProject

von Peter Bölter, Werner Dinkelbach und Hans-Gerd Lindlahr

**Inhalt:**

1 Vorbemerkungen zur Projektplanung und MacProject

2 Übungsbeispiel

    2.1 Aufgabe und Lernziele
    2.2 Zeichnen eines Netzplanes
    2.3 Eingabe von Zeit- und Kosteninformationen
    2.4 Pläne
    2.5 Sensitivitätsanalysen

3 Einsatzmöglichkeiten

4 Menüs in MacProject

5 Index und Literatur

# 1 Vorbemerkungen zur Projektplanung und MacProject

MacProject ist ein Programm zur Planung von Projekten mit Hilfe der Netzplantechnik. Unter einem Projekt versteht man die Durchführung zeitlich begrenzter Sonderaufgaben, die von einem Zustand (Startpunkt) ausgehen, mit genau einem Zustand enden (Zielzustand) und zusammengehörige, voneinander abhängige Aktivitäten umfassen.

Die Definition umfaßt daher sowohl die Planung eines Grillabends als auch den Bau eines Kraftwerkes. Die Netzplantechnik ist ein grafischer und mathematischer Formalismus, der es erlaubt, Zusammenhänge zwischen projektzugehörigen Aktivitäten zu beschreiben und zeitliche oder kostenbezogene Optimierungen vorzunehmen. Durch die Interdependenz von grafischer Darstellung und mathematischen Berechnungen kommen in dieser Anwendung die Macintosh-Eigenschaften besonders gut zur Geltung, da es so möglich wird, interaktiv solange Änderungen in Grafik und Datenkonstellationen durchzuführen, bis die Ergebnisse als optimal angesehen werden.

Für Benutzer der Programme MacWrite und MacPaint erfordert die Bedienung von MacProject kaum zusätzlichen Lernaufwand.

# 2 Übungsbeispiel
# 2.1 Aufgabe und Lernziele

**Aufgabe:**      Planung einer ADV-Einführung

Ihre Firma beabsichtigt, eine neue ADV-Anlage und dazugehörige Software zu kaufen bzw. selbst zu programmieren. Sie wollen einen Plan aufstellen, der alle erforderlichen Teilaufgaben enthält und Ihnen Auskunft gibt, ab wann Sie mit dem neuen System arbeiten können. Außerdem interessiert Sie, wann Sie frühestens mit den Teilaufgaben beginnen können bzw. spätestens beginnen müssen, ohne daß sich die Inbetriebnahme des Systems verzögert. Den Plan für das Übungsbeispiel zeigt Abb. 7.1.

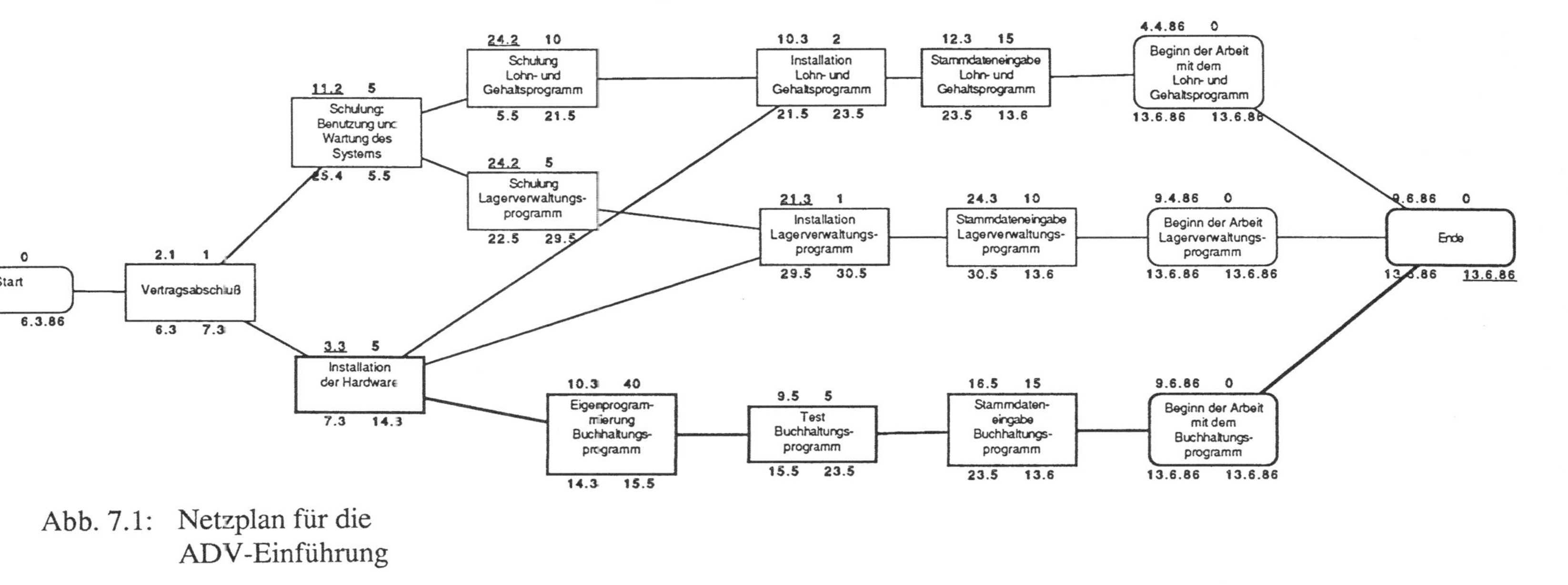


Abb. 7.1: Netzplan für die ADV-Einführung

**Lernziele:**

Nach dem Durcharbeiten dieser Übung sollen Sie in der Lage sein,

* Vorgänge anzulegen, zu verändern und zu löschen
* Netzpläne aus Vorgängen und Meilensteinen aufzubauen
* Zeitrestriktionen ( früheste und späteste Anfangs- und Endzeitpunkte) zu formulieren
* Zeit- und Ressourcenbedarfe zu erfassen
* die verschiedenen Pläne, die MacProject berechnet, abzurufen und zu interpretieren
* Sensivitätsanalysen durchzuführen.

# 2.2 Zeichnen eines Netzplans

> Schalten Sie den Macintosh ein, legen Sie die MacProject-Programmdiskette ein und rufen Sie MacProject durch Doppelklick auf das Programm-Symbol auf. Sie gelangen automatisch in den Planungsbereich "Netzplan" und können nun mit dem Entwurf des Planes aus Abb. 7.1 beginnen.

## Bedeutung der Netzplan-Symbole

Der Netzplan gibt einen plastischen Überblick über den  Ablauf eines Projektes. Die Rechtecke mit den scharfen Ecken stellen "ein zeiterforderndes Geschehen mit definierten Anfang und Ende ( DIN 69900 )", also eine abgeschlossene Teilaufgabe, dar und werden **Vorgänge** genannt. Die Verbindungslinien zwischen Vorgängen spiegeln  Abhängigkeiten wider. Ein Vorgang ist abhängig von einem anderem, wenn einer der beiden nicht begonnen werden kann, ohne daß der andere abgeschlossen ist. Die parallelen Zweige des Netzplans können dagegen gleichzeitig ausgeführt werden.

Kästen mit abgerundeten Ecken symbolisieren **Meilensteine**. Meilensteine sind keine Teilaufgaben, sondern Schlüsselpunkte im Projektverlauf (z.B. Start und Ende). Aus formalen Gründen darf ihnen keine Zeitdauer zugeordnet werden, obgleich das in MacProject möglich ist.

## Zeichnen des Übungsbeispiels

> Zeichnen Sie bitte zunächst den Netzplan aus Abb. 7.1. Beginnen
> Sie mit Vorgang 2.1 (Vertragsabschluß), indem Sie die kreuz-
> förmige Zeichenmarke plazieren, die Maustaste drücken, die Maus
> einige cm nach rechts unten ziehen und dann die Taste loslassen.

Automatisch erscheint eine Schreibmarke im Vorgangskasten, und Sie können
dort den entsprechenden Text eintragen. Die Handhabung von Text ( Einfügen,
Kopieren, Ausschneiden und Löschen ) geschieht auf die gleiche Weise wie in
MacWrite oder MacPaint. Die Menüs Schrift und Stil sind ebenfalls analog
aufgebaut. MacProject zentriert Ihre Eingabe und rückt automatisch in die
nächste Zeile des Kastens vor. Durch Betätigen der Rücklauftaste können Sie
auch selbst Zeilenwechsel veranlassen. Ist Ihr Kasten zu klein oder zu groß
für den Text, können Sie ihn durch Markieren der Umrandung und Verschieben der schwarzen Punkte, die dann sichtbar werden (Aktivpunkte), bei gedrückter Maustaste verändern. Einen Meilenstein für den Start erzeugen Sie,
indem Sie zunächst einen Vorgangskasten erstellen und diesen durch Auswahl
des Befehls **Meilenstein ändern** aus dem Menü **Vorgang** transformieren
(vgl. Abb. 7.2).

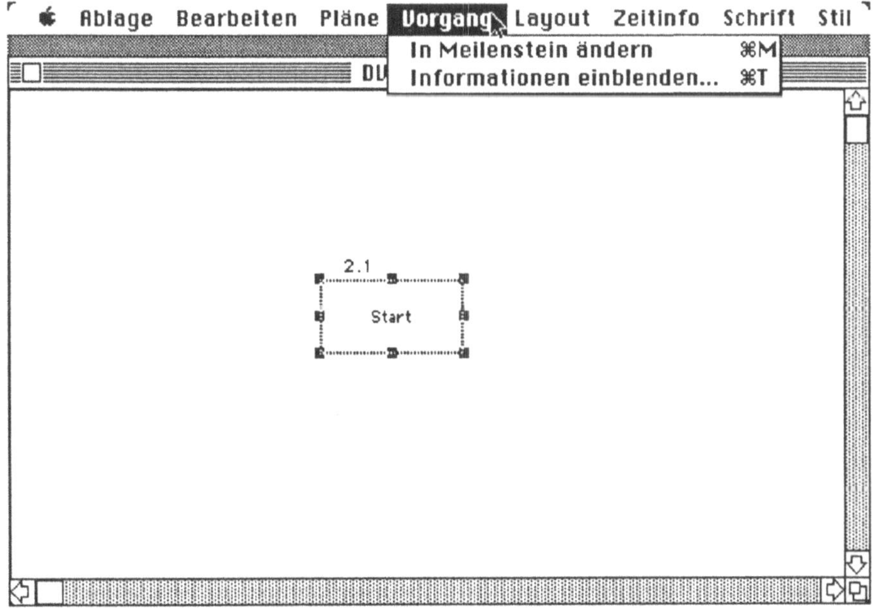


Abb. 7.2: Ändern eines Vorgangs in einen Meilenstein

Veränderungen an Text oder Form der Meilensteine und Vorgänge können
Sie auch später immer vornehmen, indem Sie die Maus auf Texte bzw.
die Umrandung der Kästen positionieren und die Maustaste drücken. Der
gesamte Kasten kann auf dem Arbeitsblatt verschoben werden, wenn
dessen Rand aktiviert ist und **nicht aktivierte Punkte** auf dem Rand
mit gedrückter Maustaste bewegt werden.

> Verschieben Sie bitte den Start- und den Vertragsabschlußkasten
> so, daß sich die in Abb. 7.1 gezeigte Anordnung ergibt. Zeich-
> nen Sie nun die **Abhängigkeitslinie** zwischen beiden Kästen.
> Klicken Sie dazu in den Start-Kasten, halten Sie die Maustaste
> gedrückt und ziehen Sie die Zeichenmarke in den Vertragsab-
> schluß-Kasten. Abhängigkeitslinien können nur von links nach
> rechts gezogen werden, da sie zugleich eine Reihenfolge der
> Vorgänge bzw. Meilensteine festlegen.

Falls Sie überflüssige Abhängigkeitslinien oder Vorgänge gezeichnet haben, lassen diese sich durch Aktivieren (Anklicken mit der Maus, so daß
die Linien gestrichelt erscheinen) und Auswahl der Befehle **Löschen**
oder **Ausschneiden** aus dem Menü **Bearbeiten** wieder beseitigen.
Nach dem Ausschneiden befinden sich die entfernten Symbole in der
Zwischenablage.

> Konstruieren Sie nun den gesamten Plan aus Abb. 7.1. Das Ar-
> beitsblatt ist größer als das Bildschirmfenster; mit Hilfe der Roll-
> balken können Sie den gezeigten Ausschnitt variieren. Wählen
> Sie während der Eingabe gelegentlich den Befehl **ganze Grafik**
> aus dem Menü **Layout**, um sich die gesamte Grafik verkleinert
> anzuschauen (vgl. Abb. 7.3). Das gestrichelte Rechteck kenn-
> zeichnet den zuletzt gezeigten Bildschirmausschnitt. Durch Ver-
> schieben des Rechtecks können Sie einen anderen Ausschnitt
> wählen.
> Sobald Sie außerhalb des inneren Fensters klicken, erscheint der
> gewählte Ausschnitt wieder in Normalgröße.

Denken Sie bitte daran, nach ca.15 Minuten Ihre Arbeit zu sichern (Menü
**Ablage**, Befehl **sichern**), um böse Überraschungen zu vermeiden.

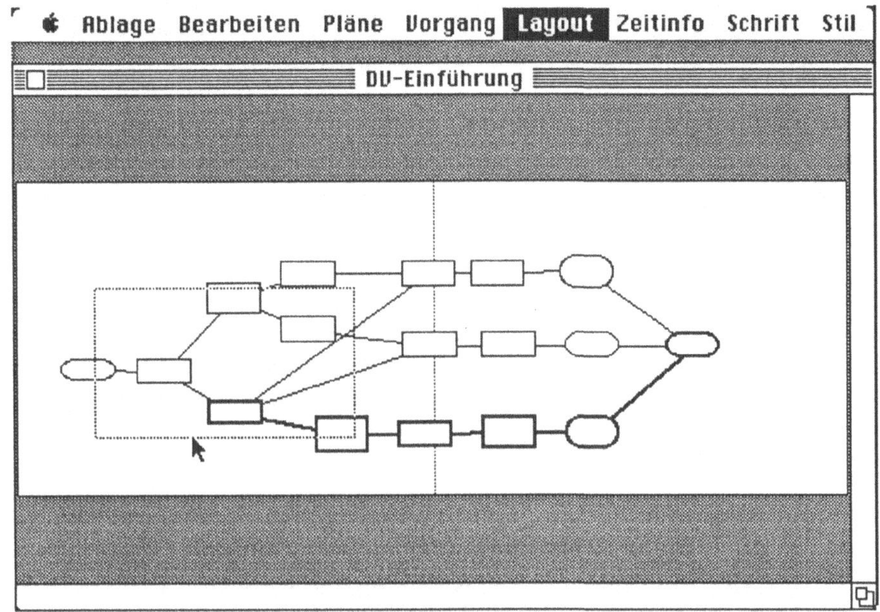


Abb. 7.3: Überblicksdarstellung der gesamten Grafik

Wenn Sie großzügig gezeichnet haben, reicht das ursprüngliche Arbeitsblatt nicht aus. Es läßt sich aber leicht vergrößern, indem Sie aus dem Menü
**Layout** die Option **Arbeitsblattgröße** aufrufen und weitere Kästchen in
dem gezeigten Raster anklicken. Sie können Vergrößerungen durch das Anklicken schwarzer Kästchen auch rückgängig machen, solange der entsprechende Teil des Blattes noch leer ist.

Sie können das Zeichnen beschleunigen, wenn Sie zur Eingabe eines neuen
Vorgangs einfach aus einem Kasten heraus eine Abhängigkeitslinie an die
neue Position des neuen Kasten ziehen. Damit erzeugen Sie gleichzeitig einen Kasten gleicher Größe und die zugehörige Abhängigkeitslinie.Wenn Sie
mehrere Kästchen, z.B. einen Zweig des Netzplanes, auf dem Arbeitsblatt
verschieben oder löschen wollen, müssen Sie diese zunächst nacheinander
durch gleichzeitiges Drücken der Umschalttaste und der Maustaste aktivieren;
die Operationen sind analog zu den Operationen mit einzelnen Kästchen auszuführen.

## 2.3 Eingabe von Zeit- und Kosteninformationen

### Eingabe der Zeitdauern und Ressourcen für die Vorgänge

Für Zeit- und Kostenkalkulationen müssen Sie MacProject mitteilen, welche
Zeit jede Aktivität vorraussichtlich in Anspruch nimmt und welche Ressourcen
(Personen, Maschinen oder Räumlichkeiten, die nur begrenzt zur Verfügung
stehen) daran beteiligt sind.

Aktivieren Sie den Vertragsabschluß (2.1) und wählen Sie aus
dem Menü **Vorgang** den Befehl **Informationen einblenden**.
Es erscheint ein Fenster **Vorgangsinformation** (vgl. Abb. 7.4)
auf dem Arbeitsblatt. Tragen Sie dort unter **Tage** die Zahl 1 und
unter **Ressourcen** "Geschäftsführer" ein, da der Geschäftsführer
ca. 1 Tag unterwegs sein wird, um den Vertrag unter Dach und
Fach zu bringen. Durch Betätigen der Tabulator-Taste springen
Sie in die nächste Spalte. Das Vorgangsinformationenfenster zeigt
in einer Spalte leider nur die ersten 12 Zeichen des Ressourcenna-
mens an, speichert aber den gesamten Namen ab, damit er in anderen Plänen gedruckt werden kann.

Geben Sie jetzt die Zeitdauer und Ressourcen für alle Vorgänge
ein, die Sie den Spalten **Tage** und **Ressourcen** der Abb. 7.11
entnehmen können. Den **Einblenden**-Befehl brauchen Sie nicht
aufzurufen, wenn Sie stattdessen die Tabulator-Taste betätigen.

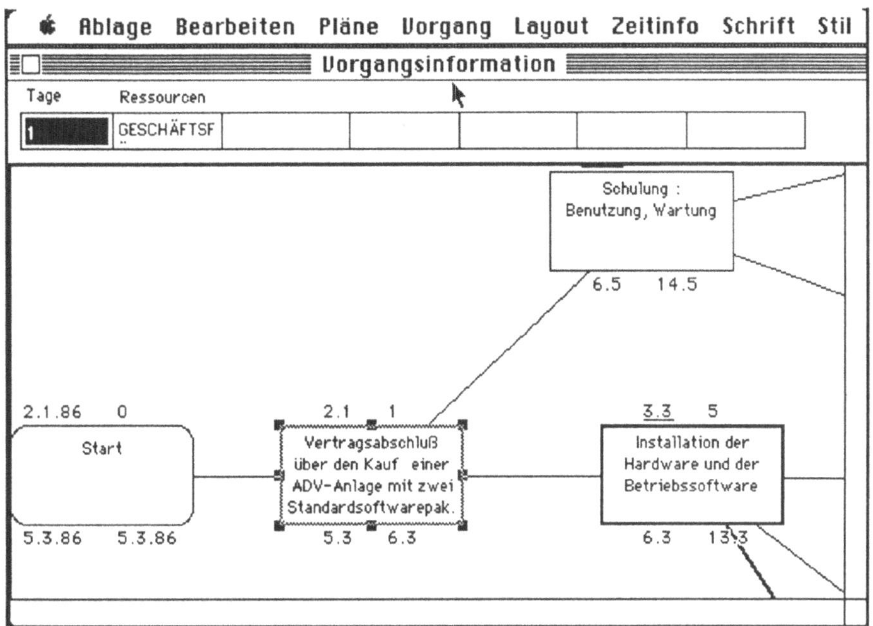


Abb. 7.4: Eingabe von Vorgangsinformationen

## Kalender einrichten

MacProject hat ohne Ihr Zutun bereits früheste Anfangszeitpunkte oben links
an jedes Rechteck geschrieben. Vor der konkreten Zeitplanung für Ihr Projekt
müssen Sie noch die Feiertage in dem vorgegebenen US-amerikanischen Kalender ändern und ggf. betriebsindividuell arbeitsfreie Tage eintragen (z.B.
Werksferien).

Wählen Sie dazu den Befehl **Kalender** aus dem Menü **Zeitinfo**
(vgl. Abb. 7.5) und stellen Sie rechts zunächst den Zeitraum ein,
für den der Kalender gültig sein soll: 1986-1986. Wenn Sie die
Jahreszahlen durch Anklicken markieren, erscheinen 2 Pfeile.
Durch Anklicken der Pfeile lassen sich höhere oder niedrigere
Werte einstellen, so wie Sie das von Ihrer Digitaluhr her gewohnt
sind. Auf die gleiche Weise wird der Monat auf dem Kalenderblatt
verändert. Durch das Anklicken der Kalenderfelder werden die
Feiertage markiert.
Tragen Sie bitte die Feiertage der ersten Jahreshälfte 1986 ein:
1. Januar; 28. und 31. März; 1., 8. und 19. Mai; 17. Juni.

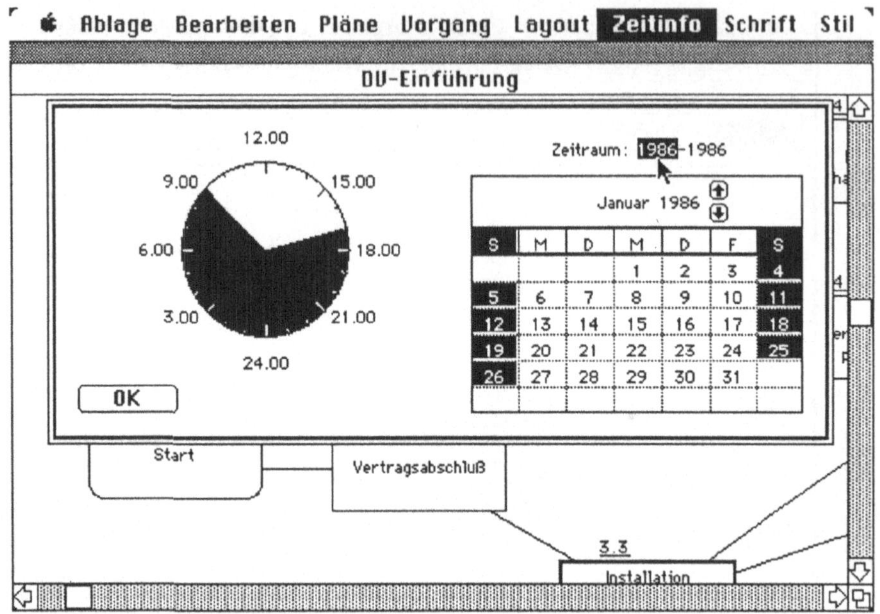



Abb. 7.5: Kalender-Einstellung

Mit Hilfe der Uhr wird die tägliche Arbeitszeit angezeigt; das weiße Kreissegment symbolisiert Arbeitsstunden. Sie können zwischen Arbeits- und Freistunden wechseln, indem Sie die entsprechenden Segmente mit der Maus markieren. Legen Sie bitte den Arbeitsbeginn auf 8 Uhr und berücksichtigen Sie die Mittagspause zwischen 12 und 13 Uhr. Außerdem können Sie die grundlegende Zeiteinheit umdefinieren, wenn Sie den Befehl **Zeiteinheit** aus dem Menü **Zeitinfo** wählen. Wir belassen es jedoch bei der Einheit **Tage**.

## Zeitrestriktionen formulieren

Manche Vorgänge können aus Gründen, die nicht mit dem Projektablauf zusammenhängen (z.B. Urlaubszeiten der Mitarbeiter), erst zu bestimmten Zeitpunkten beginnen oder müssen zu festen Terminen beendet sein. Beispielsweise soll unser Projekt spätestens am 13.6.86 beendet sein.

Aktivieren Sie bitte den Meilenstein "Ende" und wählen Sie den Befehl **spätester Abschluß** aus dem Menü **Zeitinfo**. MacProjekt blendet ein Fenster mit einem Termin und dem Antwortfeldern **Setzen**, **Löschen** und **Abbrechen** ein (vgl. Abb. 7.6). Verändern Sie die angezeigten Daten auf "13.8.1986, 8.00" auf die gleiche Weise wie die Jahreszahlen des Kalenders.

Nach Einstellen des gewünschten Termins können Sie ihn durch Markieren des Setzen-Feldes abspeichern oder die gesamte Aktion durch Wahl des Löschen-Feldes rückgängig machen.

Tragen Sie bitte die übrigen Zeitrestriktionen ein:

- Die Schulungen sollen frühestens am 11.2. (Benutzung und Wartung) bzw. am 24.2. (Lohn- und Gehalt- bzw. Lagerverwaltung) beginnen, damit die Zeitspanne zwischen Schulung und Inbetriebnahme nicht zu groß wird.

- Die Installationen der Hardware und des Lagerverwaltungsprogramms sind wegen der Lieferfristen frühestens am 21.3. möglich.

Kehren Sie durch **Setzen** zum Netzplan zurück.

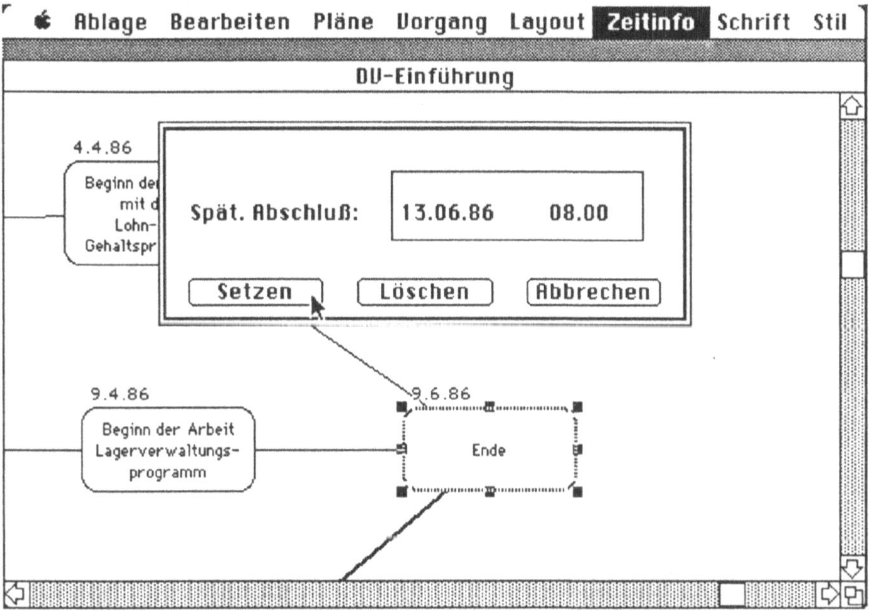

Abb. 7.6: Formulieren einer Zeitrestriktion

## Vorgangs- und Ressourcenkosten

Als letztes benötigen Sie für die Planung noch Kosteninformationen. Vorgangskosten sind beispielsweise der Kaufpreis der Anlage, der bei Vertragsabschluß fällig wird, und die Schulungsgebühren (vgl. Abb. 7.7).

> Übernehmen Sie die Inhalte der Tabelle in das Formular, das nach
> Auswahl der Option **Vorgangskosten** aus dem Menü **Pläne**
> sichtbar wird. Zwischen den Feldern der Tabelle können Sie durch
> Betätigen der Tabulator- und der Rücklauftaste springen, ohne
> die Tastatur zu verlassen. Mit Hilfe des Menüs **Pläne** gelangen Sie
> zum Netzplan zurück.

| | Vorgang | Feste Kosten | Feste Einnahmen |
|---|---|---|---|
| 1 | Start | 0 | 0 |
| 2 | Vertragsabschluß | 170000 | 0 |
| 3 | Schulung: Benutzung und Wartung | 3000 | 0 |
| 4 | Installation der Hardware | 1200 | 0 |
| 5 | Schulung Lagerverwaltungs- | 1500 | 0 |
| 6 | Schulung Lohn- und | 6000 | 0 |
| 7 | Eigenprogrammierung | 0 | 0 |
| 8 | Test Buchhaltungs- programm | 1200 | 0 |
| 9 | Installation Lohn- und | 2400 | 0 |
| 10 | Installation Lagerverwaltungs- | 0 | 0 |
| 11 | Stammdateneingabe Lohn- und | 0 | 0 |
| 12 | Stammdateneingabe | 0 | 0 |
| 13 | Stammdateneingabe Buchhaltungs- | 0 | 0 |
| 14 | Beginn der Arbeit mit dem Lohn- | 0 | 0 |
| 15 | Beginn der Arbeit | 0 | 0 |
| 16 | Beginn der Arbeit mit dem | 0 | 0 |
| 17 | Ende | 0 | 0 |

Abb. 7.7: Vorgangskosten-Plan

Als **Ressourcenkosten** können Sie die Tagessätze der Mitarbeiter aus Ihrer
Kalkulation ansetzen (Abb. 7.8).

| | Ressource | Kosten/Tag | Kostenaufteilung |
|---|---|---|---|
| 1 | Geschäftsführer | 300,00 | Vielfach |
| 2 | Hr. Anders | 225,00 | Vielfach |
| 3 | Hr. Caesar | 180,00 | Vielfach |
| 4 | Freier Programmierer | 800,00 | Vielfach |
| 5 | Hr. Engerling | 156,00 | Vielfach |
| 6 | Fr. Freistil | 78,00 | Vielfach |
| 7 | Fr. Bug | 180,00 | Vielfach |

Abb. 7.8: Ressourcenkosten-Plan

> Die Tabelle zur Erfassung der Kostensätze finden Sie ebenfalls im
> Menü **Pläne**. Tragen Sie bitte die täglichen Kosten ein. In der
> rechten Spalte kann angegeben werden, ob die Kosten fix (= ein-
> fach) oder variabel (= vielfach) sind (Änderung durch anklicken).
> In unserem Beispiel sind alle Kosten variabel.

## 2.4 Pläne

Als "Pläne" bezeichnet MacProject die Übersichten, die zur Erfassung
oder Ausgabe der Informationen dienen. Sie lassen sich aus dem gleich-
namigen Menü abrufen. Netzplan, Vorgangs- und Ressourcenkosten-
Übersicht haben wir bereits kennengelernt. In die Pläne können Sie
außer den Projektdaten an beliebigen Stellen erläuternden Text einfügen.

### Netzplan

Standardmäßig wird an Vorgängen und Meilensteinen der jeweils früheste Startzeitpunkt eingeblendet. Diese Anzeige läßt sich mit Hilfe des
Befehls **Informationen anzeigen** aus **Zeitinfo** ändern. Maximal drei
weitere Daten sind einblendbar.

> Wählen Sie für unser Beispiel die Daten **Spätester Beginn**,
> **Dauer** und **Spätester Abschluß** im Auswahlfenster durch
> Anklicken der zugehörigen Kreise aus.

Wie Sie jetzt erkennen können, unterstreicht MacProject diejenigen Zeit-
punkte, die Sie selbst gesetzt haben, also nicht die, die von MacProject
errechnet wurden.

Die schwarz verstärkten Meilensteine, Vorgänge und Linien markieren
den "kritischen Pfad". Wenn sich Vorgänge auf diesem Pfad verzögern,
so verlängert sich die Dauer des gesamten Projekts. Zwischen Vorgängen, die auf dem kritischen Pfad liegen, gibt es also keine Pufferzeiten.

### Ressourcenplan

Die Auswahl **Ressourcenplan** bringt eine Balkengrafik auf den Bildschirm, die die zeitliche Belastung der Ressourcen verdeutlicht (vgl.
Abb. 7.9). Der gesamte Balken symbolisiert den Zeitabschnitt, der zwischen frühestem Beginn und spätestem Abschluß eines Vorgangs liegt,
an dem die betrachtete Ressource beteiligt ist. Der gepunktete Bereich
stellt die Pufferzeit dar, der weiße die zur Zeit geplante Laufzeit des Vorgangs.

Anhand des Planes können Sie erkennen, wie Ihre Mitarbeiter ausgelastet
sind und ggf. Optimierungen durch die Üerlagerung oder Streckung von
Vorgängen erreichen ( siehe "Sensivitätsanalysen" ).

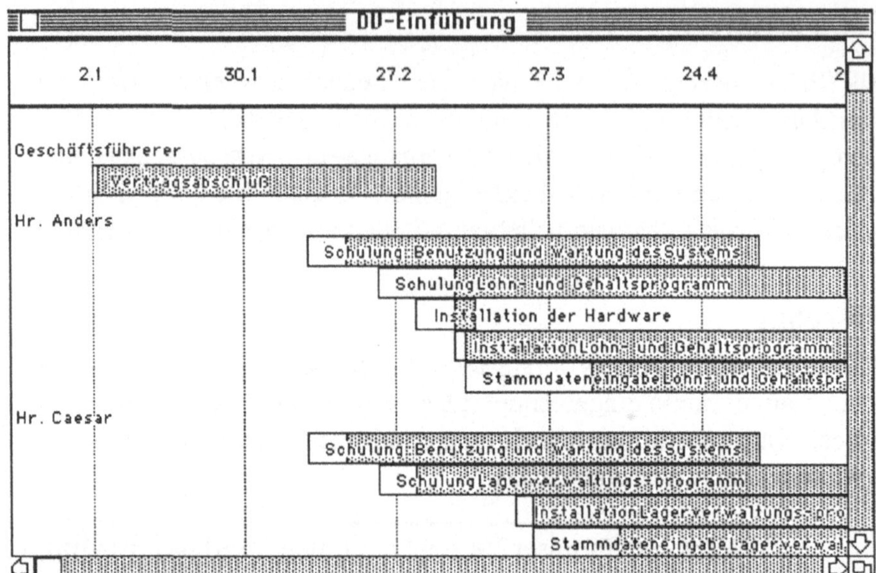


Abb. 7.9. Ressourcenplan

Durch Eingabefehler oder nachträgliche Änderungen kann es vorkommen,
daß Ressourcen in dem Plan stehen, die an keinem Vorgang beteiligt sind.
Mit Hilfe des Befehls **Ressourcen löschen** aus dem Menü **Bearbeiten**
lassen sie sich entfernen.

## Vorgangsplan

In der Darstellung des Vorgangsplans sind die Meilensteine (als Rauten) und
die Vorgänge (als Rechtecke) auf der Zeitskala abgetragen. Pufferzeiten sind
ebenfalls punktiert dargestellt.

Der Vorgangsplan vermittelt globalere Informationen als der Ressourcenplan,
da die Vorgänge nicht zusätzlich nach Ressourcen aufgeschlüsselt sind.

## Kostentabelle (vgl. Abb. 7.10)

Die Kostentabelle ermöglicht eine Finanzplanung für das Projekt. Sie enthält
für das vorgegebene Zeitintervall die Kosten, Einnahmen und die kumulier-
te Differenz zwischen Einnahmen und Kosten. In den Kosten sind neben den
Vorgangskosten die fixen oder zeitproportional variablen Ressourcenkosten
berücksichtigt. Das Zeitintervall beträgt standardmäßig eine Woche, läßt sich

aber anhand eines Auswahlfensters ändern, das durch den **Projektzeitein-heit...**-Befehl aus **Zeitinfo** aufgerufen wird. Da in der "kumuliert"-Rech-nung keine Zinsen berücksichtigt werden, ist die Kostentabelle nur für kurz-fristige Planungsrechnungen aussagekräftig.

| Beginn | Kosten | Einnahmen | Abschluß | Kumuliert |
|---|---|---|---|---|
| 2.1.86 | 170300,00 | 0,00 | 9.1.86 | -170300,00 |
| 9.1.86 | 0,00 | 0,00 | 16.1.86 | -170300,00 |
| 16.1.86 | 0,00 | 0,00 | 23.1.86 | -170300,00 |
| 23.1.86 | 0,00 | 0,00 | 30.1.86 | -170300,00 |
| 30.1.86 | 0,00 | 0,00 | 6.2.86 | -170300,00 |
| 6.2.86 | 4170,00 | 0,00 | 13.2.86 | -174470,00 |
| 13.2.86 | 1755,00 | 0,00 | 20.2.86 | -176225,00 |
| 20.2.86 | 9255,00 | 0,00 | 27.2.86 | -185480,00 |
| 27.2.86 | 3720,00 | 0,00 | 6.3.86 | -189200,00 |
| 6.3.86 | 7077,00 | 0,00 | 13.3.86 | -196277,00 |
| 13.3.86 | 6295,00 | 0,00 | 20.3.86 | -202572,00 |
| 20.3.86 | 7735,00 | 0,00 | 27.3.86 | -210307,00 |
| 27.3.86 | 4857,00 | 0,00 | 3.4.86 | -215164,00 |
| 3.4.86 | 6835,00 | 0,00 | 10.4.86 | -221999,00 |
| 10.4.86 | 5170,00 | 0,00 | 17.4.86 | -227169,00 |
| 17.4.86 | 5170,00 | 0,00 | 24.4.86 | -232339,00 |

Abb. 7.10: Kostentabelle

## Projektübersicht (vgl. Abb. 7.11)

Die Projektübersicht zeigt in detaillierter Form alle Daten der einzelnen Vor-gänge (Zeitpunkt, Dauer, Kosten) und der beteiligten Ressourcen. Vorgänge auf dem kritischen Pfad sind fettgedruckt. Leider lassen sich in diesem Plan keine Daten erfassen oder ändern; dazu müssen Sie in den Netzplan zurück-kehren und die Informationen zu Einzelvorgängen aufrufen. Die Projektüber-sicht bildet die Schnittstelle zu anderen Programmen, etwa zur Tabellenkalku-lation oder zur Datenbankverwaltung. Mit dem Befehl **Alles aktivieren** in **Beabeiten** können Sie die gesamte Tabelle einschwärzen und kopieren, um sie mit anderen Programmen (z.B. MS Multiplan) weiter zu verarbeiten.

Wie die anderen Pläne ist die Projektübersicht von der eingestellten Zeitein-heit abhängig, die als Überschrift der zweiten Spalte angezeigt wird.

| | Vorgang | Tage | Früh. Beginn | Früh. Abschluß | Spät. Beginn | Spät. Abschluß | Feste Kosten | Ressource Kost. | Feste Einnahmen | Ressource 1 | Ressource 2 | Ressource 3 |
|---|---|---|---|---|---|---|---|---|---|---|---|---|
| 1 | Start | 0 | 2.1.86 | 2.1.86 | 6.3.86 | 6.3.86 | 0 | 0 | 0 | | | |
| 2 | Vertragsabschluß | 1 | 2.1.86 | 3.1.86 | 6.3.86 | 7.3.86 | 170000 | 300 | 0 | Geschäftsführere | | |
| 3 | Schulung: Benutzung und Wartung | 5 | 11.2.86 | 18.2.86 | 25.4.86 | 5.5.86 | 3000 | 2925 | 0 | Hr. Anders | Fr. Bug | Hr. Caesar |
| 4 | Installation der Hardware | 5 | 3.3.86 | 10.3.86 | 7.3.86 | 14.3.86 | 1200 | 1125 | 0 | Hr. Anders | | |
| 5 | Schulung Lagerverwaltungs- | 5 | 24.2.86 | 3.3.86 | 22.5.86 | 29.5.86 | 1500 | 1800 | 0 | Fr. Bug | Hr. Caesar | |
| 6 | Schulung Lohn- und | 10 | 24.2.86 | 10.3.86 | 5.5.86 | 21.5.86 | 6000 | 2250 | 0 | Hr. Anders | | |
| 7 | Eigenprogram- mierung | 40 | 10.3.86 | 9.5.86 | 14.3.86 | 15.5.86 | 0 | 41360 | 0 | Freier | Hr. Engerling | Fr. Freistil |
| 8 | Test Buchhaltungs- | 5 | 9.5.86 | 16.5.86 | 15.5.86 | 23.5.86 | 1200 | 5170 | 0 | Freier | Hr. Engerling | Fr. Freistil |
| 9 | Installation Lohn- und | 2 | 10.3.86 | 12.3.86 | 21.5.86 | 23.5.86 | 2400 | 450 | 0 | Hr. Anders | | |
| 10 | Installation Lagerverwaltungs- | 1 | 21.3.86 | 24.3.86 | 29.5.86 | 30.5.86 | 0 | 360 | 0 | Fr. Bug | Hr. Caesar | |
| 11 | Stammdateneingabe Lohn- und | 15 | 12.3.86 | 4.4.86 | 23.5.86 | 13.6.86 | 0 | 3375 | 0 | Hr. Anders | | |
| 12 | Stammdateneingabe | 10 | 24.3.86 | 9.4.86 | 30.5.86 | 13.6.86 | 0 | 3600 | 0 | Fr. Bug | Hr. Caesar | |
| 13 | Stammdaten- eingabe | 15 | 16.5.86 | 9.6.86 | 23.5.86 | 13.6.86 | 0 | 3510 | 0 | Hr. Engerling | Fr. Freistil | |
| 14 | Beginn der Arbeit mit dem Lohn- | 0 | 4.4.86 | 4.4.86 | 13.6.86 | 13.6.86 | 0 | 0 | 0 | | | |
| 15 | Beginn der Arbeit | 0 | 9.4.86 | 9.4.86 | 13.6.86 | 13.6.86 | 0 | 0 | 0 | | | |
| 16 | Beginn der Arbeit mit dem | 0 | 9.6.86 | 9.6.86 | 13.6.86 | 13.6.86 | 0 | 0 | 0 | | | |
| 17 | Ende | 0 | 9.6.86 | 9.6.86 | 13.6.86 | 13.6.86 | 0 | 0 | 0 | | | |

Abb. 7.11: Projektübersicht

## 2.5 Sensitivitätsanalysen

Ein besonderer Vorteil der computergestützten Projektplanung liegt in der
Möglichkeit, durch Veränderungen der Ausgangsdaten Alternativrechnungen
durchführen zu lassen. Alternativrechnungen sind aus drei Gründen von
Bedeutung:

1 ) Die Dauer vieler Vorgänge, beispielsweise die der Programmerstellung
unseres Beispiels, kann a priori nur grob geschätzt werden. Wenn solche
Vorgänge auf dem kritischen Pfad liegen, beeinflussen sie jedoch den
Abschlußtermin und den Einsatz der Ressourcen für die übrigen Vorgänge. Daher ist es sinnvoll, bereits vor Projektbeginn die Auswirkung
möglicher Verzögerungen oder des vorzeitigen Abschlusses unsicher-
heitsbehafteter Vorgangsdauern zu ermitteln, um Alternativpläne auszu-
arbeiten oder Projektbeschleunigungsmaßnahmen (Hinzuziehen weiterer Mitarbeiter, Sonn- und Feiertagsarbeit) vorzubereiten.

2 ) Eventuell stellt sich nach Auswertung Ihrer Plandaten heraus, daß der Res-
sourcenbedarf in einzelnen Zeitabschnitten ihre Kapazitäten bzw. Finanz-

mittel überfordert oder vorgegebene Terminrestriktionen nicht einzuhalten sind. In diesem Fall können Sie weitere Restriktionen eingeben oder die Auswirkungen alternativer Projektbeschleunigungsmaßnahmen auf Zeiten und Kosten durchrechnen lassen.

3 ) Wenn während der Ausführung des Projekts Abweichungen von Plandaten eintreten, erhalten Sie durch Eingabe der Änderungen sofort die aktualisierten Plangrößen.

Daten werden jeweils dort geändert, wo sie erstmals eingegeben wurden: Vorgangsdauer, zugehörige Ressourcen und Anfangs- bzw. Endzeitpunkt im Netzplan, Ressourcenkosten im Ressourcenkostenplan und Vorgangskosten und -einnahmen im Vorgangskostenplan.
MacProject rechnet die Daten des Ausgangsplans unmittelbar nach der Eingabe neuer Daten um. Wenn der alte Plan noch benötigt wird, sollte er daher vor der Neueingabe gesichert und mit den Planvariablen später **unter anderem Namen** abgespeichert werden (Befehl **Sichern unter** im Menü **Ablage**).

In unserem Beispiel-Projekt sollten folgende Planabweichungen eintreten: Der Lieferant des Lohn- und Gehaltprogramms kann entgegen gegebener Zusage erst zum 2.6.86 liefern. Er bietet jedoch als Ausgleich einen Preisnachlaß von DM 5000.- an. Sie überlegen, sein Angebot anzunehmen oder ein anderes Standardprogramm einzusetzen.

> Gehen Sie in den Netzplan und aktivieren Sie dort den Vorgangskasten "Installation Lohn- und Gehaltsprogramm". Wählen Sie aus **Zeitinfo** den Punkt **Frühester Anfang** und ändern Sie den Termin auf den 2.6.86.

An dem Meilenstein "Ende" erkennen Sie, daß sich das Gesamtprojekt bis zum 26.6. verzögert und damit den gesetzten Abschlußtermin 13.6. um 13 Tage überschreitet. Außerdem hat sich der kritische Pfad verlagert: bei der Eigenprogrammierung entstehen jetzt Pufferzeiten. Den Preisnachlaß können Sie im Vorgangskostenplan als Einnahme zum Vorgang "Installation Lohn- und Gehaltsprogramm" angeben oder vom Gesamtkaufpreis abziehen.

Die Programmierung verzögert sich ebenfalls um voraussichtlich 5 Tage, da noch ein Zusatzmodul für das Buchhaltungsprogramm benötigt wird.

> Bitte geben Sie diese Änderung in das Vorgangsinformationsfenster zu "Eigenprogrammierung Buchhaltungsprogramm" ein !

Sie erkennen, daß sich aufgrund der verlängerten Lieferzeit für das Lohn-
und Gehaltsprogramm der Gesamtabschluß nicht weiter verzögert. Die Gesamtkosten haben sich allerdings trotz des Preisnachlasses für das Lohn-
programm erhöht, da die Programmierkosten zeitabhängig sind (vgl.
Kostentabelle).

## 3 Einsatzmöglichkeiten

MacProject ist ein Projektplanungshilfsmittel, dessen Benutzung lediglich
elementare Kenntnisse der Netzplantechnik und Grundkenntnisse in MacPaint
und MacWrite voraussetzt. Es beeindruckt durch ein extrem günstiges Preis-
Leistungs-Verhältnis und einfache Handhabung.

Einsatzgrenzen ergeben sich aus Kapazitätsbeschränkungen sowie gewissen
Inflexibilitäten bei der Formulierung der Projektdaten und in der Bedienung.
MacProject läßt maximal 6 Ressourcen je Vorgang und maximal 50 im gesamten Projekt zu. Diese Zahlen werden beispielsweise bei Bauvorhaben,
einem der Hauptanwendungsgebiete der Netzplantechnik, leicht erreicht.
Durch Zusammenfassen der Ressourcen zu Gruppen lassen sich zwar diese
Restriktionen einhalten; die Aussagefähigkeit der Analysen nimmt damit jedoch ab. Auch die Unterteilung eines Projekts in Unterprojekte hilft nicht
weiter, da MacProject keine Funktion zur Projektverknüpfung besitzt.

Die Arbeitszeitdaten, die in den Kalender eingetragen werden, gelten in gleicher Weise für alle Ressourcen und die gesamte Projektdauer. Daher können
ressourcenspezifische Zeiten, beispielsweise unterschiedliche Arbeitszeiten
von Teilzeit- und Vollzeitbeschäftigten, nicht berücksichtigt werden. Ebenso-
wenig lassen sich zeitraumunabhängige Kosten der selben Ressource berücksichtigen, beispielsweise unterschiedliche Vergütungen für Normalarbeitszeit
und Überstunden. In der vorliegenden MacProject-Version waren zudem US-
amerikanische Feiertage eingetragen, so daß für jedes Projekt zunächst der
Kalender geändert werden mußte.

Bei der Handhabung machte sich das Fehlen eines einheitlichen Eingabefor-
mulars für alle vorgangsbezogenen Daten störend bemerkbar. Bei der routine-
mäßigen Arbeit mit umfangreichen Plänen ist es sehr umständlich, wenn zur
Neueingabe und zur Änderung jeweils alle Vorgangsinformationsfenster geöffnet werden müssen.

# 4 Menüs in MacProject

**Bearbeiten**

| | |
|---|---|
| Nicht widerrufbar | ⌘Z |
| Ausschneiden | ⌘X |
| Kopieren | ⌘C |
| Einsetzen | ⌘U |
| Löschen | |
| Duplizieren | ⌘D |
| Ressourcen löschen... | |
| Alles aktivieren | ⌘A |
| Zwischenablage | |

**Stil**

| | |
|---|---|
| ✓Standarddruck | ⌘P |
| **Fettdruck** | ⌘B |
| *Kursiv* | ⌘I |
| Unterstrichen | ⌘U |
| Konturschrift | ⌘O |
| Schattiert | ⌘S |
| ✓ 9 Punkt | |
| 12 Punkt | |
| 14 Punkt | |
| 18 Punkt | |
| 24 Punkt | |

**Layout**

Ganze Grafik
Arbeitsblattgröße...
Unsichtbares Raster

**Schrift**

New York
Monaco
✓Geneva
Chicago

**Pläne**

✓Netzplan
Ressourcenplan
Vorgangsplan
Vorgangskosten
Ressourcekosten
Kostentabelle
Projektübersicht

**Zeitinfo**

Informationen anzeigen...
Frühester Beginn...
Spätester Abschluß...

Projektzeiteinheit...
Zeiteinheit der Darstellungen...
Kalender...

**Ablage**

Neu
Öffnen...
Schließen
Sichern
Sichern unter...
Papierformat
Drucken...
Beenden

**Vorgang**

| | |
|---|---|
| In Meilenstein ändern | ⌘M |
| Informationen ausblenden | ⌘T |

## 5 Index und Literatur


| | |
|---|---|
| Abhängikeitslinie (Definition) | 132 |
| Abhängikeitslinie zeichnen und löschen | 134 f |
| Arbeitsblattgröße verändern | 135 f |
| Ganze Grafik zeigen | 134 |
| Kalender einrichten | 137 f |
| Kostentabelle | 142 |
| Kritischer Pfad | 141, 145 |
| Meilenstein (Definition) | 132 |
| Meilenstein zeichnen und löschen | 133 ff |
| Netzplan | 132, 141 |
| Netzplantechnik | 130 |
| Projekt | 130 |
| Projektübersicht | 143 f |
| Resourcenkosten eingeben | 140 |
| Ressourcenplan | 141 |
| Schnittstelle MacProjekt/andere Programme | 143 |
| Sensitivitätsanalyse | 144 ff |
| Vorgang (Definition) | 132 |
| Vorgang zeichnen und löschen | 133 ff |
| Vorgangsinformationen eingeben | 136 f |


## Literatur zu Kapitel 7:


Apple Compuer, Inc.: Mac Project. Cupertino, Ca. 1984

Michael Tchao, Mark Armstrong, William Berner, Roland Fernandez, David Finkelstein, Peter Morgan, Brad Whisler, David Yen: Using the Macintosh at Stanford. Stanford 1985, S. 197-233

# Kapitel 8: Macintosh Pascal

von Norbert Funke, Martin Hemmert,
   Bernd Kater und Andreas Kniesche

**Inhalt:**


1   Vorbemerkungen zur Macintosh-Programmierung und zu MacPascal

2   Einführende Übung (Standard Pascal)

   2.1  Aufgabe und Lernziele
   2.2  Eingabe des Programms
   2.3  Beseitigen von Syntaxfehlern
   2.4  Programmausführung und Suche logischer Fehler
   2.5  Sichern, Drucken und Beenden

3   Übung für Fortgeschrittene

   3.1  Aufgabe und Lernziele
   3.2  Grundlagen der Grafik-Programmierung
   3.3  Durchführung der Übungsbeispiele
        3.3.1 Zeichnen geometrischer Figuren
        3.3.2 Auslösen von Operationen mit der Maus
        3.3.3 Weitere Grundelemente interaktiver Macintosh-
              Programme
        3.3.4 Lösungsvorschlag "Der Film"

4   Besonderheiten der Macintosh-Programmierung und Einsatzmöglichkeiten von MacPascal

5   Menüs in Macintosh Pascal

6   Index und Literatur

# 1 Vorbemerkungen zur Macintosh Programmierung und zu MacPascal

Alle gängigen Programmiersprachen sind auf dem Macintosh verfügbar.
Für Pascal gibt es sogar Interpreter (MacPascal) und Compiler (TML-
Pascal, MacAdvantage). Mit einem Interpreter wird jede Pascal-Anweisung unmittelbar vor ihrer Ausführung in die Maschinensprache über-
setzt, mit einem Compiler das gesamte Programm, bevor seine erste Anweisung ausgeführt wird. Zum Erlernen einer Sprache sind Interpreter
etwas besser geeignet als Compiler, da das Programm während des Ab-
laufes noch geändert werden kann, um auftretende Fehler zu beseitigen.
Compilierte Programme sind schneller als interpretierte und benötigen
weniger Platz, da nach dem Compilieren der Compiler nicht mehr zum
Programmablauf benötigt wird; alle Programme, die in diesem Buch
besprochen sind, wurden compiliert. Um die Grafik auf dem Macintosh
nutzen zu können, ist es erforderlich, auf Grafik-Makrobefehle des
Betriebssystems zuzugreifen. In den Routinen "Quickdraw" und "Toolbox" stehen Befehle zur Gestaltung von Fenstern, Texten und Grafiken
zur Verfügung, mit denen man den Programmen eine einheitliche Benut-
zeroberfläche geben kann. Die Art des Zugriffs auf diese Routinen beein-
flußt erheblich den Programmieraufwand und ist daher ein wichtiges
Leistungsmerkmal für Interpreter und Compiler. Durch die Anwendung
Macintosh-spezifischer Grafikbefehle weicht man vom Programmier-
sprachen-Standard ab; Programme mit derartigen Befehlen sind nur auf
dem Macintosh lauffähig.

Macintosh Pascal bietet einfachste Zugriffsmöglichkeiten auf viele Grafik-
routinen. Der Interpreter setzt die Mehrfenstertechnik so ein, daß dem
Programmierenden das Programm und die Ergebnisse des Programmablaufs zugleich zur Verfügung stehen. Das interaktive Austesten wird damit erheblich vereinfacht, was besonders für den Anfänger von Nutzen
ist.

Das Erstellen und Testen von Pascal-Programmen ist Gegenstand der
ersten Übung. Hier wird lediglich der Standard-Sprachumfang verwendet. Die Fortgeschrittenen-Übung dient der Einarbeitung in die
Grafik-Befehle und die Programmiertechnik für interaktive Macintosh-
Programme. Die Übungen dienen nicht zum Erlernen der Programmiersprache, sondern zur Einübung des Umgangs mit dem Pascal-Interpreter.
Wenn Sie bereits Kenntnisse einer Programmiersprache besitzen, können

Sie die Einführungsübung auch ohne spezielles Pascal-Wissen durchführen und danach anhand eines Pascal-Lehrbuches Ihre Kenntnisse
vertiefen. Anderenfalls sollten Sie sich vor der ersten Übung mit folgenden Grundlagen von Pascal vertraut machen:

* Definition der Variablen
* Programmstruktur
* Syntax von Prozeduren und Anweisungen allgemein und die
  Anweisungen **for, while, read, write** im speziellen.

Die Durchführung der Fortgeschrittenen-Übung empfiehlt sich erst,
wenn gefestigte Pascal-Kenntnisse vorhanden sind.

# 2 Einführende Übung (Standard Pascal)

## 2.1 Aufgabe und Lernziele

### Aufgabe:

Das zu erstellende Programm erzeugt eine Figur, die die Form eines sechs-
armigen Sterns hat. Zuvor wird die gewünschte Größe des Sterns abgefragt,
wobei für die Eingabe Plausibilitätsgrenzen festgelegt sind, deren Einhaltung
überprüft wird. Gegebenenfalls gibt das Programm eine Fehlermeldung aus
und fordert einen neuen Eingabewert an (vgl. Abb. 8.1).

### Lernziele:

- Eingeben des Programmtextes
- Erkennen und Beseitigen syntaktischer Fehler
- Anwenden der Testhilfen zum Erkennen logischer Fehler

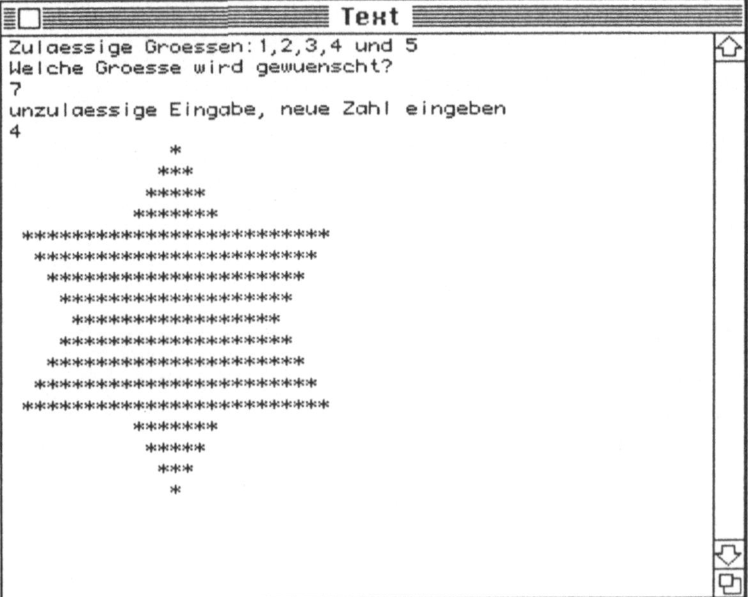


Abb. 8.1: Ablauf des Dialogs mit dem zu erstellenden Programm

　　　　　　　　　　　　　　　　　　　　

# 2.2 Eingabe des Programms

## Der Systemstart

> Bitte starten Sie den Interpreter durch doppeltes Anklicken des MacPascal-Symbols.

Bitte geben Sie den Programmtext ein, der auf den folgenden Seiten abgebildet ist. Macintosh Pascal formatiert den eingegebenen Programmtext **selbständig**. Bei Eingabe eines Semikolons oder dem Drücken der Rücklauftaste rückt MacPascal die soeben geschriebene Programmzeile automatisch ein und schreibt die darin enthaltenen reservierten Pascal-Wörter fett. Das in Macintosh Pascal häufig vorkommende einfache Hochkomma wird durch gleichzeitiges Drücken von **Wahltaste** und **Apostroph** erzeugt. Wenn Sie grobe Syntaxfehler begehen, erscheint der inkorrekte Teil der letzten Zeile in Konturschrift. In den folgenden Abschnitten werden Sie lernen, wie man die übrigen Fehler entdeckt und beseitigt.

```pascal
program Ganzvielesternchen;
 var
  groesse : integer;

 procedure Oberteil;
 var
  zeilenzaehler, spaltenzaehler : integer;
begin
 for zeilenzaehler := 1 to groesse do
 begin
  for spaltenzaehler := (3 * groesse + 1) downto zeilenzaehler do
   write(' ');
  for spaltenzaehler := 1 to (2 * zeilenzaehler - 1) do
   write('*');
  writeln;
```

```pascal
  end;
end;


procedure Mittelteil;
 var
  zeilenzaehler, spaltenzaehler : integer;
begin
 for zeilenzaehler := 1 to groesse do
  begin
   for spaltenzaehler := 1 to zeilenzaehler do
    write(' ');
   for spaltenzaehler := (6 * groesse + 1) downto (2 * zeilenzaehler - 1) do
    write('*');
   writeln;
  end;
  for spaltenzaehler := 1 to groesse + 1 do
   write(' ');
  for spaltenzaehler := 1 to (4 * groesse + 1) do
   write('*');
  writeln;
  for zeilenzaehler := groesse downto 1 do
  begin
   for spaltenzaehler := zeilenzaehler downto 1 do
    write(' ');
   for spaltenzaehler := (2 * zeilenzaehler + 1) to (6 * groesse + 1) do
    write('*');
   writeln;
  end
end;
```

```pascal
procedure Unterteil;
  var
    zeilenzaehler, spaltenzaehler : integer;
  begin
   for zeilenzaehler := groesse downto 1 do
    begin
     for spaltenzaehler := zeilenzaehler to (3 * groesse + 1) do
      write(' ');
for spaltenzaehler := (2 * zeilenzaehler + 1) downto 1 do
      write('*');
     writeln;
    end;
   end;

begin (*Hauptroutine*)
  writeln('Zulaessige Groessen:1,2,3,4 und 5');
  writeln('Welche Groesse wird gewuenscht?');
  read(groesse);
  while (groesse > 5) or (groesse < 1) do
   begin
    writeln('unzulaessige Eingabe, neue Zahl eingeben');
    read(groesse);
   end;
  Oberteil;
  Mittelteil;
  Unterteil;
end.
```

## 2.3 Beseitigen von Syntaxfehlern

Das eingegebene Programm soll jetzt durch den Aufruf des **Check**-Befehls
aus dem Menü **Run** nach Syntaxfehlern durchsucht werden. Sofern derartige
Fehler - etwa durch mögliche Versehen bei der Eingabe - im Programm enthalten sind, erscheint bei der Feststellung eines jeden Fehlers eine Dialogbox
mit einer Fehlermeldung. Zugleich wird die Zeile angezeigt, bei deren
Verarbeitung der Fehler festgestellt worden ist (Abb. 8.2).

> Beseitigen Sie bitte zunächst die Dialogbox durch Anklicken des
> "bugs" und korrigieren Sie dann den Text wie in MacWrite.

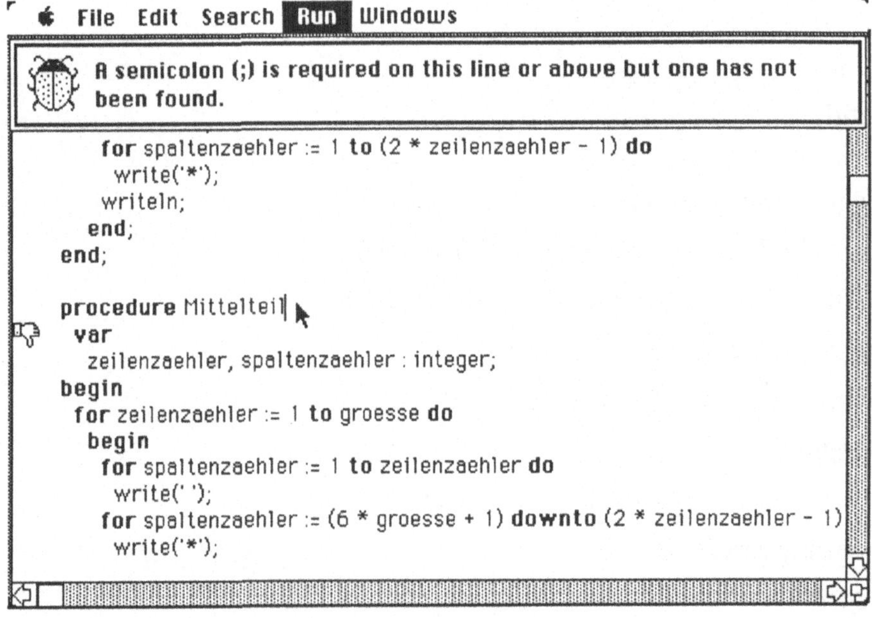


Abb. 8.2: Hinweis auf einen Syntaxfehler

## 2.4    Programmausführung und Suche logischer Fehler

## Programmausführung

Nunmehr kann das Programm zum Ablauf gebracht werden, wozu die Optionen Go, Go-Go, Step und Step-Step zur Verfügung stehen.

> Wählen Sie bitte **Go** aus dem Menü **Run** und beantworten Sie die Frage des Systems mit einer zulässigen Zahl. Nach der Antwort wird die Figur im Textfenster schrittweise erstellt (Abb. 8.3).

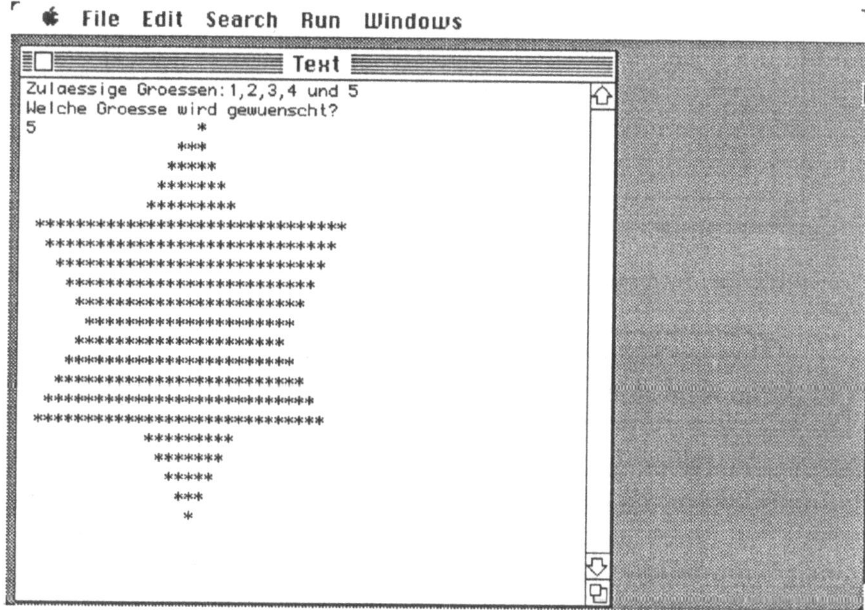


Abb. 8.3: Fehlerhafter Dialogablauf

## Programmunterbrechungen veranlassen

Wie bei der Ausführung ersichtlich, ist im Programm das erste Sternchen im oberen Teil um eine Stelle nach rechts verschoben worden. Dieser Fehler könnte mit der Eingabe der Größe im Zusammenhang stehen, die ja in der gleichen Zeile ausgegeben wird. Zur Fehlersuche im Programm soll zunächst aus dem Menü **Run** der Befehl **Stops In** ausgewählt werden.

Auf der linken Seite des Programmfensters erscheint jetzt eine Stopp-Spalte,

die an dem Stopp-Zeichen in der linken unteren Ecke des Fensters zu erkennen ist (Abb. 8.4).

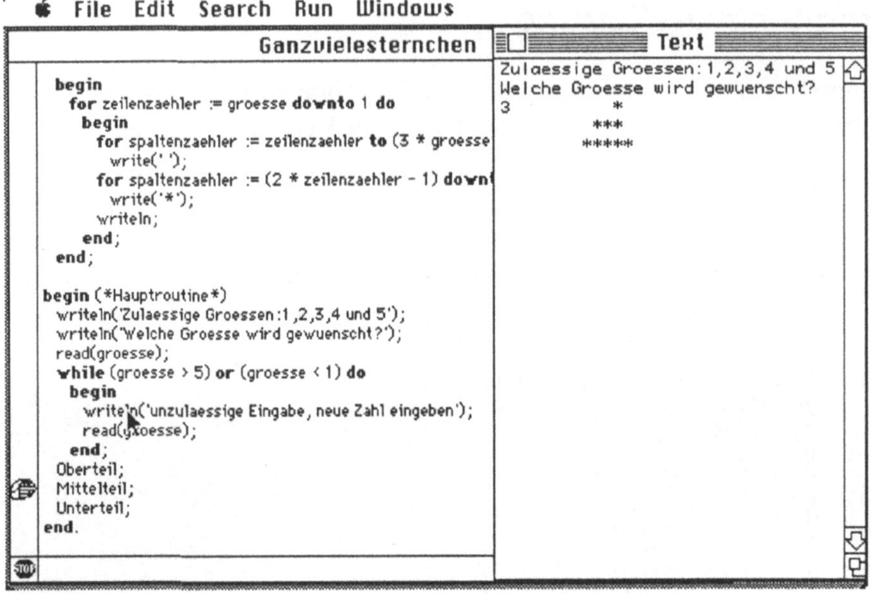


Abb 8.4: Programm-Fenster mit Stopp-Spalte

> Bringen Sie bitte die Zeigemarke mit der Maus in die Stopp-Spalte.
> Sie verwandelt sich in ein Stopp-Zeichen.

Durch jeden Druck auf die Maustaste zwischen **begin** und **end** einer Prozedur positionieren Sie ein Stopp-Zeichen an die entsprechende Stelle. Wenn
Sie das Programm ausführen, unterbrechen Sie so den Programmlauf vor dem
Befehl, der in dieser Zeile steht. So können sie feststellen, in welcher Zeile
die Fehlerursache zu suchen ist.

> Entfernen Sie bitte die eventuell eingefügten Stopps durch erneutes
> Anklicken und rollen Sie das Programmfenster bis zur Haupt-
> routine nach unten. In dieser Hauptroutine wird die Sterngröße
> abgefragt.
> Fügen Sie vor der Zeile "Mittelteil" ein Stopp-Zeichen ein, um
> festzustellen, ob der Fehler an dieser Stelle bereits aufgetreten ist,
> und bringen Sie das Programm mit **Go** aus dem Menü **Run** zum
> Ablauf.

Ein Finger in der Stopp-Leiste zeigt an, daß die Ausführung unterbrochen wurde. Das Programm kann auch schrittweise ausgeführt werden, um zu beobachten, wie sich der Inhalt des Textfensters mit der Abarbeitung der Befehle verändert.

> Wählen Sie dazu **Reset**, um an den Programmanfang zu gelangen, und anschließend **Step** aus dem Menü **Run**. Der Finger zeigt jetzt auf die Zeile "begin (•Hauptroutine•)" und bewegt sich durch jeden neuen **Step**-Befehl eine Zeile weiter. Wenn Sie **Step-Step** wählen, läuft das Programm selbständig schrittweise ab.

Der Fehler in der Sternspitze ist dadurch bedingt, daß nach dem Einlesen der Größe ein Zeilenvorschub fehlt; die Anweisung "read (groesse)" müßte "readln (groesse)" lauten. Sie können ihn beseitigen, indem Sie "ln" in die beiden read-Anweisungen einfügen. Nach der Korrektur soll das Programm wieder ohne Unterbrechung laufen.

> Wählen Sie dazu **Stops-Out** aus **Run**. Die entsprechende Zeile des Run-Menüs verändert sich in **Stops-In**. Durch diese Option können ausgeblendete Stops später wieder aktiviert werden.

Im Gegensatz zum **Stops-Out-Befehl** entfernt das Anklicken der Stopp-Zeichen in der Stopp-Leiste den Haltepunkt endgültig.

## Suche und Korrektur fehlerhafter Textstellen

Anstelle der unmittelbaren Textkorrektur mit Hilfe der Schreibmarke kann der Text mit Hilfe des Menüs **Search** geändert werden. Search durchsucht das Programm nach einer angegebenen Buchstabenfolge und ersetzt sie an einer Stelle oder im gesamten Programm gemäß Ihren Angaben.

> Wählen Sie bitte "**What to Find**" aus **Search**. Sie erhalten eine Dialogbox auf dem Bildschirm. Tragen Sie "read" in das **Search-for**-Feld und "readln" in das Replace-with-Feld ein (Abb. 8.5).

In diesem Fall sind die beiden Read-Anweisungen des Programms durch "readln" zu ersetzen, um den Zeilenvorschub auch dann auszulösen, wenn das Programm bei fehlerhafter Eingabe in die Plausibilitätsschleife springt.

> Markieren Sie dazu bitte **Everywhere** im Search-Menü.

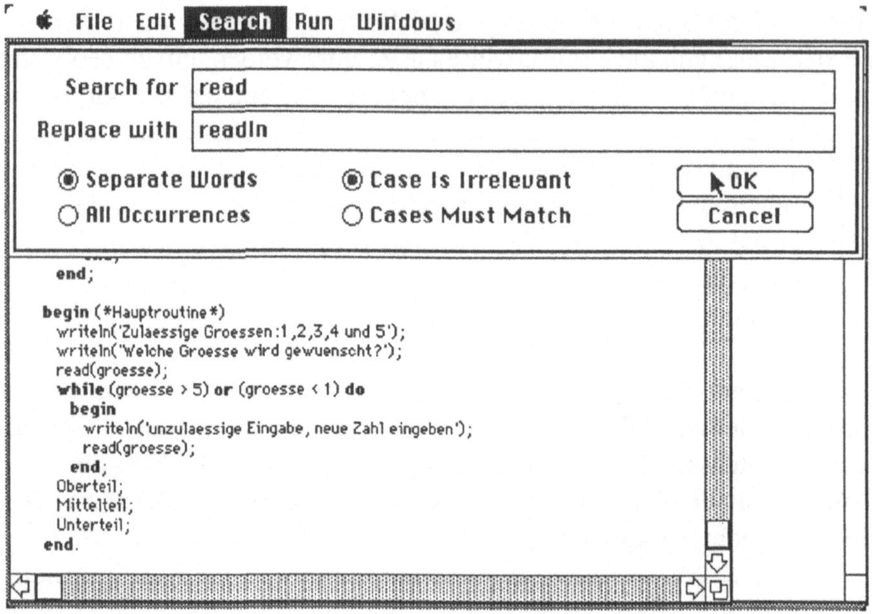


Abb. 8.5: Ändern-Fenster

Beim Umgang mit der **Everywhere-Option** ist Vorsicht angebracht: sie
ersetzt rücksichtslos auch die Statements, die eigentlich korrekt sind.


## Eingriffe in die Programmausführung

Nach erneutem Programmstart mit **Reset** und **Go** zeigt sich bei näherer Be-
trachtung ein weiterer logischer Fehler: Die untere Hälfte des Mittelteils des
Sterns ist im Vergleich zu den übrigen Teilen zur rechten Seite hin zu kurz.
Der Fehler ist also in der Prozedur "Mittelteil" enthalten, welche den mittleren
Teil des Sterns produziert. Insbesondere ist dabei die Variable "spaltenzaehler"
zu beachten, welche die spaltenweise Zuordnung von Werten an bestimmte
Adressen im Ausgabefenster beinhaltet. Daher muß der Wert dieser Variable
an jener Stelle im Programm ermittelt werden, an der der Fehler auftritt.
Hierzu dient das Instant-Fenster, das durch den Befehl **Instant** des Menüs
**Windows** geöffnet werden kann. In dieses Feld kann jederzeit eine beliebige
Pascal-Anweisung geschrieben werden, die sofort ausgeführt wird. Den Wert
des Spaltenzählers erhalten Sie durch die Anweisung "write (spaltenzähler)".

Lassen Sie das Programm bis zu "write ('x')" (viertletzte Zeile der
Mittelteil-Prozedur) laufen, indem Sie dort ein Stopp-Zeichen pla-
zieren und das Programm neu starten. Öffnen Sie dann das Instant-
Fenster, tragen Sie "write (spaltenzaehler)" ein (vgl. Abb. 8.6) und
wählen Sie **Do It**. Sie erhalten den Wert dieser Variablen im
Textfenster.

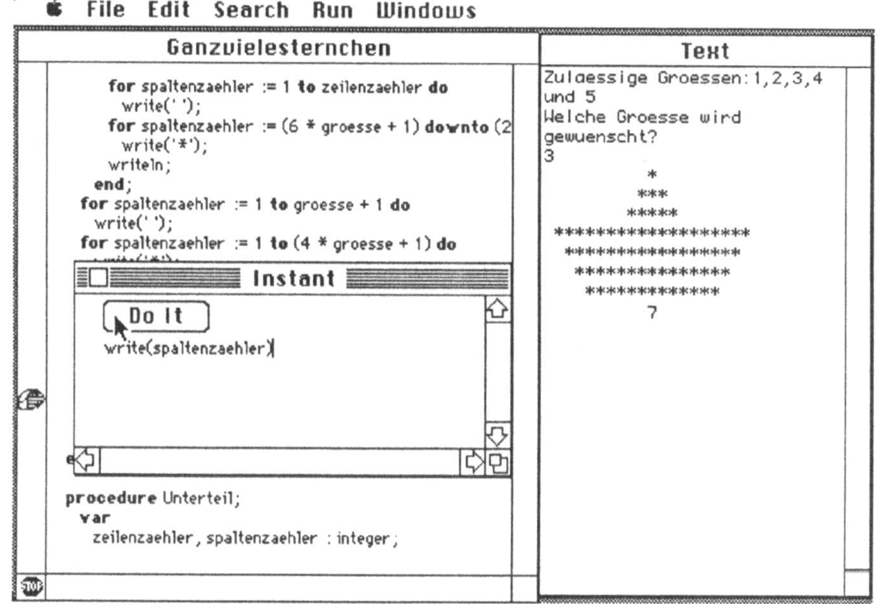


Abb. 8.6: Instant-Fenster

Sie können das Instant-Fenster außerdem benutzen, um die Wirkung weiterer
Befehle an ausgewählten Stellen des Programms kennenzulernen oder Varia
blen die Werte zuweisen, die sie eigentlich haben müßten. Anhand solcher
Zuweisungen können in einem Schritt alle Fehler in größeren Programmab-
schnitten aufgedeckt werden.

## Beobachten des Programmablaufes

Eine weitere, wesentlich komfortablere Möglichkeit zur Wertbestimmung
von Variablen während des Programmablaufs bietet das Observe-Fenster,
das durch die Auswahl von **Observe** aus dem Menü **Windows** zu öffnen
ist. Anschließend kann jede beliebige im Programm vorkommende Variable, die beobachtet werden soll, im hierfür vorgesehenen Feld innerhalb des
Fensters eingegeben werden.

> Öffnen Sie bitte das Observe-Fenster, tragen Sie "Spaltenzaehler"
> ein und starten Sie das Programm mit **Reset** und **Step-Step**
> erneut. Sie erkennen, wie sich der Wert der Variablen im
> Programmablauf ändert (vgl. Abb. 8.7).

Falls Sie den Fehler noch nicht entdeckt haben: In der fünftletzten Zeile der
Prozedur "Mittelteil" ist die Wertzuweisung "spaltenzaehler :=
2*zeilenzaehler + 1" durch "spaltenzaehler := 2*zeilenzaehler - 1" zu
ersetzen. Die Eliminierung des Fehlers erfolgt hier am einfachsten durch
Positionierung der Schreibmarke mit der Maus und anschließende manuelle
Korrektur.

Wenn jetzt das Programm mit **Reset** und **Go** noch einmal gestartet wird,
sollten keinerlei Fehler mehr enthalten sein.

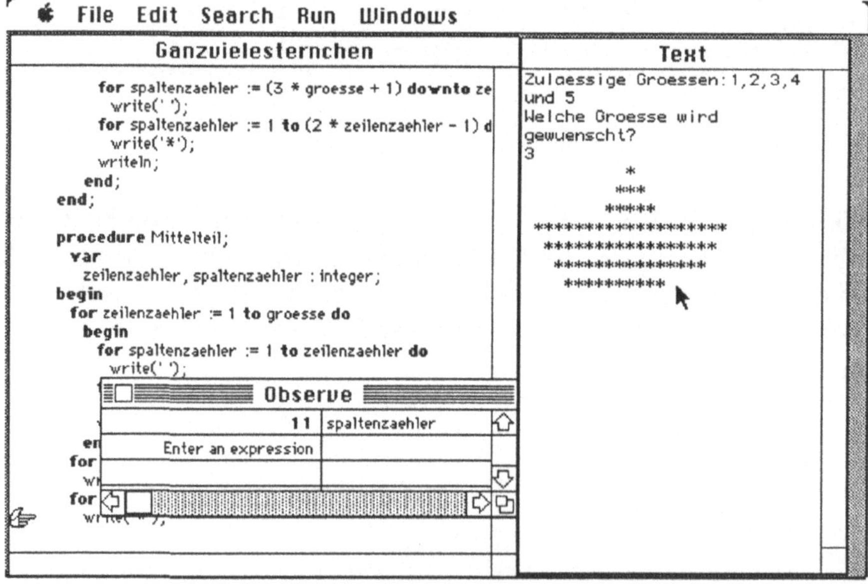


Abb. 8.7: Observe-Fenster

## 2.5 Sichern, Drucken und Beenden

### Sichern

Um das nunmehr fehlerfreie Programm zu sichern, können Sie aus dem
Menü **File** den Befehl **Save** bzw. **Save As** auswählen; bei erstmaligem
Sichern muß dabei ein Programmname vergeben werden.

### Drucken

Der Ausdruck des Programmtextes wird durch den Aufruf der Routine
**Print...** aus dem Menü **File** veranlaßt, wobei zunächst die gewohnte
Dialogbox mit den verschiedenen Druckoptionen erscheint.

Für den Inhalt aller übrigen Fenster ist hingegen in Macintosh Pascal kein
spezifischer Druckbefehl vorgesehen. Hier besteht jedoch die Möglichkeit, auf eine allgemein verfügbare Macintosh-Routine zurückzugreifen
und mit dem gleichzeitigen Drücken von Kommandotaste/ Umschalttaste/
4 den Inhalt des gerade geöffneten Fensters auszudrucken.

### Beenden

Durch den **Quit**-Befehl im Menü **File** können Sie MacPascal verlassen.

# 3 Übung für Fortgeschrittene

## 3.1  Aufgabe und Lernziele

### Aufgabe:

Als Abteilungsleiter im Marketingbereich einer Softwarefirma sollen Sie
einen Werbespot für das Produkt Macintosh Pascal erstellen. Sie ent-
schließen sich, mit Macintosh Pascal einen Trickfilm zu "drehen", der in
selbstdarstellender Weise die besondere Benutzerschnittstelle der Anwendungsprogramme im allgemeinen (z.B. Fenstertechnik, Buttons) und
einige Quickdraw Prozeduren und Funktionen im speziellen (geometrische
Formen, Zeichenbefehle) beschreibt.

### Lernziele:

* Kennenlernen der Quickdraw Routinen und Zugriffsmöglichkeiten
* Zeichnen verschiedener geometrischer Formen
* Definieren von Regionen und Füllen mit Mustern
* Programmierung der Interaktion zwischen dem Benutzer und dem
  Anwendungsprogramm

Die für den Trickfilm notwendigen Pascal-Sprachelemente werden in drei
Demonstrationsprogrammen erläutert.

### Zeitaufwand:

Die Aufgabe in dieser Übung erfordert einige Lesearbeit und etwas Zeit
zum Experimentieren, so daß Sie mit einem Aufwand von 2-3 Tagen
rechnen müssen, wenn Sie die besprochenen Prozeduren und Funktionen
beherrschen wollen. Wenn Ihnen ein Einblick genügt, können Sie eines
der Demonstrationsbeispiele ausprobieren. Dann kommen Sie mit 1-2
Stunden aus.

## 3.2 Grundlagen der Grafik-Programmierung

### Zusätzliche Funktionen und Prozeduren bei Pascal 2

Gegenüber Standard Pascal hat man bei **Macintosh Pascal 2** noch
zusätzlich Zugriffsmöglichkeiten auf die **User Interface Toolbox**-
Funktionen und -Prozeduren und insbesondere auf die **Quickdraw** -
Funktionen und -Prozeduren.

Eine Funktion ähnelt einer Prozedur in der Weise, daß beide ihren eigenen Deklarationsteil, ihre eigenen Anweisungen sowie einen Namen besitzen, durch den sie jederzeit vom Hauptprogramm aus aufgerufen werden können. Der Unterschied liegt darin, daß eine Funktion einen einzigen Wert zum Funktionsaufruf zurückgibt, hingegen werden bei Prozeduren eine Reihe von Anweisungen durchlaufen.

Für den Benutzer spielt es bei der Anwendung  keine Rolle, ob es sich um Quickdraw- oder sonstige Toolbox-Routinen handelt. Allerdings sind Pascal Programme, die hierauf zurückgreifen, wegen der speziell für den Macintosh geschriebenen Routinen nicht auf anderen Systemen lauffähig.


## Quickdraw Funktionen und -Prozeduren

Quickdraw (Schnellzeichner) ist ein Paket von Grafik-Routinen mit denen u.a.

- gerade Linien von beliebiger Länge und Breite

- eine  Anzahl von Formen, z.B. Rechtecke ohne und mit runden Ecken, Ovale, Kreise, Kreissegmente, Vielecke

- Buchstaben in verschiedenen Größen, Schrifttypen,  Zeichensätzen

- verschiedene vorgefertigte oder selbsterstellte Muster

einfach "gezeichnet" werden können. Die Quickdraw-Bibliothek ist in drei Einheiten unterteilt:

- Quickdraw

- Quickdraw2

- Sane (Standard **A**pple **N**umeric **E**nvironment)

Quickdraw1 enthält einfache Routinen, die mit MacPascal automatisch in den Arbeitsspeicher geladen werden.  Kompliziertere Routinen zur Bestimmung von Polygonen, Regionen, Grafports und zur Durchführung von Bitübertragungsoperationen sind in QickDraw2 enthalten. Will der Programmierer auf diese Routinen zurückgreifen, muß er am Anfang seines Programms Quickdraw2 in folgender Form aufrufen:

 

     **Program** programmname;

     **uses**

     Quickdraw2;

Durch den zusätzlich benötigten Speicherplatz sind Anwendungen mit Quickdraw2 auf dem 128 K Macintosh nur begrenzt möglich. Die dritte Einheit **Sane** muß analog zu Quickdraw2 (**uses** Sane;) aktiviert werden. Sie enthält erweiterte mathematische Prozeduren und Funktionen. Einen detaillierten Überblick über Quickdraw und die Quickdraw Routinen findet man im Macintosh Pascal Technical Appendix. Die Beispiele auf der Pascal Diskette, die noch folgenden Demonstrationsprogramme  sowie das beiliegende Programm "Der Film" mögen als weitere Erläuterung und Inspiration dienen.

## Mathematische Grundlagen

Zum besseren Verständnis dieses Grafikpaketes soll an dieser Stelle das zugrundeliegende mathematische Konzept grob erläutert werden. Alle Informationen über Plazierungen, Lage oder Bewegungen von Objekten bei Quickdraw werden in Form von Koordinaten angegeben. So wird ein Punkt durch zwei Koordinaten, ein Kreis durch drei (zwei Koordinaten für den Mittelpunkt, ein dritter zur Radiusbestimmung) und ein Rechteck entweder durch zwei Punkte (linke obere Ecke und rechte untere Ecke) oder durch vier Zahlen (obere, linke, untere, rechte Begrenzung) bestimmt. Alle Quickdraw-Operationen spielen sich in einer virtuellen Grafik-Ebene zwischen den Koordinaten -32768 bis +32767  mit folgendem Aussehen ab (vgl. Abb. 8.8):

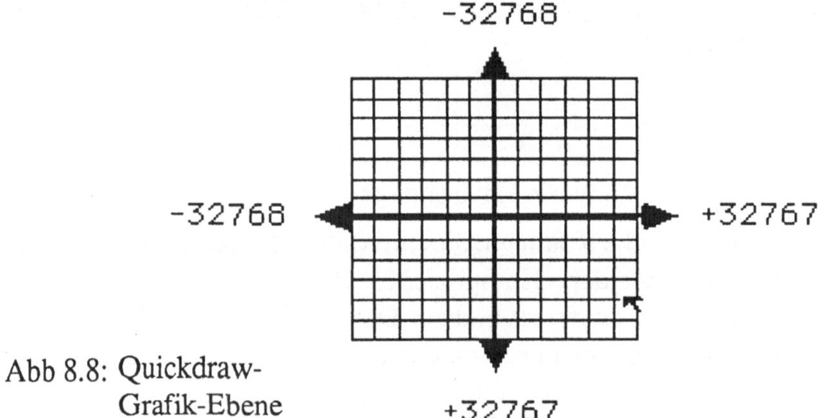


Abb 8.8: Quickdraw-
        Grafik-Ebene

Im Gegensatz zu dem üblichen Koordinatensystem werden die Werte auf der Ordinate von oben nach unten größer. Bei allen Koordinaten handelt es sich um ganze Zahlen, und die Rasterlinien sind unendlich klein. Somit ergeben sich 4.294.967.296 Quickdraw-Punkte durch Schnittpunkte von horizontalen und vertikalen Rasterlinien.

Die Quickdraw-Punkte sind jedoch nicht identisch mit den Bildschirmpunkten
(Pixel). Ein Pixel ist von vier Quickdraw-Punkten umgeben. Auf dem Bild-
schirm ist immer nur ein kleiner Ausschnitt des gesamten Rasters dargestellt.
Über die Videoschaltungen erfolgt eine bestimmte Zuordnung der Bits im
Speicher zu den Bildschirmpunkten (Pixel). Diese  Art der Grafik nennt man
Rastergrafik (bitmapped Grafik). Ist ein Bit gleich eins gesetzt, wird das da-
zugehörige Pixel schwarz; ist das Bit gleich null, ist der entsprechende Bild-
schirmpunkt weiß.

## 3.3 Durchführung der Übungsbeispiele

Im Unterschied zur einführenden Übung wird hier nur mit dem Grafik-
Fenster von MacPascal gearbeitet. Das Textfenster können Sie also schließen.

## 3.3.1 Zeichnen geometrischer Figuren

### Aufgabenbeschreibung "Demo1"

Dieses Programm zeichnet verschiedene geometrische Formen mit verschiedenen Mustern (vgl. Abb. 8.9). Sie lernen vorhandene Formen und Muster
sowie den Aufruf der entsprechenden Routinen kennen.

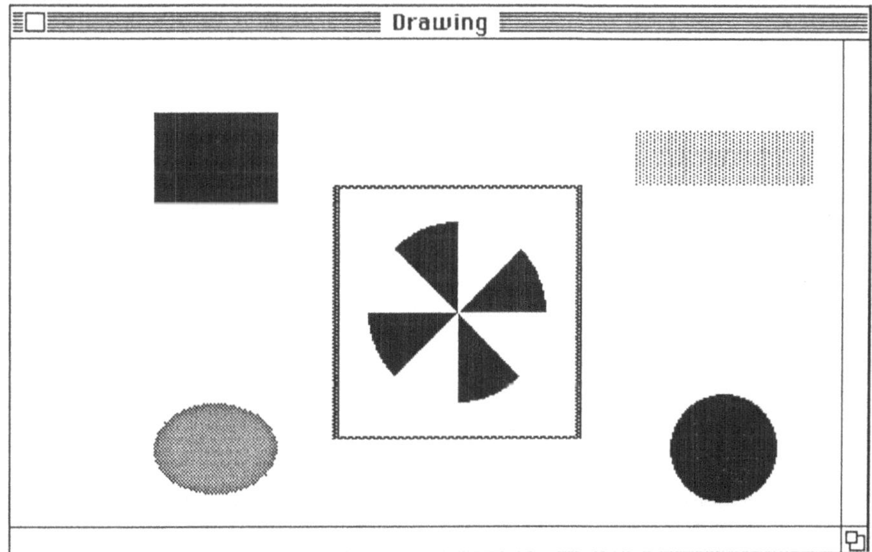


Abb.8.9: Ausgabe von "Demo 1"

An dieser Stelle soll noch darauf hingewiesen werden, daß die Beispielprogramme so entworfen worden sind, daß Sie die wichtigsten Routinen kennenlernen.

Demo1 benutzt die folgenden Routinen

    -rect

    -integer

    -paintRect

    -setRect

    -fillRect

    -penPat

    -paintOval

    -paintCircle

    -paintArc

    -repeat .... until

    -eraseArc

    -penSize

    -frameRect


## Programmlisting "Demo1"

```
program Demo1;                  {Programmkopf, -namen}
  procedure GeomFormen          {Prozedurnamen}
   var                          {Deklarationsteil}
    r1, r2, r3, r4 : rect;      {Var. vom Typ Rechteck}
    k : integer;                {Var. vom Typ integer}
  begin                         {Beginn Anweisungsteil}
   paintRect(40, 80, 90, 150)   {oben,links,unten,rechts}
    setRect(r1, 350, 50, 450, 80);  {Name,links,oben,rechts,unten}
    fillRect(r1, ltgray);       {Name,Mustername}
```

```
      penPat(gray);                    {Muster des Zeichenstifts}
      setRect(r2, 80, 200, 150, 250);
      paintOval(r2);                   {Zeichnet Oval in r2}
      penPat(black);
      paintCircle(400, 225, 30);       {links, oben, Radius}
      setRect(r3, 200, 100, 300, 200);
      paintArc(r3, 0, 360);            {Name, Anfangswinkel, Groesse}
      k := 0;                          {Wertzuweisung}
      repeat                           {Beginn der Schleife}
      eraseArc(r3, k, 45);             {Name, Anfangswinkel, Groesse}
      k := k + 90;
       until K = 360;                  {Endebedingung Schleife}
       penSize(4, 2);                  {Breite, Hoehe}
       penPat(dkgray);
       setRect(r4, 180, 80, 320, 220);
       frameRect(r4);                  {Name}
      end;


      begin                            {**** Hauptteil ****}
      GeomFormen                       {Aufruf der Prozedur
      end.                              GeomFormen}
```

## Erläuterungen zu "Demo1"

Nun wird das Programm Schritt für Schritt erläutert:

## Programmkopf

Der erste Teil eines Pascal Programms ist immer der Programmkopf mit dem Programmnamen (hier: Demo1).

## Prozedur "GeomFormen"

Die Prozedur "GeomFormen" ist eine Prozedur, die im Hauptteil des Programms aufgerufen wird.

## Vereinbarungsteil der Prozedur "GeomFormen"

Im Vereinbarungsteil der Prozedur "GeomFormen" wird die Bedeutung aller vorkommenden Namen festgelegt.

Hier sind zunächst die Variablen r1, r2, r3, r4 vom Typ rect definiert. Der Typ rect ist ein vordefinierter Pascal-Typ für eine geometrische Form: das Rechteck. Dann wird die Variable k des Typs integer (ganze Zahl) definiert.

## Anweisungsteil der Prozedur "GeomFormen"

### paintRect

Die Anweisung paintRect zeichnet ein Rechteck mit den in Klammern angegebenen Koordinaten, die sich auf das Zeichenfenster beziehen. Die Reihenfolge der Koordinaten lautet: oben, links, unten, rechts.

### setRect

Jetzt werden zunächst die Parameter für das Rechteck mit dem Namen r1 festgelegt. In der Klammer stehen zuerst der Name des Rechtecks und dann die vier das Rechteck bestimmenden Integerwerte in der Reihenfolge: links, oben, rechts, unten. **Achtung:** vergleiche die Reihenfolge mit paintRect!  Der Befehl setRect zeichnet das Rechteck noch nicht. Erst ein weiterer Befehl, z.B. paintRect(Rechteckname), zeichnet es auf dem Bildschirm.

### fillRect

Dieser Befehl füllt das durch setRect definierte Rechteck mit einem bestimmten Muster und zeichnet es. Der Name des durch setRect definierten Rechtecks steht an erster Position, das Muster an zweiter Position in der Klammer. In

Quickdraw sind fünf Muster vordefiniert (black, dkgray, gray, ltgray, white).

## penPat

PenPat legt die Musterform des Quickdraw-Stifts fest. Fünf vordefinierte gibt es: black, dkgray, gray, ltgray, white.

## paintOval

Dieser Befehl zeichnet ein Oval in das durch setRect definierte Rechteck. In Klammern steht der Name des durch setRect definierten Rechtecks.

## paintCircle

PaintCircle zeichnet einen Kreis. Der Mittelpunkt wird durch die beiden ersten in Klammern geschriebenen Integerwerte (links, oben) festgelegt; der dritte Klammerwert gibt den Radius an.

## paintArc

PaintArc zeichnet ein Kreissegment in das dazugehörige durch setRect definierte Rechteck. In Klammern stehen der Name des durch setRect definierten Rechtecks (hier: r3) und zwei Integerwerte. Der erste Integerwert gibt den Startwinkel des Kreissegments an, der zweite Wert die Größe des Kreisausschnitts (analog zur normalen Gradeinteilung).

## k:= 0

Hier wird der Integervariablen k der Wert 0 zugewiesen.

## repeat

Beginn der Schleife zum Zeichnen der Kreissegmente.

## eraseArc

EraseArc zeichnet im Muster des Hintergrundes ein Kreissegment in das durch setRect definierte Rechteck. Die Klammerangaben erfolgen wie bei paintRect.

## k:= k+ 90

Die Integervariable k wird um 90 erhöht.


## Until k = 270

Endebedingung derSchleife.


## penSize

PenSize setzt die Dicke des Quickdraw-Stifts fest. Alle Linien und Umran-
dungen werden in der Stiftdicke gezeichnet, die durch penSize festgelegt
wurden. Die erste Intergerzahl in Klammern gibt die Breite, die zweite Inte-
gerzahl die Höhe an.
Ohne spezielle Anweisung ist die Stiftgröße (1,1). Dies ist auch gleichzeitig
die dünnstmögliche Größe. Wird ein Parameter 0 oder negativ, zeichnet der
Quickdraw-Stift nicht.


## frameRect

FrameRect zeichnet den Rahmen des in der setRect-Anweisung definierten
Rechtecks r4.


## Hauptteil

Der Hauptteil eines jeden Programms muß zwischen Begin und End eingeschlossen sein. Hier wird die Prozedur "Geomformen" aufgerufen.


# 3.3.2 Auslösen von Operationen mit der Maus

### Aufgabenbeschreibung "Demo2"

Das Programm "Demo2" invertiert ein auf dem Bildschirm festgelegtes Rechteck,
wenn der Benutzer die Maus über dieses Rechteck verschiebt (vgl. Abb. 8.10).
Eine derartige Funktion haben Sie bisher in allen Macintosh-Programmen benutzt, um Symbole oder Bildschirmausschnitte zu aktivieren.

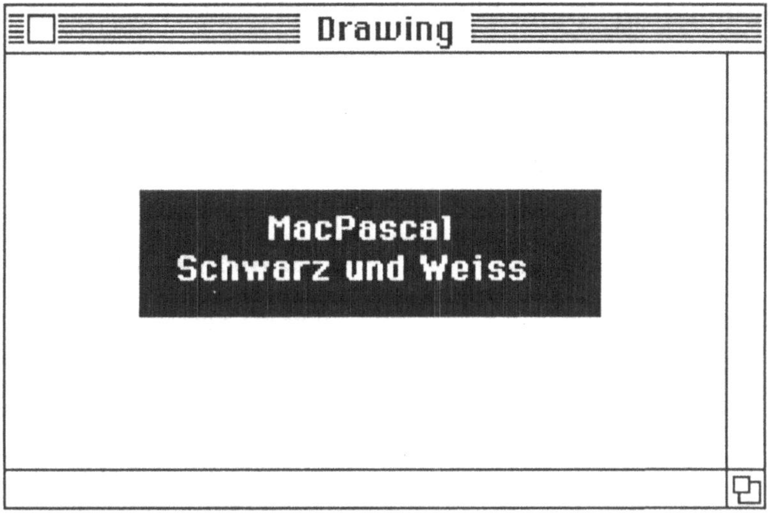


Abb. 8.10  Fenster in "Demo2"

Demo2 benutzt zusätzlich die folgenden Routinen:

- moveTo

- textFace

- writeDraw

- repeat ... until button

- getMouse

- if ... then

- and

- invertRect

## Programmlisting "Demo2"

```
program Demo2;                    {Programmkopf}
procedure Rechteck;
var                               {Prozedur Deklarationsteil}
 r : rect;                        {Var vom Typ Rechteck}
  x, y : integer;                 {Var für Mauskoordinaten}
begin
 setRect(r, 50, 50, 230, 100);    {Name, links, oben, rechts, unten}
frameRect(r);                     {zeichnet leeres Rechteck "r" }
moveTo(100, 70);                  {Stift auf Koordinaten-Position 100,70}
textFace([bold]);                 {legt Schrifttyp fest}
writeDraw('MacPascal');           {Text im Zeichenfenster}
moveTo(65, 85);
writeDraw('Schwarz und Weiss');
repeat                            {Begin der Mausabfrageschleife}
 getMouse(x, y);                  {übergibt Koordinaten der Mausposition}
if (x >= 50) and (x <= 230) and (y >= 50) and (y <= 100) then
 invertRect(r)
until button                      {Abbruchbedingung der Schleife}
end;
begin
Rechteck;                         {Prozeduraufruf}
end.
```

# Erläuterungen zu "Demo2"

Die schon bekannten Anweisungen aus dem ersten Beispielprogramm werden nicht mehr erläutert. In der Prozedur "Rechteck" sind die folgenden Anweisungen neu:

## moveTo

Die moveTo Anweisung setzt den Quickdraw-Stift auf die in Klammern angegebene Position in der Reihenfolge: links, oben.

## textFace

Die textFace-Anweisung legt den Schrifttyp fest. Der jeweilige Schrifttyp steht zwischen zwei Klammern - einer runden und einer eckigen Klammer. Es existieren sieben vorgefertigte Schrifttypen: bold, italic, underline, outline, shadow, condense, extended. Die Schrifttypen können kombiniert werden. Die verschiedenen Typen stehen dann hintereinander in Klammern: textFace([Stil1, Stil2]).

## writeDraw

Die writeDraw-Anweisung wird dazu benutzt, Text in das Zeichenfenster zu schreiben. Der zu schreibende Text steht in Klammern hinter der writeDraw-Anweisung und ist durch senkrechte Hochkommata eingeschlossen. Die Hochkommata entlocken Sie dem System durch drücken von Wahl- und Apostrophtaste.

## repeat ... until button

Die repeat... until button-Schleife ist eine Mausabfrageschleife, die entsprechend der Benutzeraktiviät die in der Schleife enthaltenen Anweisungen ausführt und mit der Abbruchbedingung button (Maus-Klick) abbricht.

## getMouse

Die getMouse Prozedur übergibt ständig die aktuelle Position der Maus. In Klammern stehen zwei Integervariablen. Die erste Variable gibt den horizontalen, die zweite den vertikalen Koordinatenwert an.

## If ... and ... and ... then

Sobald eine Entscheidung zwischen zwei Möglichkeiten ansteht, bietet sich die if ... then Abfrage an. Mehrere Bedingungen können durch "and" verbunden werden. Befindet sich in unserem Beispiel die Maus innerhalb der in der if Bedingung angegebenen Grenzen, die denen des Rechtecks r entsprechen, dann wird die folgende Anweisung InvertRect(r) ausgeführt.

## invertRect

Diese Anweisung invertiert das durch setRect gesetzte und in Klammern genannte Rechteck.

## 3.3.3 Weitere Grundelemente interaktiver Macintosh-Programme

### Aufgabenbeschreibung "Button"

Im Programm "Button" erscheinen ein  Zeichenfenster mit zwei Antwortfeldern und ein Textfenster mit einer Frage (vgl. Abb. 8.11). Durch Klicken mit der Maus auf die Antwortknöpfe "Ja" oder "Nein" wird eine entsprechende Reaktion ausgelöst. Die Antwortboxen, die Sie in allen Macintosh-Programmen vorfinden, greifen auf derartige Programmteile zurück.

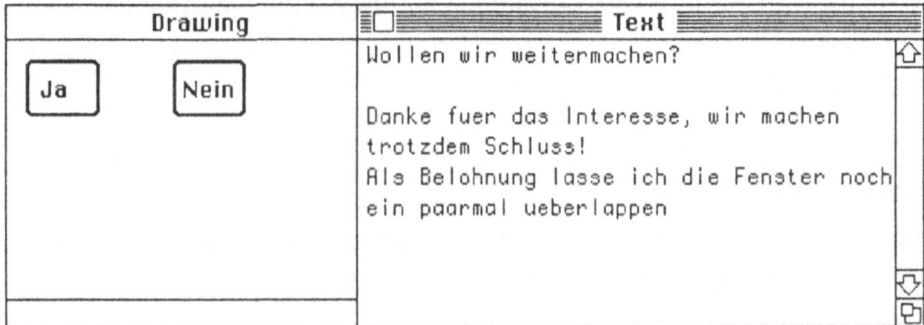


Abb. 8.11: Zeichen- und Text-Fenster in "Button"

Folgende Routinen werden erstmalig benutzt:

  -hideAll

  -setDrawingRect

  -showDrawing

  -setTextRect

  -showText

  -writeln
  -if ... then ... else

  -for ... do

  -textFont

  -frameRoundRect

  -function

  -repeat ...  until

  -sysBeep

  -while button do

## Programmlisting "Button"

```
program button;
procedure SetUpWindow;
var
 Zeichnung, Text : Rect;
begin
 hideAll;
setRect(Zeichnung, 10, 50, 220, 200);
setDrawingRect(Zeichnung);
showDrawing;
setRect(Text, 200, 50, 500, 200);
 setTextRect(Text);
```

```
  showText
 end;
function Antwort : boolean;
var
x, y : integer;
inBox : boolean;
 Punkt : point;
okay, notOkay : rect;
begin
 penSize(2, 2);
 textFont(0);
moveTo(18, 30);
writeDraw('Ja');
 setRect(okay, 10, 10, 50, 40);
 frameRoundRect(Okay, 9, 9);
moveTo(95, 30);
writeDraw('Nein');
setRect(notOkay, 90, 10, 130, 40);
 frameRoundRect(notOkay, 9, 9);
 inBox := false;
 repeat
  getMouse(x, y);
 setPt(Punkt, x, y);
if button then
begin
inBox := ptInRect(Punkt, okay) or ptInRect(Punkt, notOkay);
if not inBox then
 sysBeep(15)
 end
```

```pascal
    until inBox;

Antwort := ptInRect(Punkt, okay);
  while button do
    ;
  end;
  procedure Frage;
  var
    p, i : integer;
begin
  writeln('Wollen wir weitermachen?');
  writeln;
  if Antwort then
    begin
      writeln('Danke fuer das Interesse,wir machen trotzdem
            Schluss!');
      writeln('Als Belohnung lasse ich die Fenster noch ein paarmal
      ueberlappen');
      for p :- 1 to 10000 do
        ;
      for i := 1 to 4 do
        begin
          showDrawing;
          for p := 1 to 1000 do
            ;
          showText;
          for p :- 1 to 1000 do
            ;
        end;
      hideAll
```

```
    end
    else
    begin
    write('Schade, dann bis zum naechsten Mal!');
    for p := 1 to 5000 do
     ;
     hideAll
      end;
     end;
    begin
     SetUpWindow;
     Frage;
    end.
```

## Erläuterungen zu "Button"

Im Hauptteil des Programms "Button" werden die beiden Prozeduren
"SetUpWindows" und "Frage" aufgerufen. In der Prozedur "Frage" wird
die Funktion "Antwort" aufgerufen. Die neuen Anweisungen im
einzelnen:

### Prozedur "SetUpWindows"

Bisher mußte das Zeichenfenster vor jedem Programmstart vom Benutzer
geöffnet und richtig positioniert werden. Diese sehr lästige Arbeit wird
durch die Prozedur "SetUpWindows" vermieden. In ihr werden sowohl
das Zeichenfenster als auch das Textfenster dimensioniert, plaziert und
geöffnet.

### hideAll

Der Macintosh-Bildschirm wird bis auf die Menüleiste gelöscht. Auf dem
Bildschirm ist das Hintergrundmuster sichtbar.

## setDrawingRect, setTextRect, showDrawing, showText

Die Anweisungen setDrawingRect und setTextRect legen die Größe und
Position des Zeichenfensters bzw. des Textfensters fest. Der Wert der Variablen in Klammern ist vom Typ rect und die Dimensionen werden durch
den dazugehörigen setRect-Befehl festgelegt. Weder setDrawingRect
noch setTextRect zeigen die Fenster auf dem Bildschirm. Hierfür müssen
die Befehle showDrawing und showText noch hinzugefügt werden.

## Prozedur "Frage"
### writeln

Writeln schreibt den in Klammern und senkrechten Hochkommata stehenden Text mit Zeilenvorschub im Textfenster.

## if Antwort then ... else

Hier wird die boolsche Funktion "Antwort" abgefragt. In Abhängigkeit
von der Antwort (im Rechteck "okay" oder im Rechteck "notOkay"
geklickt) werden die Anweisungen nach "then" oder nach "else"
durchlaufen.

## for p:= 1 to 10000 do

Dies ist lediglich eine Verzögerungsschleife. Der Rechner zählt von 1 bis
10000, bevor er die nächste Anweisung ausführt .

## Funktion Antwort: boolean

Hier handelt es sich um eine Funktion mit dem Namen "Antwort" des
Typs boolean. Sie wird von der Prozedur "Frage" aus aufgerufen.

## Point

Ein neuer Pascal-Typ; er definiert einen Punkt.

## textFont

TextFont legt den Zeichensatz für Text im Zeichenfenster fest. In Klammern stehen Integerwerte für vordefinierte Zeichensätze: 0 = Chicago, 1 =

Geneva, 2 = Monaco, 3 = Chicago, 4 = New York, 5 =Venice. Integerwerte größer als fünf führen automatisch zum Zeichensatz Chicago.


## frameRoundRect

frameRoundRect zeichnet eine abgerundete Umrandung eines durch
setRect gesetzten Rechtecks. In Klammern stehen der Rechteckname und
zwei Integerwerte, die die Stärke der Krümmung angeben: Ovalweite,
Ovalhöhe.


## repeat ... until inBox

Die repeat… until Schleife führt folgende Aufgaben durch:

1)  Sie liest die Koordinaten der Maus (getMouse).

2)  Übergibt diese Koordinaten der Variablen Punkt des Typs point
    (setPoint).

3)  Ruft die Toolbox-Funktion Button auf, um zu prüfen, ob die Maus
    geklickt ist (if button then).

4)  Wenn die Maus gedrückt ist, wird zum Block nach then verzweigt.

5)  Der boolschen Variablen wird ein Wert zugewiesen. Inbox ist wahr,
    wenn der Punkt im Rechteck "okay"  oder im Rechteck  "notOkay"
    liegt. Andernfalls ist inbox falsch und es wird ein Ton (sysBeep)
    erzeugt. Der Klammerwert bei sysBeep gibt die Dauer des Tons an.


## while button do

In diesem Fall handelt es sich um eine Schleife, die keine Anweisungen
durchführt. Trotzdem durchläuft der Computer die Schleife solange, wie
die Maus geklickt wird. Erst beim Loslassen der Maus wird der Wert
"falsch" übergeben.

# 3.3.4 Lösungsvorschlag "Der Film"

## Erläuterungen zu "Der Film"

Dieses Programm stellt einen Lösungsvorschlag zu der in dieser Übung gestellten Aufgabe dar. Es werden folgende Vorgänge in dem Programm ausgeführt:

- Verstecken aller und das Zeigen einzelner Fenster
- Verschieben und die Größenveränderung von Fenstern
- Zeichnen von Text im Zeichenfenster
- Zeichnen von Rechtecken und Ovalen
- Zeichnen eines Polygons
- Bestimmung von Textgröße, Schrifttyp und Zeichensatz
- Steuerung des Programms durch Anwenderaktivität
- Mauskontrolle
- Benutzung verschiedener Muster
- Bewegen von fertigen Bildern
- Löschen von Fensterbereichen.

## Beschreibung des Programmablaufes

Nach dem Starten des Programms "Der Film" verschwinden zunächst alle Fenster. Außer der grauen Schreibtischoberfläche ist nur noch die Menüleiste des MacPascal Interpreters zu sehen. Dann schiebt sich ein kleines Zeichenfenster von unten auf den Bildschirm. Es wandert fast bis zur Menüleiste, um dann nach links zu schwenken. In der linken oberen Ecke angelangt, vergrößert sich das Zeichenfenster fast bis auf Bildschirmgröße. Im Zeichenfenster erscheint der Text:
"Hallo, ich bin das Zeichenfenster. Mich kannst Du beliebig verschieben und meine Größe verändern." (vgl. Abb. 8.12).

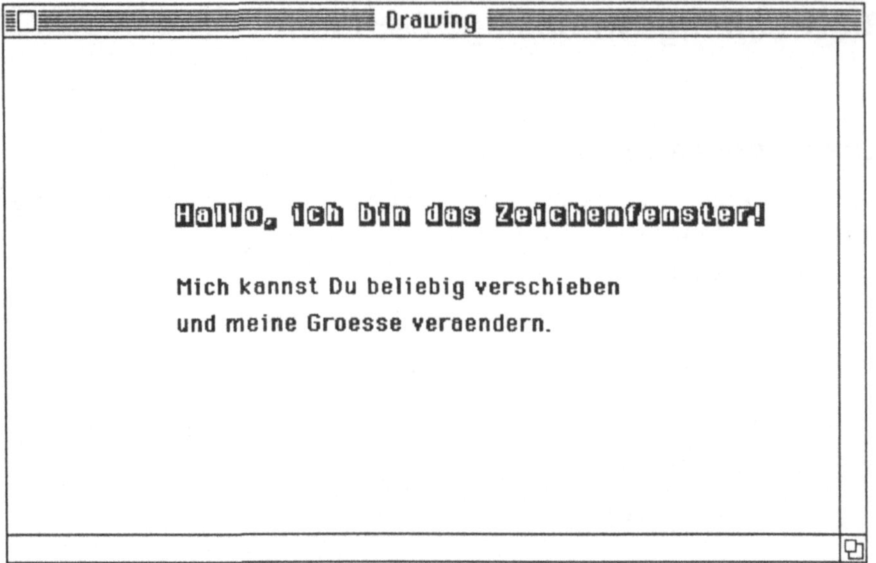



Abb. 8.12: Zeichenfenster in "Der Film"

Nach einer kurzen Verweilzeit, die zum Lesen des Textes dient, verschwindet dieser. Es erscheint ein mit grauem Muster gefülltes, schattiertes Rechteck mit den Worten "Film Ab" (vgl. Abb. 8.13).

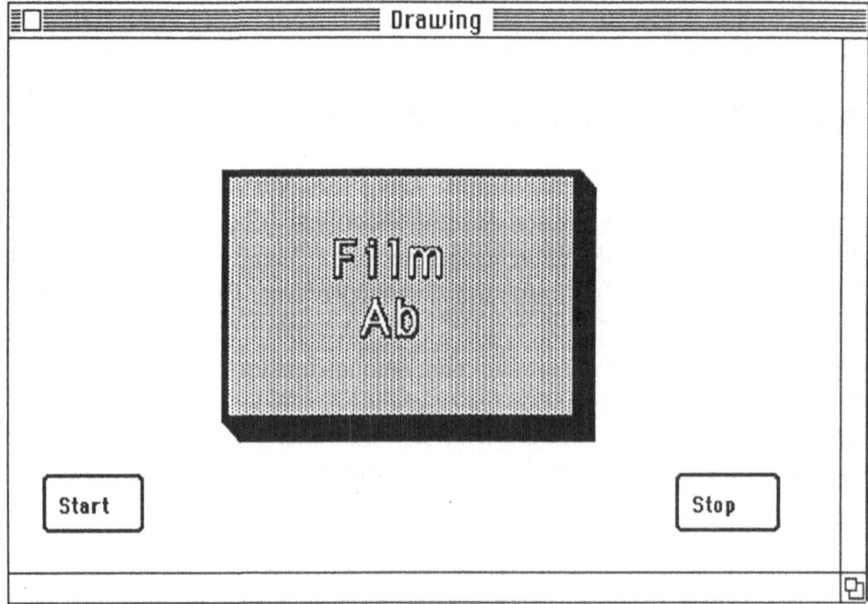



Abb. 8.13: Antwort-Fenster in "Der Film"

Gleichzeitig wird der Benutzer durch einen "Start Button" in der linken
unteren Ecke aufgefordert, den Film zu starten. Durch ein Klicken in diesen Button invertiert sich der Inhalt (Muster und Text) des Rechtecks solange, bis der Benutzer in den nach dem Start in der rechten unteren
Ecke erscheinenden "Stop Button" klickt. Das Stoppen hat zur Folge,
daß der Inhalt des Zeichenfenster kreisförmig ausradiert wird.

Im Anschluß daran wird in die obere Hälfte des Zeichenfensters ein
Schirm projiziert, während in der unteren Hälfte eine Lokomotive mit
drei Waggons, die die Aufschrift "Pascal Quickdraw Show" tragen, gezeichnet wird (vgl. Abb. 8.14). Nach kurzer Verweildauer setzt sich der
Zug in Bewegung und fährt nach links aus dem Bildschirm.

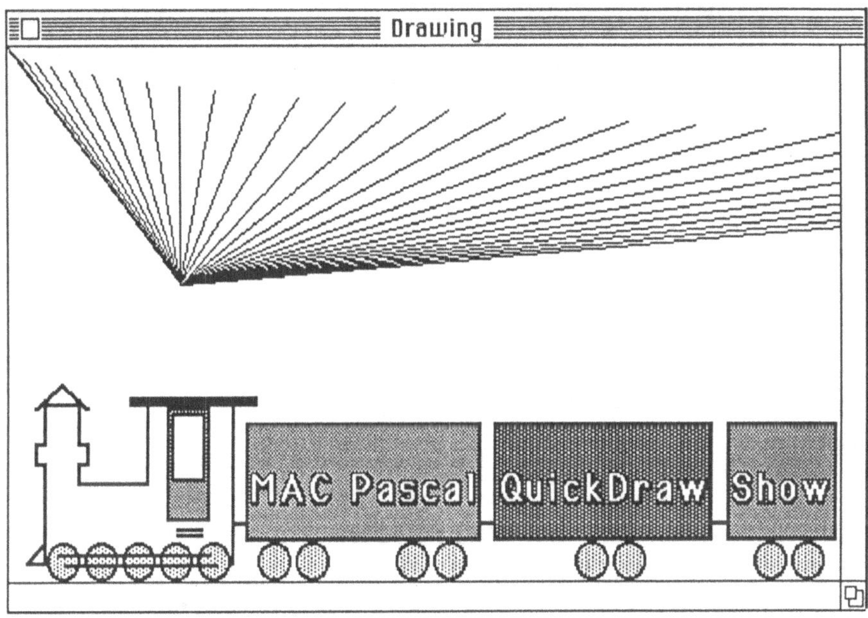


Abb. 8.14: Zug in "Der Film"

Nun wird der Benutzer aufgefordert, unter Verwendung der Maus
selber ein Rechteck zu zeichnen. Die Position der Maus beim ersten
Klicken bestimmt die linke obere Ecke des Rechtecks. Sofort erscheinen die Koordinaten des ausgewählten Punktes links über dem zu
zeichnenden Rechteck. Durch das Bewegen der Maus mit gedrückter
Taste nach rechts unten werden die Umrisse des Rechtecks sichtbar.
Erst beim Loslassen der Maustaste ist der rechte untere Punkt festgelegt
und das Rechteck wird gezeichnet. Die Koordinaten des zweiten
Punktes erscheinen ebenfalls. Im letzten Teil des Filmes füllt sich das

Zeichenfenster mit einrückenden Rahmen, bis in der Mitte das Wort
"Pascal" zu sehen ist (vgl.Abb. 8.15).

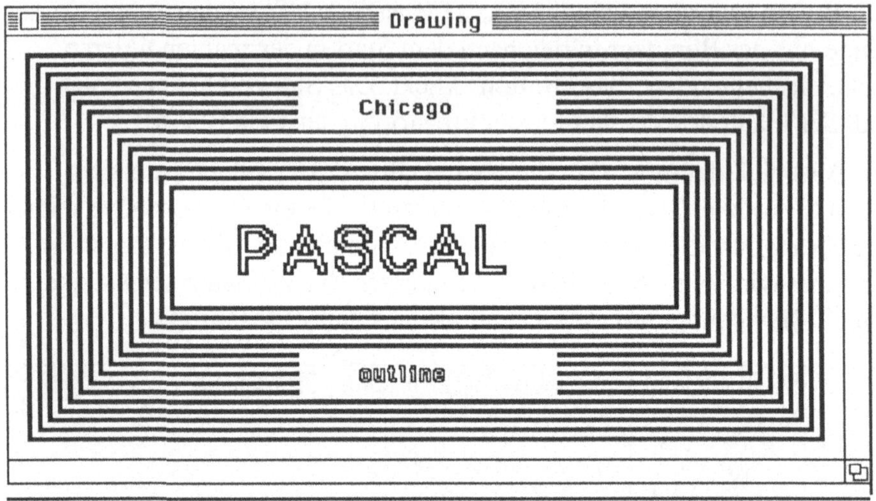


Abb. 8.15: Fenster mit Zeichensatz "Chicago" in "Der Film"

Dieses Wort wird nun in allen zur Verfügung stehenden Zeichensätzen
(Chicago, Geneva, Monaco, New York, Venice), mit allen Schrifttypen
(bold, italic, underline, outline, shadow, condense, extended) in 4 verschiedenen Größen (12, 24, 36,  48) dargestellt. Zum Abschluß verschwinden die Rahmen nach und nach begleitet durch die Worte "THE
END". Schließlich verkleinert sich das Zeichenfenster und verschwindet.

## Die  Prozeduren im einzelnen
(vgl.u.: Programmlisting von "Der Film"):

### Pause

Diese Prozedur besteht aus einer Schleife, in der keine Anweisung
steht. Das Durchzählen von 1 bis 5000 erfordert allerdings auch etwas
Zeit. Sie wird im Laufe des Programms gelegentlich aufgerufen.

### Zeichenfenster

Die Konstante a bestimmt den Verschiebungsfaktor des Zeichenfensters, wenn es über den Bildschirm wandert. Die Variable r vom Typ
rect wird bei der Dimensionierung und Positionierung des Zeichenfen-

sters verwendet [setRect(r,50,50,200,200)]. Die Variablen g,i,p,j vom Typ integer werden in den Schleifen als Zählvariablen verwendet. Die erste for-Schleife läßt das Zeichenfenster von unten nach oben, die zweite for-Schleife nach links wandern. Die dritte for-Schleife vergrößert das Zeichenfenster. Dann wird im Zeichenfenster eine Position angesteuert (moveTo) und das Textaussehen wird bestimmt (textSize, textFont, textFace). Durch die write-Draw Anweisung wird der Text in das Zeichenfenster geschrieben.

## FilmAb

In dieser Prozedur werden die Rechtecke r1 (Umrandung) und r2 (aufgefüllt mit grau) gesetzt. Die Schattierung wird durch das Polygon "Rahmen" vom Typ Polyhandle erzeugt. Durch die Anweisung fillPoly (Rahmen, black); wird das Polygon mit schwarz gefüllt.

## Abfrage

"Abfrage" ist eine Funktion, durch deren Aufruf innerhalb der Prozedur "Flimmern" ein boolscher Wert (wahr oder falsch) übergeben wird. Dazu wird die Variable inBox vom Typ boolean definiert. Den Variablen x und y werden in der getMouse Anweisung die Koordinaten der aktuellen Mausposition zugewiesen. Die Variable "Punkt" vom Typ point wird in der setPoint-Anweisung verwendet. Dort werden ihr die Koordinaten der Mausposition in Form der Variablen x und y übergeben. Wenn nun die Maustaste innerhalb des definierten Start-Button geklickt wird, übergibt die Funktion den Wert wahr. Ein Klicken außerhalb des Start-Button bewirkt einen Systemton (sysBeep) als Warnung. Durch die Einbettung der Anweisungen in eine repeat...until Schleife wiederholt sich die Abfrage solange, bis der Anwender tatsächlich auf den Start-Button geklickt hat.

## Abbrechen

"Abbrechen" ist eine Funktion, durch deren Aufruf innerhalb der Prozedur "Flimmern" ebenfalls ein boolscher Wert (wahr oder falsch) übergeben wird. Nach dem Starten des Flimmerns erscheint durch das Klicken auf den Start Button in der linken unteren Ecke des Bildschirmes ein Stop Button. Klickt der Anwender nun auf den Stop Button, so wird der Funktion "Abbrechen" der Wert "wahr" übergeben. Dies führt dann in der Prozedur "Flimmern" dazu, daß das Invertieren des Rechtecks abgebrochen wird.

## Flimmern

In der Prozedur "Flimmern" wird zunächst die Funktion "Abfrage" aufgerufen.
Das Programm wartet auf eine Benutzeraktivität. Wird der Start Button angeklickt, dann wird das Rechteck (r1) solange invertiert, bis die until-Bedingung
(Funktionsaufruf "Abbrechen") wahr wird. Dies tritt ein, wenn der Stop Button
angeklickt wird.

## Schirm

In der Prozedur "Schirm" wird durch eine for-Schleife in der oberen Bildschirm-
hälfte eine Sequenz von Linien gezeichnet, die den gleichen Ausgangspunkt, aber
unterschiedliche Endpunkte haben. Dadurch entsteht ein schirmähnliches Gebilde.

## Eisenbahn

In der Prozedur "Eisenbahn" wird auf der Unterkante des Zeichenfensters eine
Lokomotive mit drei Waggons gezeichnet. Die Waggons tragen die Aufschrift
"Pascal Quickdraw Show". Die Lokomotive wird durch eine Reihe von lineTo-
Anweisungen erstellt. Die von der Struktur her wesentlich einfacheren Wag-
gons sind als umrandete und mit Mustern ausgefüllte Rechtecke programmiert.
Die Schrift ist mit einer moveTo-Anweisung frei positioniert und wird über das
jeweilige Muster geschrieben. Für die Räder werden in einer for-Schleife die
Anweisungen fillOval und frameOval kombiniert.

Mit der ScrollRect-Anweisung, ScrollRect(r8,-2,0,Bahn), wird das in der Parameterliste angegebene Rechteck (r8) mit allen in ihm enthaltenen Pixels nach
links aus dem Bildschirm heraus verschoben. Der Zielbereich der Verschiebung
(Destination Region) ist die Region "Bahn" vom Typ RgnHandle. Diese Region
wird im Deklarationsteil definiert und muß in der Parameterliste der ScrollRect-
Anweisung enthalten sein. Durch wiederholte Ausführung dieser Anweisung
in einer for-Schleife verschiebt sich der Zug mitsamt allen in dem Rechteck r8
enthaltenen Bildschirmpunkten mit der Schrittweite -2 nach links.

## GetMausDemo

In dieser Prozedur wird zunächst das Zeichenfenster gelöscht [eraseRect(r)].
Dann erscheint die Aufforderung und Erklärung zum Zeichnen eines Rechteckes mit Hilfe der Maus im Zeichenfenster. In diesem Stadium wird durch
eine Warteschleife (repeat...until button) auf ein Klicken der Maus gewartet.

Erfolgt nun ein Klicken, so werden die Koordinaten der Mausposition in der getMouse-Anweisung den Variablen x und y übergeben. Der durch das Klikken gekennzeichnete Punkt wird zur linken oberen Ecke des zu zeichnenden Rechtecks. Die Koordinaten dieses Punktes werden mit der writeDraw-Anweisung oberhalb des Punktes ausgegeben. Zieht man nun die Maus  mit gedrückter Taste nach rechts unten, so erscheint der Umriß eines Rechtecks. Dieser verändert sich allerdings, solange die Maus bei gedrückter Taste verschoben wird. Erst durch das Loslassen der Maustaste endet die zweite Warteschleife (repeat...until not button). Damit ist der rechte untere Punkt des in der dann folgenden frameRect-Anweisung gezeichneten Rechtecks festgelegt. Die Koordinaten dieses Punktes werden ebenfalls ausgegeben.

## Rahmen

In dieser Prozedur werden in einer for-Schleife mit der Stiftgröße (3,3) symmetrisch angeordnete Rechtecke ineinander verschachtelt gezeichnet.

## Schrift

In dieser Prozedur werden zunächst die Variablen style (vom selbstdefinierten Typen face) und "Schrifttyp" (vom selbstdefinierten Typ Schrift) definiert. Die Variable style kann die Schrifttypen bold (Fettdruck), italic (Schrägschrift), underline (unterstrichen), outline (Konturschrift), shadow (schattiert), condense (zusammengedrückt) und extended (auseinandergezogen) annehmen. Die Variable "Schrift" kann die Zeichensätze Chicago, Geneva, Monaco, New York und Venice annehmen. Drei ineinander verschachtelte for-Schleifen lassen das Wort "Pascal" innerhalb des durch die Prozedur "Rahmen" freigelassenen Rechtecks in der Mitte des Zeichenfensters in vier verschiedenen Größen erscheinen. Dabei werden die verschiedenen Zeichensätze und die verschiedenen Schrifttypen verwendet. In einem Kasten über dem Wort "Pascal" wird der gerade aktuelle Zeichensatz und in einem weiteren Kasten unter dem Wort "Pascal" der jeweilige Schrifttyp angezeigt.

## Ende

In dieser Prozedur wird die Zeichenkette "THE END" anstelle des Wortes "Pascal" geschrieben und die in der Prozedur Rahmen erzeugten Rechtecke werden durch eine ähnliche for-Schleife wieder gelöscht.

## Programmlisting "Der Film"

```
program DerFilm;
 uses     Quickdraw2;            {Laden von Quickdraw2 ins RAM}
 procedure Pause;                {Zum Einfügen von Verzoegerungen}
  var
  p : integer;
 begin
  for p := 1 to 5000 do
  ;
 end;
 procedure Zeichenfenster;
  const
    a = 25;
  var
    r : rect;
    g, i, p, j : integer;
 begin
  hideAll;                       {Alle Fenster werden versteckt}
   for i := 1 to 12 do           {Zeichenfenster hoch}
  begin
  setRect(r, 300, 360 - (a * i), 450, 460 - (a * i));
  setDrawingRect(r);
  showDrawing;                   {Zeigen des Zeichenfensters}
  for p := 1 to 500 do           {Pause}
   ;
  end;
  for j := 1 to 10 do
    begin                        {Zeichenfenster links}
```

```pascal
    setRect(r, 300 - (a * j), 60, 450 - (a * j), 160);
    setDrawingRect(r);
    showDrawing;
     for p := 1 to 500 do
     ;
    end;
   for g := 1 to 12 do
    begin                              {Zeichenfenster groesser}
     setRect(r, 5, 45, 150 + g * 30 - 5, 160 + g * 15 - 10);
     setDrawingRect(r);
     showDrawing;
     for p := 1 to 500 do
      ;
     end;
  moveTo(100, 100);
  textFace([bold, shadow, outline]);
  textFont(1);
  textSize(12);
  writeDraw('Hallo, ich bin das Zeichenfenster!');
  moveTo(100, 140);
  textFace([bold]);
  writeDraw('Mich kannst Du beliebig verschieben');
  moveTo(100, 160);
  writeDraw('und meine Groesse veraendern.');
  Pause;
  eraseRect(r);
 end;

procedure FilmAb;                 {Rechteck mit Text wird invertiert;}
```

```pascal
var                            {Start und Stopp mit button}
  Rahmen : Polyhandle;
  r1, r2 : rect;
begin
  setRect(r1, 126, 66, 334, 194);
  setRect(r2, 130, 70, 330, 190);
  fillRect(r2, ltgray);
  penSize(4, 4);
  frameRect(r1);
  moveTo(190, 120);
  textSize(24);                {Text im Rechteck}
  textFace([bold, shadow]);
  writeDraw('Film');
  moveTo(205, 150);
  writeDraw('Ab');
  Rahmen := Openpoly;          {Anfang der Polygonbeschreibung}
  moveTo(126, 194);
  LineTo(136, 204);
  LineTo(344, 204);
  LineTo(344, 76);
  LineTo(334, 66);
  LineTo(334, 194);
  LineTo(334, 194);
  LineTo(126, 194);
  ClosePoly;                   {Ende der Polygonbeschreibung}
  penSize(1, 1);
  FillPoly(Rahmen, black);     {Polygon mit schwarz ausfüllen}
end;
```

```pascal
function Abfrage : boolean;   {Durch Klicken der Maus wird ein}
 var                          {Boolscher Funktionswert übergeben}
  x, y : integer;
  inBox : boolean;
  Punkt : point;
  Start, Stop : rect;
 begin
 penSize(2, 2);
 textSize(10);
 textFont(5);
 textFace([bold]);
 moveTo(30, 240);
 writeDraw('Start');                {Def: StartButton}
 setRect(Start, 20, 220, 80, 250);
 frameRoundRect(Start, 9, 9);
 inBox := false;
 repeat
  getMouse(x, y);                       {Mausabfrage}
  setPt(Punkt, x, y);
  if button then
   begin
    inBox := ptInRect(Punkt, Start) or ptInRect(Punkt, Stop);
    if not InBox then             {Ist Mausklick in Start oder Stopp?}
    sysBeep(15)
   end
 until inBox;                  {Solange bis Klick in Start oder Stopp}
 Abfrage := ptInRect(Punkt, Start);
while button do                  {Solange Maus gedrückt ist > Warten!}
  ;
```

```
end;


function Abbrechen : boolean;     {Wenn StopButton geklickt
                                      wird: abbrechen}
var
x, y : integer;

  ;
end;


function Abbrechen : boolean;     {Wenn StopButton geklickt
                                      wird: abbrechen}
 var
x, y : integer;
Punkt : point;
Stop : rect;
begin
moveTo(400, 240);
writeDraw('Stop');                              {Def: StopButton}
setRect(Stop, 390, 220, 450, 250);
frameRoundRect(Stop, 9, 9);
setRect(Stop, 390, 220, 450, 250);
getMouse(x, y);                                 {Mausabfrage}
setPt(Punkt, x, y);
 if button then
  Abbrechen := ptInRect(Punkt, Stop) {Abbrechen nimmt den Wert}
end;                                        {wahr oder falsch an}


procedure Flimmern;
 var
```

```pascal
  r1, r2 : rect;
  i : integer;
begin
  setRect(r1, 130, 70, 330, 190);
  if Abfrage then
    repeat
      invertRect(r1);                {Invertiert FilmAb Box wenn Abfrage}
    until Abbrechen;                 {=wahr bis Abbrechen =wahr}
  setRect(r2, -30, 0, 500, 320);
  for i := 0 to 180 do
    begin
      fillarc(r2, i, i + 1, white);  {Wischt den Bildschirm leer}
    end
end;


procedure Schirm;                    {Erzeugt die Linien}
var
  i : intcgcr;
begin
  penSize(1, 1);
  for I := 0 to 30 do
    begin
      moveTo(100, 120);
      lineto(i * i, 2 * i);
    end;
end;


procedure Eisenbahn;
var
```

```
  i, p, k : integer;
  r, r1, r2, r3, r4, r5, r6, r7, r8 : rect;
  Bahn : RgnHandle;
begin                          { Zeichnen der Lokomotive}
penSize(2, 2);
moveTo(20, 180);
lineto(20, 200);
lineto(15, 200);
lineto(15, 210);
lineto(20, 210);
lineto(20, 260);
moveTo(130, 260);
lineto(130, 180);
lineto(80, 180);
lineto(80, 220);
lineto(40, 220);
lineto(40, 210);
lineto(45, 210);
lineto(45, 200);
lineto(40, 200);
lineto(40, 180);
lineto(20, 180);
moveTo(140, 177);              {Dächer}
penSize(5, 5);
lineto(70, 177);
moveTo(15, 182);
penSize(2, 2);
lineto(30, 170);
lineto(45, 182);
```

```
moveTo(20, 260);
lineto(10, 260);
lineto(20, 250);
for i := 0 to 4 do                    {Räder Lok}
  begin
   setRect(r, 22 + i * 22, 250, 42 + i * 22, 270);
   FillOval(r, ltgray);
   FrameOval(r)
  end;
moveTo(28, 256);                      {Tür Lok}
lineto(117, 256);
moveTo(32, 261);
lineto(121, 261);
setRect(r2, 92, 182, 118, 240);
fillRect(r2, gray);
frameRect(r2);
setRect(r1, 95, 185, 115, 220);
fillRect(r1, white);
frameRect(r1);
moveTo(98, 243);
lineto(112, 243);
moveTo(98, 246);
lineto(112, 246);
moveTo(130, 240);                     {Lok des PascalWaggon}
lineto(140, 240);
setRect(r5, 138, 190, 275, 250);      {PascalWaggon}
fillRect(r5, gray);
frameRect(r5);
moveTo(141, 230);
```

```
textFace([bold, shadow]);
textFont(3);
textSize(18);
writeDraw('MAC Pascal');
 for i := 0 to 1 do                       {Räder des PascalWaggon}
   begin
     setRect(r, 145 + i * 22, 250, 165 + i * 22, 270);
     FillOval(r, ltgray);
     FrameOval(r);
     setRect(r, 225 + i * 22, 250, 245 + i * 22, 270);
     FillOval(r, ltgray);
     FrameOval(r)
 end;
   moveTo(275, 240);          {PascalWaggon - 1. QuickdrawWaggon}
   line(5, 0);
   setRect(r6, 282, 190, 410, 250);   {QuickdrawWaggon}
   fillRect(r6, dkGray);
   frameRect(r6);
   moveTo(286, 230);
   writeDraw('Quickdraw');
 for i := 0 to 1 do                       {Räder QuickdrawWaggon}
   begin
     setRect(r, 330 + i * 22, 250, 350 + i * 22, 270);
     FillOval(r, ltgray);
     FrameOval(r)
   end;
   moveTo(410, 240);        {QuickdrawWaggon-ShowWaggon}
   line(7, 0);
   setRect(r7, 418, 190, 483, 250);      {ShowWaggon}
```

```pascal
fillRect(r7, gray);

frameRect(r7);

moveTo(421, 230);

writeDraw('Show');

for i := 0 to 1 do                    {Räder ShowWaggon}

  begin

  setRect(r, 434 + i * 22, 250, 454 + i * 22, 270);

  FillOval(r, ltgray);

  FrameOval(r);

  end;

for p := 1 to 3000 do                 {Pause}

  ;

setRect(r8, 0, 170, 530, 350);        {Abfahrt}
for k := 1 to 500 do

  ScrollRect(r8, -2, 0, Bahn);

end;


procedure getMouseDemo; {Zeichnet Rechteck mit Koordinaten-
                                angabc}

  var

  y2, y1, x1, x2 : integer;

  r : rect;

  p : integer;

begin

setRect(r, 0, 0, 512, 342);

eraseRect(r);

textFace([bold]);

textSize(12);

moveTo(100, 50);

writeDraw('In mir kannst Du Jetzt ein Rechteck zeichnen.');
```

```pascal
moveTo(100, 70);
writeDraw('Klick die Maus, ziehe nach rechts unten, loslassen.');
  repeat                           {Warten bis Mausklick, dann}
  until button;
getMouse(x1, y1);                  {Linke obere Ecke des Rechtecks}
moveTo(x1, y1 - 5);
writeDraw('(', x1 : 3, ',', y1 : 3, ')');
  repeat                           {Umrisse beim Bewegen der Maus}
   getMouse(x2, y2);
   frameRect(y1, x1, y2, x2);
   eraseRect(y1, x1, y2, x2)
   until not button;              {Linke untere Ecke des Rechtecks}
  frameRect(y1, x1, y2, x2);
  moveTo(x2, y2);
  writeDraw('(x2:3,',',y2:3,');
  Pause
end;

procedure Rahmen;
  const
  a = 6;
  var
  r : rect;
  i : integer;
  begin
  eraseRect(0, 0, 340, 500);
  for i := 1 to 15 do
   begin
   setRect(r, 5 + i * a, 5 + i * a, 480 - i * a, 265 - i * a);
```

```pascal
    penSize(3, 3);
   frameRect(r);
    end;
  end;


 procedure Schrift;
  type
   face = (bold, italic, underline, outline, shadow, condense,
extended);
    Schrift = (Chicago, Geneva, Monaco, NewYork, Venice);
   var
   i, x, y, k, p : integer;
   style : face;
   Schrifttyp : Schrift;
 begin
  for Schrifttyp := Chicago to Venice do
 begin
  for style := bold to extended do
 begin
  textSize(12);
  textFace([bold]);
  fillRect(30, 170, 60, 320, white);
  moveTo(205, 50);
  writeDraw(Schrifttyp);
 fillRect(200, 170, 230, 320, white);
 moveTo(205, 220);
 textFace([style]);
 writeDraw(style);
  for k := 1 to 4 do
```

```pascal
 begin
  textSize(12 * k);
  moveTo(135, 150);
  writeDraw('PASCAL'),          {Das Wort "PASCAL" wird
                                 ausgegeben}
  fillRect(100, 120, 170, 380, white);
for p:= 1 to 100 do            {Pause}
    ;
 end
end
  end
  end;


 procedure Ende;          {Abschlußprozedur "THE END")
  const
   a = 6;
  var
  r : rect;
  I : Integer;
 begin
  for I := 15 downto 2 do
   begin
   setRect(r, 5 + i * a, 5 + i * a, 480 - i * a, 265 - i * a);
   penSize(3, 3);
   frameRect(r);
   EraseRect(r);
   moveTo(135, 150);
   textSize(48);
   textFace([bold, shadow]);
```

```
    textFont(1);
  writeDraw('THE END');
    end;
  end;


begin              {******** Hauptprogramm ********}
  Zeichenfenster;
  FilmAb;
  Flimmern;
  Schirm;
  Eisenbahn;
  getMouseDemo;
  Rahmen;
  Schrift;
  Ende;
end.
```

## 4 Besonderheiten der Macintosh-Programmierung und Einsatzmöglichkeiten von MacPascal

Die Programmierung auf dem Macintosh unterscheidet sich in einigen Punkten von der Programmierung herkömmlicher Systeme. Der Programmierer kann und sollte Gebrauch von der hochauflösenden Grafik des Macintosh machen. Es besteht die Möglichkeit, aus einer höheren Programmiersprache auf die 600 Routinen im ROM zuzugreifen. Wie die User Interface Toolbox und Quickdraw in die Macintosh Umgebung einzuordnen sind, wird aus der Abb. 8.16 "Quickdraw in der Macintosh Umgebung" ersichtlich.

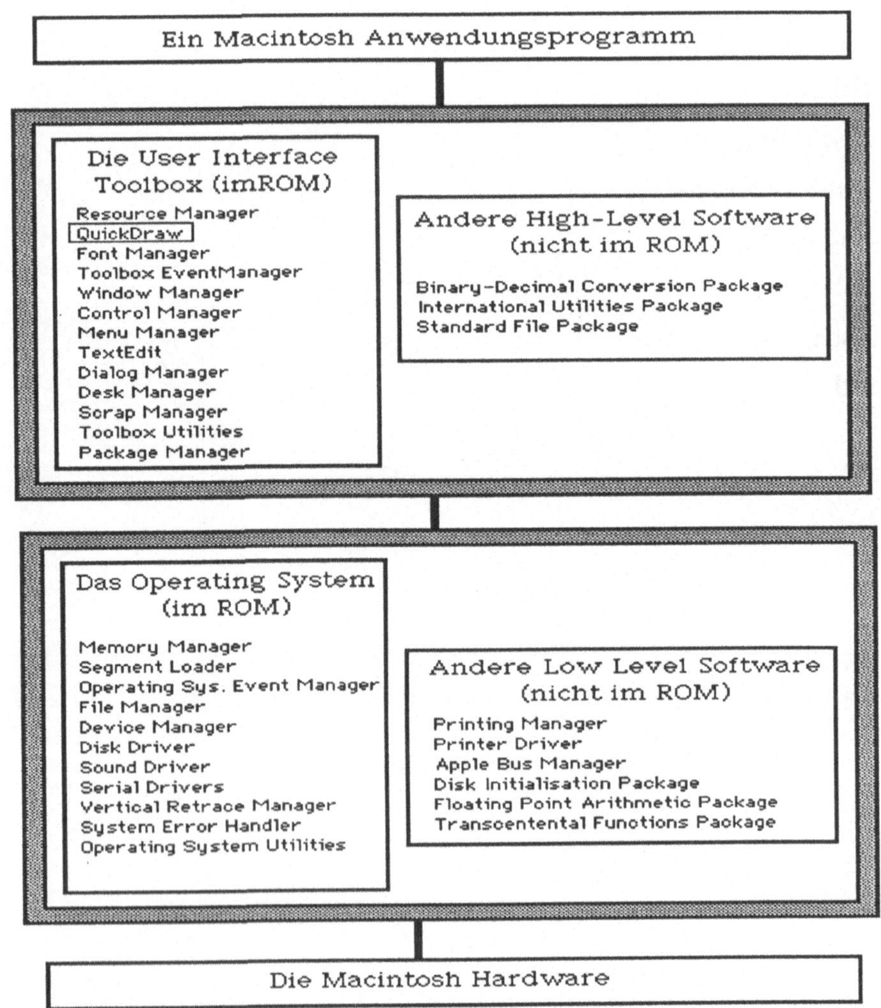


Abb. 8.16: Quickdraw in der Macintosh-Umgebung

Durch die Verwendung von diesen vorprogrammierten Routinen ist eine einheitliche Benutzerschnittstelle in allen Anwendungsprogrammen gewährleistet. So wird durch den Aufruf der Toolbox Funktion newFileName('Bitte Dateinamen vergeben') das Dialogfenster zum Absichern eines Dokumentes mit der Aufforderung "Bitte Dateinamen vergeben" auf den Bildschirm gebracht. In diesem Dialogfenster kann durch ein Klicken das Laufwerk gewechselt und eine Diskette ausgeworfen werden. Der Texteinfügmarker ist sofort in dem Namenvergabefeld positioniert. In dem Namenvergabefeld sind begrenzte Editiermöglichkeiten gegeben. Alle diese Funktionen müssen also nicht gesondert programmiert werden, sondern stehen durch den Aufruf der Toolbox-Funktion automatisch zur Verfügung. Wenn nun alle Macintosh Programmierer diese Funktion in ihren Anwendungsprogrammen verwenden, so braucht der Anwender für alle Anwendungsprogramme nur einmal zu lernen, wie er ein Dokument absichert. Dies ist nur ein Beispiel für die Möglichkeit der einheitlichen Gestaltung der Benutzerschnittstelle für Macintosh-Anwendungen.

Die Programmstruktur einer Macintosh-Anwendung sollte sich von der auf anderen Systemen unterscheiden, in dem das Programm in extremem Maße durch die Anwenderaktivität gesteuert wird. Der Gebrauch von "Modi" ist einzuschränken. Ein Modus ist eine Art Sackgasse, in der man nur eine bestimmte Aktivität ausüben kann. Dies schränkt die Flexibilität des Anwenders ein. Ein Beispiel dafür ist der Druck-Befehl. Hat sich nach Aufruf des Druck-Befehls das Dialogfenster geöffnet, so kann man nur Drucken oder Abbrechen. Der Benutzer befindet sich in einem Modus. Das Gegenbeispiel wäre die Schreibtischoberfläche, von der man jeden Menübefehl erreichen kann.

Das Macintosh-Anwendungsprogramm sollte in eine programmumfassende Aktivitätsabfrageschleife eingebettet sein. In dieser Schleife fragt der Event Manager permanent die Anwenderaktivität (Tastatureingabe oder Mausklick) ab. Erfolgt z.B. ein Mausklick in der Menüleiste, so ruft der Event Manager den Menü Manager auf und dieser überprüft, welches Menü aufgeklappt werden muß und welcher Menüpunkt (Menu Item) zur Ausführung gelangen soll.

Der Macintosh Pascal-Interpreter stellt dem Programmierer nur einen begrenzten direkten Zugriff auf die User Interface Toolbox zur Verfügung. Insofern begrenzt, als die sogenannten InLine-Routinen nicht unterstützt werden. Das heißt, nicht alle Toolbox-Routinen können mit ihrem Namen direkt angesprochen werden. In erster Linie können die Quickdraw-Routinen aufgerufen werden. Der Gebrauch von Toolbox-Prozeduren und -Funktionen durch Namensaufruf ist auf die folgenden beschränkt: getMouse, getTime, hideAll, note, saveDrawing, setDrawingRect, setTextRect, setTime, showDrawing, show-

Text, sysBeep, writeDraw (dies sind Prozeduren), button, newFileName, oldFileName, tickCount (dies sind Funktionen).

Es ist jedoch möglich, jede ROM-Routine aus Macintosh Pascal aufzurufen. Dazu muß man allerdings die ROM-Adresse (im Hex-Code) der jeweiligen Routine mit der Trap-Nummer wissen [siehe Literaturliste: "Inside Macintosh"] und im Deklarationsteil des Programms als Konstante aufführen (z.B. "Draw-Menue=$A937 oder MenueSelect=$A93D). Diese "InLine-Einrichtung" ermöglicht es dem erfahrenen Programmierer, Anwendungsprogramme im Mac-Stil mit Fenstern, Menüs, Textbearbeitung in Dialogfeldern (text editing) und Buttonsteuerung (controls) in der freundlichen Programmierumgebung von MacPascal unter Nutzung aller Hilfsmittel zu schreiben.

Wie bei allen Interpretern ist die Programmausführung auch mit MacPascal zeitaufwendiger als bei Verwendung eines Compilers. Zudem geht Speicherplatz verloren, weil der Interpreter ebenfalls vorhanden sein muß, wenn das Anwendungsprogramm ausgeführt wird. Zur professionellen Programmierung werden daher Compiler verwendet.

Aufgrund der Mehrfenstertechnik und der automatischen Pascal-spezifischen Formatierung eingegebener Programmtexte ist MacPascal hervorragend als Lernumgebung geeignet.

# 5  Menüs in Macintosh Pascal

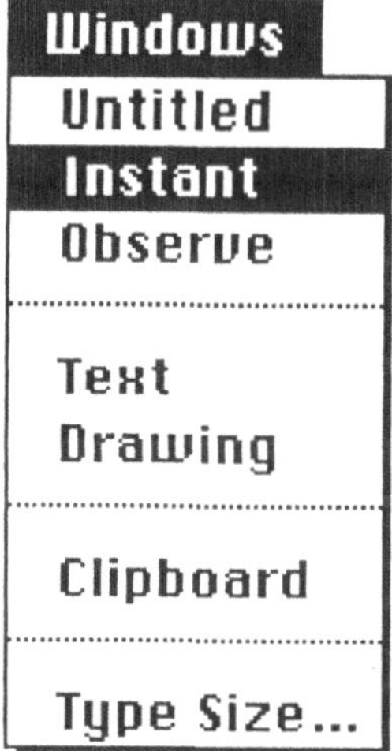

# 6 Index


| | |
|---|---|
| Ausführen des Programms | 157 |
| Befehle außerhalb des Programms ausführen (Instant) | 160 f |
| Drucken von Text und Grafik | 163 |
| Fenster mit Pascal öffnen | 181 |
| Geometrische Formen | 167 ff |
| Grafikfenster | 181 |
| Linienbreite und -muster | 171 f |
| Mausposition abfragen | 182 |
| Muster | 167, 170 f |
| Muster invertieren | 176 |
| Programmtext eingeben | 153 |
| Quickdraw | 164 ff, 204 f |
| Quickdraw-Koordinatenfeld | 166 |
| Quickdraw-Zeichenstift | 171 f |
| Quickdraw-Zeichenstift positionieren | 175 |
| Rastergrafik | 166 f |
| Schriftgröße | 186 |
| Schrifttyp | 175, 189 |
| Schrittweise Programmausführung (Step, Stepp-Stepp) | 159 |
| Suchen und Ersetzen von Zeichenfolgen (Search) | 159 f |
| Syntaxfehler finden und korrigieren (Check) | 156 |
| Textfenster | 157, 181 |
| Text in Grafikfenster schreiben | 175, 189 |
| Toolbox | 164 ff, 204 ff |
| Toolbox-Prozeduren und -Funktionen aufrufen | 206 |
| Unterbrechen des Programmablaufes (Stopp und Pause) | 157 ff |
| Variablenwerte abfragen (Instant, Observe) | 160, 161 |
| Zeichensatz | 181 f, 189 |

## Literatur zu Kapitel 8:

Linda Benson: Pascal Shell.
  In: Nibble Mac, The Reference for Macintosh Computing,
  Vol. 3, Nov. / Dez. 1985, S. 65-67

Markus Breuer: Quickdraw.
  In: Computer Persönlich,
  Nr. 21 vom 2.10.85, S. 124-128 ff
  Nr. 22 vom 16.10.85, S. 102-106 ff

Michael Tchao, Mark Armstrong, William Berner, Roland Fernandez,
  David Finkelstein, Peter Morgan, Brad Whisler, David Yen:
  Using the Macintosh at Stanford. Stanford 1985, S. 169-195

Scott Kronick:
  Macintosh Pascal Illustrated.
  New York 1985

Think Technologies, Inc. and Apple Computer Inc.:
  Macintosh Pascal Reference Manual. Lexinton, Ma., Cupertino, Ca.
  1984

Think Technologies, Inc. and Apple Computer Inc.:
  Macintosh Pascal Technical Appendix. Lexinton, Ma., Cupertino, Ca.
  1984

Think Technologies, Inc. and Apple Computer Inc.:
  Macintosh Pascal User's Guide. Lexinton, Ma., Cupertino, Ca.   1984

# Kapitel 9: Switcher

von Werner Dinkelbach

**Inhalt:**

1 Vorbemerkungen zum Switcher

2  Übung

    2.1  Aufgabe und Lernziele
    2.2  Einrichten der Arbeitsumgebung
    2.3  Gleichzeitiges Arbeiten mit mehreren Programmen
    2.4  Arbeitsumgebung speichern und Arbeit beenden

3  Einsatzmöglichkeiten

4  Anhang 1: Menüs im Switcher
    Anhang 2: Wahlmöglichkeiten im Switcher

5  Index und Literatur

# 1 Vorbemerkungen zum Switcher

Bereits mehrfach wurden in den vorausgegangenen Kapiteln Ausgaben
eines Anwendungsprogramms mit einem anderen weiterbearbeitet, beispielsweise bei der Erstellung von Texten mit Grafiken. Dazu wurden die
Programme jeweils nacheinander aufgerufen und die Dokumente oder
Teile von ihnen im Album oder im Zwischenspeicher abgelegt. Diese
Vorgehensweise ist sehr umständlich, wenn mehrfach zwischen Programmen gewechselt werden muß, z.B. bei der Erstellung eines Textes mit
mehreren Grafiken.

Das Dienstprogramm "Switcher" erlaubt es, simultan mit mehreren Programmen zu arbeiten. Wenn diese einmal geladen sind, können mehrere
verschiedenartige Dokumente gleichzeitig bearbeitet und ohne neues
Laden transferiert werden. Das Laden selbst läßt sich automatisieren, so
daß Sie sich spezifische Arbeitsumgebungen für Ihre verschiedenen
Aufgaben zusammenstellen können, die Sie nach dem Systemstart auf
dem Bildschirm vorfinden.

Voraussetzung ist, daß das benutzte System mindestens 512 KB Spei-
cherkapazität besitzt, da Switcher die Programme gleichzeitig im Hauptspeicher hält und zusätzlich etwas Platz für sich selbst und das Betriebssystem benötigt. Auf der Systemdiskette sollten mindestens 100 KB frei
sein, da sonst die Zeiten für Druck- und Speicherungsoperationen endlos
werden.

# 2 Übungen
# 2.1 Aufgabe und Lernziele

**Aufgabe:**

Sie wollen den folgenden Quartalsbericht für die Filiale einer Mikrocom-
puter-Handelsfirma erstellen (vgl. Abb. 9.1):

## Abb. 9.1: Übungsbeispiel "Quartalsbericht"

Die Absatzentwicklung bei Hard- und Software war in den Monaten Januar bis März 1986 durch eine deutliche Aufwärtstendenz gekennzeichnet, die insbesondere die Systeme der mittleren Preisklasse erfaßte:

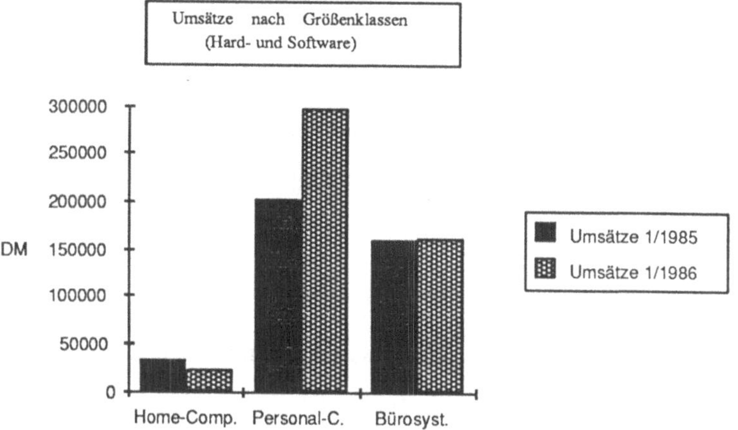


Wegen des Preisverfalls bei den Geräten konnte der Hardware-Umsatz im Vergleich zum Vorjahr nur leicht von 370.800 auf 428.950 DM (15,7 %) gesteigert werden. Erhebliche Umsatzsteigerungen (106 %) ergaben sich hingegen durch die erhöhte Anzahl der verkauften Standardsoftware- Pakete, so daß sich unsere Umsatzanteile jetzt wie folgt darstellen:

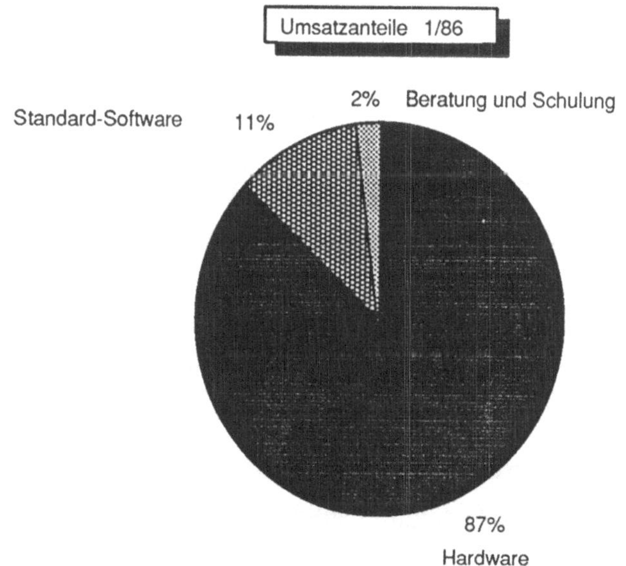

**Abb. 9.1 (Fortsetzung und Schluß)**

Für das kommende Quartal rechnen wir mit einer Stabilisierung der gegen-

wärtigen Umsatzanteile und des Absatzvolumens. Wesentliche Kaufimpulse

durch die Hannover-Messe erwarten wir nicht, da kaum interessante

Neuerungen angekündigt sind.

Wir könnten den Absatz weiter erhöhen, wenn wir unsere Beratungs-

kapazität vergrößern, da die Interessenten zunehmend Wert auf qualifizierte

Einweisung und Unterstützung bei der Einführung legen.


Köln, den 3.4.86

(Müller, Niederlassungsleiter)


**Lernziele:**

- Einrichten der Arbeitsumgebung für den Mehrprogrammbetrieb
- Simultanes Arbeiten mit mehreren Programmen
- Transferieren von Daten zwischen verschiedenen Programmen
- Sichern und Ändern der Arbeitsumgebung

Sie benötigen die Programme MS Chart (ersatzweise MacPaint), MacWrite
und Switcher (hier wurde mit Version 4.6 e gearbeitet).


## 2.2 Einrichten der Arbeitsumgebung

Der erste Arbeitsschritt ist das Laden der benötigten Programme in den
Hauptspeicher.

> Klicken Sie zunächst das Switcher-Programmsymbol an, um
> Switcher auszuführen.

Sie erhalten auf dem Bildschirm ein horizontal unterteiltes Fenster mit vier
rautenförmigen Programmsymbolen in jedem Abschnitt (Abb. 9.2).

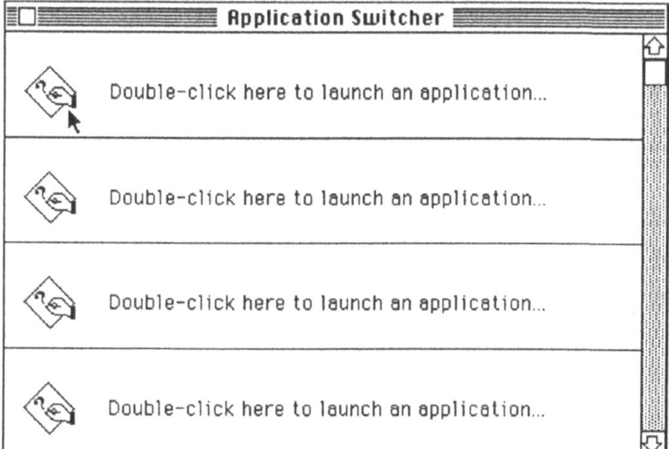



Abb. 9.2: Programmauswahl-Fenster

Jeder Abschnitt kann ein Programm aufnehmen, sofern der Hauptspeicherplatz noch ausreicht. Vier weitere Programmspeicherplätze werden sichtbar,
wenn Sie den Rollbalken nach unten verschieben.

Switcher bietet zahlreiche Wahlmöglichkeiten an, die jedoch nur im Ausnahme-
fall benötigt werden. Der Befehl **Options** aus dem Menü **Switcher** bringt
Ihnen die derzeit gültigen Einstellungen auf den Bildschirm. Stellen Sie durch
Anklicken der entsprechenden Kästchen bitte die Werte der Abb. 9.3 ein,
damit Sie die Übung ohne "Überraschungen" nachvollziehen können. In Anhang 2 finden Sie Erläuterungen zu den Optionen.



Abb. 9.3: Switcher-Einstellungen für die Übung

Um MS Chart zu laden, müssen Sie jetzt zweimal kurz auf das oberste Symbol klicken. Switcher zeigt Ihnen ein Dateiauswahlfenster mit allen wählbaren Programmen.

> Öffnen Sie MS Chart!

Nach einigen Speicherungsoperationen zeigt Ihnen der Mac wieder das Switcher-Fenster; er hat das Chart-Symbol in den obersten Abschnitt eingesetzt und zeigt unter einem Mac-Symbol den mit dem Programm belegten Hauptspeicherplatz.

Laden Sie bitte auf gleiche Weise MacWrite und Finder in die nächste Box. Den Finder benötigen Sie nur, wenn Sie mit mehr als einem Festplatten- oder  Disketten-Laufwerk arbeiten.

Mit Hilfe des Befehls **Show Info Window** aus dem File-Menü können Sie erkennen, ob Sie noch Platz für weitere Programme, z.B. für Multiplan zur Berechnung Ihrer Quartalsstatistik, übrig haben (Abb. 9.4):

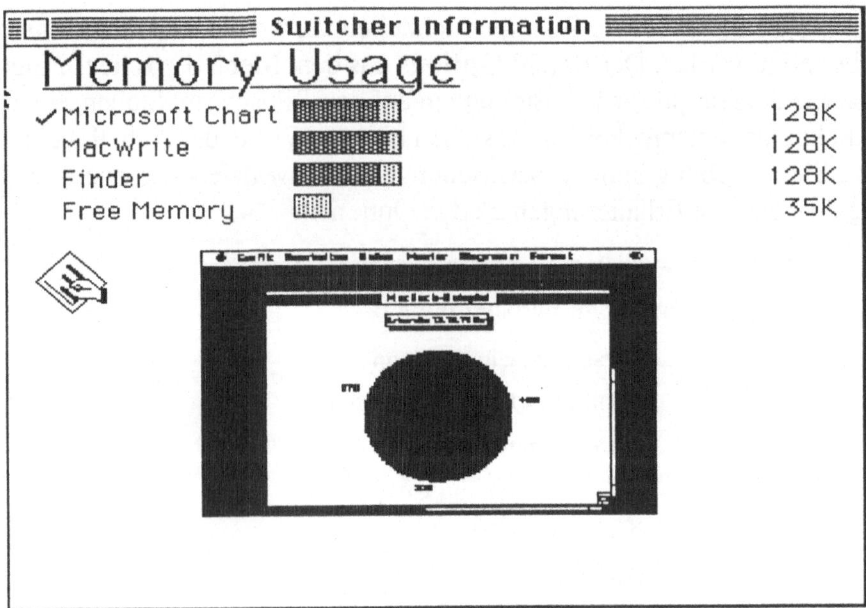


Abb. 9.4: Informationsfenster zur Speicherplatzbelegung

Der klägliche Rest von 35 KB des 512 KB-Macs läßt das jedoch nicht zu; die
93 KB, die zu 512 KB fehlen, benötigt Switcher für sich selbst und das
Betriebssystem. Geladene Programme belegen standardmäßig jeweils 128 KB.
Im Anhang 2 finden Sie Hinweise, wie Sie größere Programme in den
Speicher bekommen.

Durch Klicken auf die Schließbox oben links lassen Sie das Info-Fenster
wieder verschwinden.

## 2.3 Gleichzeitiges Arbeiten mit mehreren Programmen

Vom Switcher-Fenster aus haben sie zwei Möglichkeiten, zu den geladenen
Programmen zu gelangen:

1)    durch Doppelklick auf eines der Symbole

2)    mit Hilfe des Switcher-Doppelpfeils rechts in der Menüleiste, der auch
      in allen geladenen Anwendungsprogrammen dort erscheint. Durch
      Klicken auf die rechte Pfeilspitze springen Sie in der gleichen Reihenfolge
      zwischen den Programmen, in der Sie die Anwendungen geladen haben.
      Durch Klicken auf die linke Pfeilspitze springen Sie rückwärts, und ein
      Klick auf die Verbindung zwischen den Pfeilspitzen führt zurück zum
      Switcher-Fenster.

> Gehen Sie zu MS Chart und erzeugen Sie dort die Grafik für Ihren
> Bericht. Speichern Sie die fertige Grafik im Album (das Arbeiten
> mit dem Album ist im MacPaint-Kapitel beschrieben).

Falls Sie mit der Beispieldiskette zum Buch arbeiten, müssen Sie lediglich
die Dokumente "Quartalsbericht.Abb.1" bis "Quartalsbericht.Abb.3" laden
und in das Album einfügen.

Wenn Sie fertig sind, gelangen Sie durch Klicken auf die rechte Doppelpfeil-
spitze direkt in MacWrite. Editieren Sie dort den Text des Berichtes oder
lesen Sie das Dokument "Quartalsbericht" von der Beispieldiskette.

Setzen Sie jetzt die Grafik aus dem Album in den Text ein (siehe hierzu
Kap. 2.2). Wenn Sie mit mehr als einem Laufwerk arbeiten, suchen
Sie evtl. vergeblich in dem Album nach den Grafiken. In diesem Fall müssen

Sie zum Finder springen und das Album des Laufwerkes, auf dem sich MS Chart befindet, auf das MacWrite-Laufwerk kopieren. Achtung: Sie zerstören ein eventuell vorhandenes Album auf dem MacWrite-Laufwerk (also ggf. zuvor auf eine andere Diskette kopieren!). Jetzt können Sie nach Ihrer Rückkehr in MacWrite die Grafik einsetzen und diese so in Form bringen, daß Ihre Umsatzerfolge auch deutlich werden. Damit ist Ihr Bericht druckreif!

## 2.4 Arbeitsumgebung speichern und Arbeit beenden

Den Quartalsbericht müssen Sie viermal jährlich erstellen und evtl. arbeiten Sie auch an Monatsberichten und Berichten über besondere Verkaufsaktionen. Es bleibt Ihnen erspart, jedesmal von neuem die Arbeitsumgebung zusammenzustellen, wenn Sie im Switcher-Fenster den Befehl **Save Set** aus dem Menü **Titel** ausführen. Damit wird ein "Set" angelegt, das Sie anhand des Switcher-Programmsymbols auf Ihrer Diskette erkennen können. Durch ein Doppelklick auf dieses Symbol laden Sie Ihre gesamte Arbeitsumgebung mit allen gewählten Optionen (siehe Anhang).

Sie können sogar die benötigten Dokumente automatisch öffnen lassen, wenn Sie vor dem Speichern eines "Set" ein Programmsymbol im Switcher-Fenster wählen, den Befehl **Attach Document** in **File** aufrufen und ein Dokument anklicken. Anstelle des Programmsymbols erscheint ein Dokumentensymbol im Switcher-Fenster.

Mit dieser Möglichkeit können Sie sich für regelmäßige Arbeiten mit mehreren Programmen und den gleichen Dokumenten (z.B. das wöchentliche Eintragen der Umsatzzahlen in eine MS Multiplan-Quartalsstatistik und die Erstellung der zugehörigen Grafiken) Arbeitsumgebungen zusammenstellen und diese mit einem einzigen Doppelklick laden.

Wenn Sie Ihre Arbeit beenden wollen, ist zu bedenken, daß Sie ggf. mehrere Dokumente geöffnet haben. Aus Sicherheitsgründen können Sie Switcher daher erst ausschalten (Befehl **Quit** in **File**), wenn die geladenen Programme einzeln beendet wurden.

# 3 Einsatzmöglichkeiten

Switcher beschleunigt die Arbeit immer dann, wenn mehrere Programme benötigt werden und kein entsprechendes Multifunktionsprogramm (z.B. Jazz, Exel) zur Verfügung steht. Es wird von Apple kostenfrei über die Händler abgegeben. Die wenigen Grundfunktionen, die Sie benötigen und die hier erklärt wurden, lassen sich innerhalb weniger Minuten erlernen.

Switcher ist für die folgenden kommerziellen Anwendungen von Vorteil:

- Texterstellung mit Grafik,

- Berechnungen mit Tabellenkalkulationssoftware und anschließender Grafikerstellung,

- zur sofortigen Übermittlung von Arbeitsergebnissen mit Kommunikationsprogrammen, bzw. für die unmittelbare Weiterverarbeitung der übermittelten Informationen,

- Selektieren von Daten aus Datenbanken und Weiterverarbeitung mit Textverarbeitungsprogrammen,

- für die Programmierung mit Compilern.

Von besonderer Bedeutung ist die Möglichkeit, sich Arbeitsumgebungen für wiederkehrende Vorgänge zusammenzustellen und durch einen einzigen Aufruf zu laden.

## 4  Anhang 1: Menüs im Switcher

Edit

Undo

Cut      ⌘X
Copy     ⌘C
Paste    ⌘V
Clear

File

Load Set...              ⌘L
Save Set...              ⌘S
Attach Document...       ⌘A

Show Info Window

Quit                     ⌘Q

Switcher

Install Application...   ⌘I
Remoue Application       ⌘R
Configure then Install...

Open                     ⌘O
Switch Left              ⌘[
Switch Right             ⌘]

Options...

# 4 Anhang 2: Wahlmöglichkeiten im Switcher

## Einstellungen für die Arbeitsumgebung

Der Befehl "Options" aus dem Menü Switcher zeigt Ihnen Wahlmöglichkeiten, mit denen Sie die Arbeitsumgebung speziellen Wünschen
anpassen können. Wollen Sie Switcher nur gelegentlich benutzen, sind
diese Möglichkeiten für Sie nicht von Bedeutung.

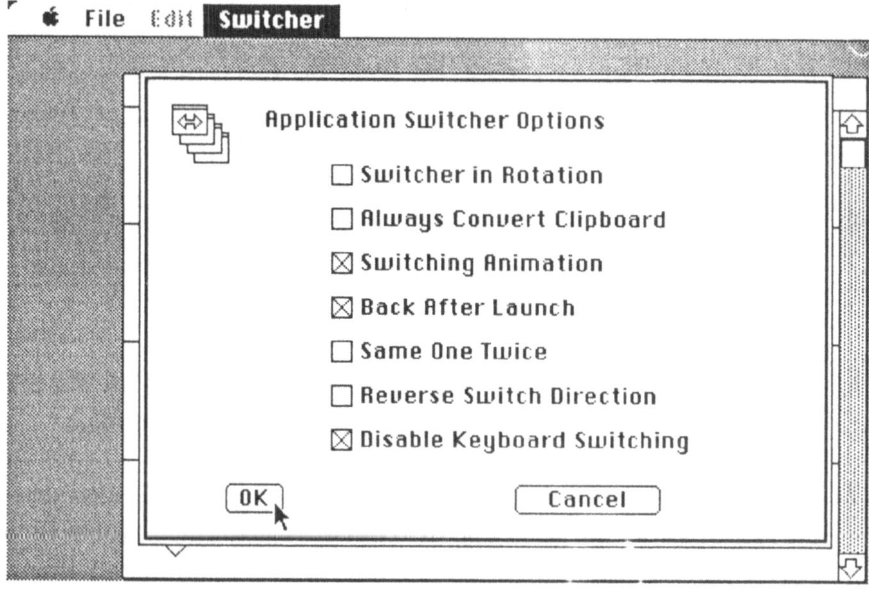


Abb. 9.5: Einstellungsmöglichkeit

Die Optionen im einzelnen:

1) "Switcher in Rotation": Sie können das Switcher-Fenster wie ein
   anderes Anwendungsprogramm durch Klicken auf den Switcher-Pfeil
   erreichen, wenn Sie diese Option wählen.

2) "Always Convert Clipboard": Switcher versucht, den Inhalt der
   Zwischenablage zu erhalten, wenn Sie nacheinander mit verschiedenen Programmen arbeiten, so daß Sie beispielsweise Grafik

ohne den Umweg über das Album in Texte einsetzen können. Das funktioniert aber nur zwischen Programmen, deren Datenformate kompatibel sind (MacWrite und MacPaint, MS Multiplan und MS Chart; nicht aber MacWrite und Chart). Dabei verlängern sich die Switch-Zeiten deutlich, so daß Sie diese Option nur bei Bedarf wählen sollten.

3) "Switching Animation": Mit Animation sieht das Umschalten schöner aus. Sonst ändert sich nichts.

4) "Back after Launch": Nach dem Laden eines Programms kehrt Switcher zum Switcher-Fenster zurück, um Ihnen die Gelegenheit zu geben, weitere Programme zu laden. Ansonsten finden Sie sich direkt im Anwendungsprogramm wieder

5) "Same One Twice": Dasselbe Programm kann mehrfach geladen werden. Mehrfachanwendungen sollten Sie jedoch aus Sicherheitsgründen vermeiden, da sie zu Systemabstürzen führen können.

6) "Reverse Switch Direction": Eine ähnlich nützliche Option wie (3); die Schaltrichtungen auf dem Switcher-Pfeil werden umgekehrt.

7) "Disable Keyboard-Switching": Sie können mit dieser Option das Umschalten über die Tastatur (die benötigten Tasten sehen Sie im Switcher-Menü neben den Befehlen "Switch left" und "Switch right") abschalten; Ignorieren Sie diese Option und benutzen Sie nur den Pfeil zum Umschalten, da es so einfacher und schneller geht.

## Größe der Speichersegmente ändern

Mit diese Einstellungsoption können Sie andere Programme mit Switcher betreiben, die größer als 128 KB sind, oder die Segmente so dimensionieren, daß kein Speicherplatz verschenkt wird.
In diesem Falle können die Programme, die spezielle Einstellungen erfordern, nicht mit Doppelklick auf das Programmsymbol geladen werden.

> Klicken Sie nur einmal und wählen Sie **Configure then Install**
> aus dem Menü **Switcher**.

Nach der Auswahl des Programmnamens zeigt sich ein Fenster, in dem Sie
unter **Preferred Memory Size** die gewünschte, unter **Minimum Memory Size** die minimal benötigte Speichergröße angeben können. Anhand des
Info-Fensters können Sie kontrollieren, ob noch Speicherplatz verschenkt
wird (hellgraue Schattierungen hinter dem Programmnamen).

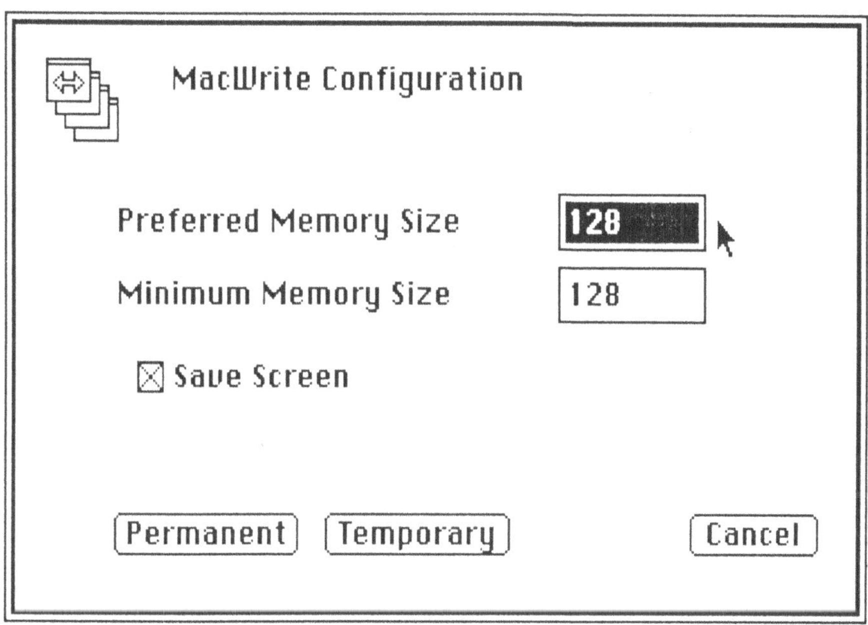


Abb. 9.6: Speicherplatz-Konfigurierung

## 5 Index


Anwendungen laden                                    216

Arbeitsumgebung speichern / laden                    218

Datentransfer zwischen Anwendungen                   217

Einstellmöglichkeiten                                221

Speichereinteilung                                   222

Wechsel zwischen Anwendungen                         217


## Literatur zu Kapitel 9:


o.V.: Switcher: A Great Application for Integration.
   In: Wheels for the Mind, Vol.1 No.1, Fall 1985, S. 9-18

# Anhang:
## Arbeitsorganisation und Datensicherheit
## von Werner Dinkelbach

Wenn mit größeren Diskettenbeständen und mehreren Programmen gearbeitet wird, empfiehlt sich eine disziplinierte Datenorganisation, um versehentliches Überschreiben der Dokumente zu vermeiden und Diskettenwechsel zu minimieren. Alle Dateien sollen in Ordnern abgelegt werden, und eine hierarchische Stufe des Dateisystems - ausgenommen die tiefste - sollte aus Übersichtsgründen ca. 4 - 8 Ordner enthalten. Alte Versionen der Dokumente sollten gelöscht werden, sofern sie nicht als Sicherheitskopie dienen.

Vor Arbeitsbeginn stellt man sich eine Arbeitsumgebung zusammen, indem man

- System-Ordner

- zu bearbeitende Dokumente, falls bereits vorhanden

- benötigte Standardprogramme

von Archivdisketten auf die beiden Arbeitsdisketten bringt. Für häufig wiederholte Arbeiten kann man die entsprechende Arbeitsumgebung - ggf. mit vorbereiteten Switcher-Ladebefehlen - vorrätig halten (entfällt, wenn mit Festplatte gearbeitet wird).

Nach Arbeitsende sichert man die fertigen Dokumente auf den Archivdisketten, wichtige Dokumente aus Sicherheitsgründen zweifach auf verschiedenen Disketten.

Um die Übersichtlichkeit zu erhöhen und zeitaufwendiges Umspeichern zu minimieren, sollten für umfangreiche Arbeiten mit mehreren Dokumenten stets eigene Disketten angelegt werden. Falsch verstandene Sparsamkeit rächt sich hier in exponentiell ansteigendem Arbeitsaufwand.

Arbeiten mehrere Personen mit gleichen Datenträgern, müssen Ordnungs- und Sicherungsmaßnahmen **zuvor** abgesprochen werden.

Die Datensicherung ist der wunde Punkt des Macintosh. Im Falle gelegentlicher Systemabstürze sind alle Hauptspeicherdaten verloren, und es kommt auch vor, daß das Öffnen eines fehlerhaften Dokumentes zum Systemabsturz führt.

Vorbeugende Maßnahmen:

1) Um Schäden durch Systemzusammenbrüche zu begrenzen, sind die Anweisungen des Herstellers, die alle 15 Minuten das Sichern des bearbeiteten Dokumentes empfehlen, ernst zu nehmen. Bei manchen Programmen häufen sich Zusammenbrüche, wenn auf den Disketten nur noch wenige KB frei sind. Außerdem steigen dann die Sicherungszeiten explosionsartig an, so daß schon allein für zügiges Arbeiten eine großzügige Platzbemessung notwendig ist.

2) Die verwendeten Disketten sollten von Markenherstellern stammen und für doppelte Speicherungsdichte, ggf. auch für doppelseitiges Beschreiben, zugelassen sein. Andere Disketten sind zwar ebenfalls entsprechend beschreibbar, aber nicht entsprechend getestet, so daß die Fehlerwahrscheinlichkeit erheblich höher liegt.

3) Beachtung der üblichen Vorsichtsmaßnahmen beim Umgang mit Disketten:

   - nicht Erwärmung aussetzen

   - nicht in die Nähe von Magnetfeldern bringen (die linke Seite des Macintosh ist wegen der dort angeordneten Stromversorgung magnetisch; Telefone sind magnetisch)

   - keine Berührung der Oberfläche des Datenträgers, Eindringen von Staub durch das Zugriffsfenster der Diskette vermeiden.

4) Disketten nach häufigem Gebrauch prüfen (z.B. mit Hilfe des Public-Domain-Programmes "Verify Disk"), und die Inhalte umspeichern, wenn sich Fehler andeuten, bevor diese zu Datenverlusten führen.

5) Häufig benötigte Disketten gelegentlich löschen, wenn sich beim Umspeichern die Gelegenheit dazu ergibt. Beim Löschen werden alle Spuren geprüft und für fehlerhafte Spuren Ersatzspuren angelegt.


## Maßnahmen zur Rettung beschädigter Dateien

[vgl. Heid / Recovering / 107 ff]

Die Chancen zur Rettung von Daten aus beschädigten Dateien stehen schlecht. Die vorbeugenden Maßnahmen sind daher besonders wichtig, schon allein, um den oft mehrstündigen Zeitaufwand für Rettungsmaßnahmen einzusparen.

1) Hilfsmittel

Als Hilfsmittel gibt es eine Reihe von Hilfsprogrammen, von denen sich
bislang insbesondere FEDIT, MacTools und - für MacWrite-Dokumente -
Read MacWrite bewährt haben.

2) Vorbereitung

Vor Beginn des eigentlichen Rettungsversuches muß die fehlerhafte Datei
oder Diskette kopiert werden, da es bei Reparaturmaßnahmen mit den
Dienstprogrammen leicht zur totalen Unbrauchbarkeit kommt. Wenn das
Kopieren mit dem Finder nicht mehr möglich ist, muß mit FEDIT, Mac
Tools oder - in Härtefällen - bitweise mit Copy II kopiert werden. Repa-
raturmaßnahmen werden dann nur mit der Kopie durchgeführt.


## Reparatur- und Leseversuche

Programme wie FEDIT oder MacTools bieten die Möglichkeit, bestimmte
physische Markierungen auf der Diskette zu prüfen und - im Fehlerfalle - zu
rekonstruieren (siehe zu Einzelheiten die Handbücher). Außerdem können -
im Editiermodus - Einträge in den Inhaltsverzeichnissen oder Dateien geändert werden, die dokumententyp-spezifisch sind (Paint, Write, ect.). Da
die meisten Benutzer darüber aber keine Informationen besitzen, ist ihnen
dieser Weg aus Aufwandsgründen versperrt.

In den Editiermodus von FEDIT oder MacTools können die meisten defekten
Dokumente zumindest gelesen werden, um sonst unwiederbringliche Informationen wiederzugewinnen. Mit etwas Phantasie kann man sich aus dem angezeigten alphanumerischen Chaos (zwischen eingegebenen Daten befinden sich
Steuerzeichen, und das Format ist zerstört) seine Daten "zusammenreimen".

Bei MacWrite funktioniert dieser Weg nicht, da dieses Programm besondere
Zeichen zur Darstellung des Textes verwendet. Mit Read MacWrite, einem
Public-Domain-Programm, lassen sich die Texte gelegentlich wieder sichtbar
machen und in eine neue, mit MacWrite lesbare, Datei retten. Bei Erfolglosig-
keit kann ein Leseversuch mit MS Word unternommen werden.

# Literatur zum Anhang:

Jim Heid: Recovering Damaged Disks. In: MacWorld,
   Vol.1, November 1985, S. 106-113